高齢期と
社会的不平等

平岡公一──[編]

東京大学出版会

Social Inequalities
among Elderly People in Japan

Koichi HIRAOKA, Editor

University of Tokyo Press, 2001
ISBN978-4-13-056056-6

目　次

序章　研究の目的と方法 ──────────────── 平岡　公一　1
   1. 問題の所在　1
   2. 本研究の主題と関連諸領域の研究動向　3
   3. 本研究の課題と分析視角　7
   4. 高齢者調査の設計，実施経過　9
   5. 調査データの分析方法　17
   6. 本書の構成と編集上の方針　20

1部　高齢期の社会的不平等の諸側面

1章　社会参加，社会的ネットワークと情報アクセス ── 藤村　正之　29
   1. 課題と方法　29
   2. 趣味・娯楽と社会参加活動　30
   3. パーソナル・ネットワークとサポート・ネットワーク　35
   4. 医療・福祉に関する情報源と相談相手　43

2章　健康と心身機能 ──────────────── 深谷　太郎　51
   1. 健康のとらえ方　51
   2. 健康の客観的指標と主観的指標　52
   3. 健康と社会的不平等　53
   4. まとめ　58

3章　収入状況と就業行動・同居行動 ──────── 塚原　康博　61
   1. はじめに　61
   2. 年金と最低生活　62
   3. 収入と最低生活　65
   4. 高齢者の経済状況と就業行動　69
   5. 高齢者の経済状況と子との同居　72
   6. 結論　75

4章　低所得と生活不安定 ───────────────── 柴田　謙治　79
　1. 低所得，生活不安定の分析と貧困の概念　79
　2. 低所得と社会階層　80
　3. 低所得，貧困と生活不安定　86
　4. 消費社会における低所得，生活不安定の実証の困難と
　　 そのインプリケーション　88

5章　住 環 境 ─────────────────── 武川　正吾　93
　1. はじめに　93
　2. 高齢者の居住形態の概要　94
　3. 住生活の質の階層性　96
　4. 基本属性と住宅階級　102
　5. 住宅階級と生活の質　105
　6. 結論と要約　108

6章　職業キャリアと高齢期の社会階層 ──────── 野呂　芳明　111
　1. 問 題　111
　2. 性別と職業階層に関する基礎的な分析　112
　3. 男性，女性の職業キャリア等の経路　113
　4. 男性の職業キャリアと「有利」「不利」　117
　5. 女性の職業キャリアと「有利」「不利」　120
　6. 女性における結婚の状況と「有利」「不利」　123
　7. 結論：職業キャリアと高齢期の階層的分化の背後にあるもの　125

2部　総合的分析と政策論

1章　消費社会における貧困研究の視点 ──────── 柴田　謙治　133
　1. なぜ社会階層で「低所得」を把握しにくくなったか　133
　　　──生活の社会化と貧困の基準
　2. 「生活水準」と「社会的慣習水準」の乖離　137
　　　──消費社会における貧困・低所得の基準
　3. 高齢期の生活問題をどのように把握するか　143
　　　──消費社会における「潜在的不安定性」

2章　相対的剝奪指標の開発と適用 ──────── 平岡　公一　153
　1.　課　題　153
　2.　相対的剝奪の概念と測定　154
　3.　相対的剝奪指標の構築　157
　4.　相対的剝奪指標を用いた分析(1)　160
　　　──分布および所得との相関
　5.　相対的剝奪指標を用いた分析(2)　164
　　　──ライフコース要因と相対的剝奪指標との関連の分析
　6.　相対的剝奪指標を用いた分析(3)　168
　　　──ロジスティック回帰分析
　7.　まとめ　171

3章　高齢期における社会的不平等と社会的公正 ──── 藤村　正之　175
　1.　社会的不利をめぐる諸概念(1)　175
　　　──貧困と不平等
　2.　社会的不利をめぐる諸概念(2)　179
　　　──不公正とリスク
　3.　高齢者世代内部での社会的不平等と社会的公正　182
　4.　高齢者世代と若年世代での社会的不平等と社会的公正　185
　5.　むすびにかえて　187

終章　結論と展望 ─────────────────── 平岡　公一　191
　1.　本研究の主要な知見とその意義　191
　2.　今後の研究課題　195
　3.　社会老年学研究にとってのインプリケーション　198
　4.　政策的インプリケーション　201

付録　調査票　207
索　引　229
あとがき　233

序章　研究の目的と方法

平岡　公一

1. 問題の所在

　近年の日本では，人口高齢化が急速に進展し，将来において人口高齢化が世界で最も進んだ「超高齢社会」の到来が予想されるなかで，高齢者に対する所得，医療，介護等の諸分野の生活保障のあり方についての社会的，政策的論議が活発に展開されるとともに，高齢期における家計，健康と医療，家族関係，対人関係と孤独，生きがいと社会参加などへの人々の関心も，かつてないほどの高まりを見せている．

　しかしながら，こうした高齢社会と高齢期の生活への関心のたかまりのなかでも，高齢期における不平等と貧困・低所得の問題が，高齢社会において解決されるべき主要な問題として，政策的な論議の対象となったり，マス・メディアで活発に論じられたりすることはほとんどないといってよい[1]．むしろ，年金の適正な給付水準や医療保険・介護保険の適正な自己負担の水準をめぐる政策的論議や政策研究においては，高齢者の所得・資産の平均的な水準を前提にして論議や研究が行われることが多いのが実情である．そのような前提に基づく論議や研究では，年金制度の成熟化による給付額の上昇により高齢者の家計に相当なゆとりがあることが強調され，人口高齢化に伴う経済成長の鈍化や社会保険料負担の増加により可処分所得の伸びが期待できない現役勤労者世帯との「均衡」の必要性が指摘される傾向があり，そのことが年金の給付水準の引き下げや，医療保険・介護保険の自己負担（一部負担）の引き上げの提唱に結びつきがちである．

　しかしながら，現代日本社会における高齢者の家計と生活の実態を客観的

に観察し,分析するならば,高齢期における社会的不平等と貧困・低所得の問題をこのように等閑視することはできないことが明らかになる.高齢期というライフステージは,所得・資産の不平等が最も拡大するという特徴をもつ時期である.高齢期はまた,貧困・低所得に陥る可能性が最も高いライフステージであるとみることができる.例えば,生活保護制度における被保護世帯のうち高齢者世帯[2]が占める割合は,1998年において,45.1%にのぼっている.また同年における世帯保護率(世帯総数に対する被保護世帯の割合)も,高齢者世帯の場合,40.7‰に達しており,母子世帯の場合の98.1‰よりは低い値であるものの,その他の世帯の7.9‰に比べて著しく高い数値を示している.また,高齢者世帯に限ることではないが,被保護世帯だけが貧困世帯であるとはいえないことに注意する必要がある.これまでの研究が明らかにしたところによれば,生活保護を受けている高齢者の何倍かの人数の高齢者が,保護基準以下の収入で生活している実態がある[3].

　本研究の出発点は,このような現実が,高齢期の不平等と貧困・低所得の問題についてのさらなる社会科学的研究と政策的論議の展開を要求しているという認識にある.ただし,このことは,世帯主が60歳以上の世帯の平均貯蓄現在額が2346万円であるという数値[4]に象徴的に示されるような高齢期の生活における「豊かさ」の側面を無視してよいということを意味するものではないし,また,高齢期の不平等が,すべて「不公正」であり,解消されるべきだと考えているわけでもないということは,念のために強調しておかなければならない.

　本研究では,そのことは前提にした上で,なお,次の観点から,高齢期の社会的不平等と貧困・低所得の問題が,高齢者の生活に関する社会科学的・政策科学的研究において,本格的な取り組みを求められている重要な研究テーマであるとみなしているのである.

　第1に,高齢期と,それより前のライフステージでは,社会的不平等や貧困・低所得を引き起こす要因や,その結果が異なることが予想される.高齢期というライフステージの特質に着目した社会的不平等および貧困・低所得の研究が必要であり,後段で述べるようにいくらかの研究の蓄積があるものの,決して十分とはいえない状況にある.

第2に，日本で，高齢期の社会的不平等の研究が進まなかった背景には，高齢者の子ども世代との同居率が高く，高齢者個人ないし高齢者夫婦を対象にして所得や生活水準の格差を分析することが技術的に難しいという事情もあったものと考えられるが，高齢者の同居率が低下し，同居している場合でも家計の分離が進んできたことにより，そのような困難が弱まってきていると考えられる．

　第3に，貧困・低所得のほかに，高齢期における生活問題としては，疾病，心身機能の低下，生活意欲の低下，孤独，社会的孤立などがあり，貧困・低所得層において，これらの問題が多重的・複合的に発生する傾向がみられることが，研究者によってしばしば指摘されてきたが，そうした観点は，社会保障に関する政策論議には取りいれられていない．それだけに，実際にどの程度そういう現象がみられるのか，また，それがどのようなメカニズムに基づいて発生するのかという点については，実証的な解明が必要とされている．

　第4に，高齢期においては，多くの世帯において，それより前のライフステージとは所得の構成が異なり，そのことから，所得の格差を引き起こす原因も異なると考えられる．そのことを前提にした場合，特に高齢期に着目した独自の所得分配の公正に関する規範理論が必要であるのかどうかは検討に値する課題と考えられる．もしそうした理論の必要性を特に認めないとしても，社会政策に関わる実際的な問題として，どの程度までの所得の不平等を許容すべき範囲とみなし，年金制度や税制の所得再分配機能によってどの程度まで不平等を是正すべきかという点は，高齢期というライフステージの特質に着目せずに行うことが困難と考えられる．

2. 本研究の主題と関連諸領域の研究動向

(1) 本研究の主題

　以上のような観点から，社会的不平等と貧困・低所得の問題が，高齢期に関する社会科学的・政策科学的研究の重要な研究主題であるとの認識に立ち，当研究チームは，本研究への取り組みを始めたのであるが，その際には，研究の主題を，より具体的に次のように設定した．

まず，第1の研究主題は，高齢期における社会的不平等の実態の分析である．この主題に関しては，高齢期における社会的不平等を，生活機会の格差という観点からとらえ，収入・資産のみならず，住宅，健康・心身機能，情報アクセス，社会参加・社会的ネットワークなどの生活諸領域に即して，その生活機会の格差の実態を明らかにするとともに，各領域における生活機会が相互にどのように影響を与えあうのかを検討する．

　第2の研究主題は，そうした生活諸領域における格差の関連要因・規定要因の分析と，格差が形成されるメカニズムの分析である．その際には，高齢期より前のライフステージにおける生活諸領域の格差が，高齢期に移行する段階で，また高齢期においてどのように再編成されるのかを明らかにするという観点が採用される．

　第3の研究主題は，高齢期の貧困・低所得をとらえる枠組みの再検討と，それをふまえた貧困・低所得の分析である．

　政策的・社会的論議における貧困・低所得問題への関心の低さにもかかわらず，日本の社会政策・社会福祉の研究においては，貧困・低所得に関する実証的な研究が着実に積み重ねられてきている．本研究においても，それらの成果をふまえるのは当然であるが，海外の研究動向にも目を向ける必要がある．イギリスやアメリカ等の諸国においては，ここ20年ほどの間に，P. タウンゼントの「相対的剝奪（relative deprivation）」の理論と，それに基づく実証研究を初めとして，理論と実証の両面において新たな研究の展開がみられるようになってきている（樫原，1988；柴田，1997；Townsend, 1979, 1993）．その成果をできるだけ活用しながら，高齢期の貧困・低所得を分析する新たな方法の開発を試みることがここでは目指される．

(2) **関連諸領域の研究**——研究動向と研究結果から得られる示唆

　高齢期における社会的不平等と貧困・低所得の問題に関しては，近年，政策立案者やマス・メディアにおける関心が低くなっているとはいうものの，さまざまな実証研究が積み重ねられてきている．高齢期の経済生活に階層性がみられること，すなわち，高齢期より前のライフステージにおいて所属していた社会階層・職業階層によって高齢期の経済生活に相当な格差がみられ

ることについては，山崎清氏の研究を初めとするいくつかの研究から明らかにされている（国民生活センター，1974）．筆者も，東京都内の特定地域の定年退職者を対象とする調査のデータを用いて，高齢期における世帯収入に対して定年前の社会経済的地位が及ぼす影響について分析し，従業先企業規模や定年前の職業の威信が有意な影響を及ぼしていることを明らかにしたことがある（平岡，1982）．高齢者の間での所得の分布や貧困世帯数の推計については，前述のように一定の研究の蓄積がある．

これに加えて，以下にあげる研究領域における研究の展開は，上述の研究主題に即して本研究の研究計画を策定し，分析視角を確定する上で，有益な示唆を与えてくれた．

社会的不利の再生産をめぐる研究　「貧困の悪循環」[5)] あるいは「貧困と病気の悪循環」と呼ばれてきた現象をはじめとする社会的不利の再生産のメカニズムの存在が，生活問題の発生，あるいはその特定地域・特定階層への集中や世代間の継承に結びついていることについては，これまでの生活問題・社会問題の研究において，しばしば注目され，さまざまなアプローチによる研究が行なわれてきている．しかし多くの場合，それらの研究は，個別の生活領域ごとの問題を取り扱うものであり，高齢期における社会的不利の再生産を総合的・体系的に扱うものとはなっていない．

社会階層研究　日本の経済学・社会政策研究者の間では，1950年代から60年代にかけて貧困研究への取り組みが特に活発であった．そうした研究のなかで，「社会階層論」あるいは，「不安定階層論」[6)] という独自の理論枠組みが形成されてきたが，それは，さまざまな生活領域における社会的不利の再生産を総合的に扱う理論枠組みへと発展する可能性をもつものだったと筆者は考えている．しかし，現実には，必ずしもその方向に発展してきているとはいえない状況にあるが，2部1章で論じられているように，貧困・低所得の問題を社会関係や社会参加と関連づけて分析する研究も行われており，それらの研究は，本研究の研究主題とも密接に関連している．

一方，日本の社会学における社会階層，社会移動研究は，家族や教育を通じた世代間の不平等の再生産のメカニズムの解明を中心にこの主題についての多くの研究成果を生み出してきており，近年では，「文化的再生産の理論」

に基づく研究の成果もみられる[7]．しかし，ライフステージの各段階における社会的不利の再生産という観点は取り入れられていない．

　社会老年学　高齢期の生活の社会科学的な研究を取り扱う学問分野として，アメリカ合衆国を中心に発展してきた社会老年学（social gerontology）という学問分野がある．近年の日本の社会老年学の学会においては，高齢期における社会階層や貧困・低所得の問題が活発に研究されているとはいえないが，いくつかの注目すべき研究成果もみられる[8]．一方，アメリカ合衆国においては，高齢期における生活・所得水準の格差拡大のメカニズムに関して，「累積的有利（cumulative advantage）」と「累積的不利（cumulative disadvantage）」という概念を中核とする分析枠組みも提唱されている（Crystal and Shea, 1990；O'Rand, 1996）．

　貧困の世代間の継承とアンダークラス論　イギリス・アメリカ等の諸国における社会政策をめぐる政策的・学問的論議においては，貧困や家族問題の世代間継承の問題がしばしば取り上げられる[9]．かつての「多問題家族」論，近年の「アンダークラス」論は，論者によってはある種の政治的，イデオロギー的意図をもって語られることもあるが[10]，そのことは別として，こうした主題についての多くの実証的研究が蓄積されていることにも注目する必要がある．「多問題家族」や「アンダークラス」が語られるときの政治的，イデオロギー的文脈を強調するあまり，そこで分析の対象とされている諸問題の重要性や，個々の研究の積極的な意義から目をそらすべきではないだろう．

　福祉国家中流階層化論　普遍主義的な社会政策が，中流階層に多くの利益をもたらす一方で，貧困問題の解決に有効に機能していないという問題を指摘する「福祉国家中流階層化論」とでもよぶべき議論がある（星野，1988；藤村，1998）．このことと関連する事柄として，情報へのアクセスの格差などの要因により，中流階層に比べて低所得層の社会サービスの利用率が低かったり，利用態度が消極的であるという事実が，実際の調査データの分析から明らかにされている（東京都福祉局，1989；平岡・和気，1992）．

　健康の不平等　イギリス・アメリカ等の諸国においては，健康水準の階層的格差が政策的な論議の主題になっており，その実態と原因の解明をめざす

研究が蓄積されており，医療社会学の主要な研究テーマの1つとなっている[11]．これに比べて日本では，この問題への社会的関心は低いが，一定の研究の蓄積があり，研究者の間ではこの問題の重要性が改めて見直されようとしている（山崎，1989）．

家族生活周期・ライフコースの階層差　もう1つわれわれの研究主題と密接に関連する研究領域として，家族生活周期・ライフコースの階層差に関する研究がある．日本では，貧困研究においてこの問題の重要性が認識されていたが，より体系的な研究としては，阿部（鎌田）とし子の研究（阿部，1967；鎌田とし子・鎌田哲宏，1983；鎌田，1999）など社会学研究者による実証研究が積み重ねられてきている．

3. 本研究の課題と分析視角

(1) 課題の限定と拡張

本研究は，研究チームを組織し研究に着手した時点から，高齢者を対象とする大量観察法による質問紙調査を実施し，それによって得られたデータを分析することを中心として研究を進めることを予定していた．

こうした調査の実施は，利用できる研究費の金額によって制約を受けることになる．幸いに，当研究チームは，1996年度に科学研究費補助金の申請が認められ，690万円の研究費の使用が可能になったが，この金額は，全国規模での調査を実施するには不十分な金額であったため，東京都23区に調査対象地域を限定して調査を実施することになった．これにより，大都市以外における高齢期の生活の問題の検討は，さしあたり研究の課題から除外され，研究課題が，「大都市における高齢期と社会的不平等」に限定されることになった．

こうして限定された課題に即して，高齢者を対象とする調査が企画され，実施されたのであり，本書の主要部分は，この調査において収集されたデータの統計的分析に基づいて書かれている[12]．

しかし，本書の刊行にあたって当研究チームでは，本書の内容を，当初から計画されていた手順に従って調査データを分析した結果の報告にとどめる

のではなく，若干の研究課題の拡張を行うこととした．すなわち，当初は必ずしも計画していなかった次の研究内容が付け加わることになったのである．

(1) 貧困線の設定であるとか，「社会階層論」といった従来の研究方法により貧困・低所得の問題に接近することが困難になっていることの背景にある事情について，現代社会の構造的特質の分析を踏まえて検討を加え，その検討結果に基づいて貧困・低所得研究の新たな枠組みの構築の可能性を検討する．

(2) P. タウンゼントの用いた方法に沿いつつ，調査データにおいて利用できる指標項目を用いて剥奪指標（deprivation index）の構築を試み，それを用いた調査データの再分析を行う．

(3) 高齢期における社会的不平等と社会的公正について，社会的不利に関わる諸概念の検討や，世代間・世代内の平等・公平が問題とされている政策問題の構造の分析に基づいて，規範理論的な観点からの検討を行う．

後述のように，これらの課題に関する研究結果が，2部の1章から3章を構成することになった．

(2) 分析視角と研究方法

次に，上記の研究課題に取り組む際の本研究の分析視角と研究方法の特徴を4点にまとめておきたい．

まず第1に，高齢期における社会的不平等と貧困・低所得を引き起こすメカニズムを分析するにあたって，社会経済的地位の軌跡（trajectory）と，「累積的有利（cumulative advantage）」と「累積的不利（cumulative disadvantage）」という視角からの分析を行う点が本研究の1つの特徴である．すなわち，高齢期より前のライフステージにおける社会経済的地位と高齢期における生活機会の間に正の相関がみられるかどうかを検証するだけでなく，現代の日本社会において，生活機会の格差が，ライフコースを通じて維持されたり，増幅されたり，縮小・解消されるプロセスとそれを支えるメカニズムの働きに着目して分析を行っていくのである．

第2に，収入・資産・生活水準，就労，住宅，健康・心身機能，社会参加・社会的ネットワーク，情報アクセス等の生活の諸領域における生活機会

の階層的格差を個別に分析するだけでなく，その相互の関連に着目した総合的分析を行うことが本研究の分析視角のもう1つの特徴である．収入・資産・生活水準はともかく，健康・心身機能や社会参加・社会的ネットワーク，情報アクセスなどに関しては，それを社会階層という観点から分析することへの関心が，日本の社会科学においては近年弱まってきているように思えるのであるが，健康の不平等に関する諸外国での研究結果も示唆するように，そういう観点が欠落することは，高齢期の生活の重要な一側面を見失うことにつながるものと考えられる．

　第3に，そのような視角からの分析を行うにあたっては，高齢期やそれより前のライフステージにおける社会経済的地位（階層的地位）を適切な方法で測定することが前提になる．職業から引退したり，パートタイム的な職業に移行している高齢者の場合，現在の職業に基づいて社会経済的地位を測定するという方法が，原則として使えない．世代的要因からみても，女性の高齢者の社会経済的地位をどのように測定するかという点は，十分検討が必要な点である．中年期以降の社会経済的地位の変化については，社会階層研究でも研究が蓄積されているとはいえない[13]だけに，本研究では，この点に関する分析を重視する．

　第4に，従来，相互に交流が少なく，独立して発展を遂げてきた経済学・社会政策学における貧困研究・「社会階層論」と，社会学の社会階層研究の成果を結びつけるとともに，海外における貧困研究や健康の不平等に関する研究の成果を取り入れて，調査の設計やデータ分析の枠組みの設定を行うことが本研究のもう1つの特徴である．

4. 高齢者調査の設計，実施経過

(1) 調査票の設計

　前述のように，本研究の中心となるのは，高齢者を対象とする大量観察法による質問紙調査を実施し，それによって得られたデータを分析することであった．

　その調査を計画し，調査票を設計するにあたっては，図0-1に示す調査の

基本属性
- 性別（問1）
- 年齢（問2）
- 婚姻関係（問3）
- 配偶者の年齢（問4）
- 子供の人数，年齢，同別居，
- 就労（問5）
- 世帯構成（問6）
- 学歴（問30）

職業経歴
- 初職（問29）
- 転職回数（問28）
- 50歳時の職業（問17）
  - 定年等による退職の有無（問18）
  - 労働環境（問19）
  - 退職年齢（問20）
  - 退職時の退職金（問21）
- 次の職業（問22）
  - 就職の経路（問23）
- 配偶者の50歳時の職業（問32）

現在（老後）の生活状況

［健康・心身機能］
- 健康度自己評価（問6）
- 通院の有無（問7）
  - 病気の種類（問7付1）
- 活動能力指標（問8）
- 健康維持習慣（問9）
- 医療費負担能力（問10）

［社会参加・社会的ネットワーク］
- 余暇活動（問11）
- パーソナル・ネットワーク（問12）
- 社会的支援網（問13）

［情報アクセス］
- 医療や介護の相談相手（問14）
- 老後問題等の学習機会（問15）

［就労・職業］
- 現職（問24）
  - 現職における労働環境（問25）
  - 勤労収入の家計への寄与度（問26）
- 配偶者の現職（問31）

［住宅］
- 住居の種類，所有形態（問33，問34）
- 家賃の額（問35）
- 部屋数（問36）
- 延べ床面積（問37）
- 食寝分離（問38）
- 子どもの性別就寝（問39）
- 住宅の設備（問40）
- 居住環境（問42，問43）

［収入・資産・生活水準］
- 夫婦の年収（問46）
- 世帯の年収（問47）
- 夫婦の年金額（問45）
- 収入源（問44）
- 金融資産保有額（問48）
- 暮らし向き（問16）
- 家電製品等の保有（問41）
- 老後生活への備え（問27）

図0-1　調査の枠組みと調査項目一覧

枠組みを設定した．

現在（老後）の生活状況　まず，高齢者の〈現在（老後）の生活状況〉に関しては，健康・心身機能，社会参加・社会的ネットワーク，情報アクセス，就労・職業，住宅，収入・資産・生活水準の6つの領域が設定され，それぞれの分野ごとにいくつかの調査項目を設定した．これらの項目は，多くの分析において，従属変数として用いられる．個々の項目に関する説明は，1部の各章で必要に応じて行うこととするが，各領域に関して，最低限必要な説明を付け加えておきたい．

(1) 健康・心身機能——全般的な健康度を測定する項目としては，広く用いられている「健康度自己評価」に加えて，通院の有無・病気の種類に関する項目を設定し，さらに，高齢期の特質を踏まえて，心身機能の低下がどの程度みられるかという点に着目し，「活動能力指標」（老研式活動能力指標）という項目を用いた[14]．健康維持習慣は，健康や心身機能を説明する要因の1つとして設定されている．医療費負担能力は，収入・資産・生活水準の領域とも関係が深いものである．

(2) 社会参加・社会的ネットワーク——余暇活動，パーソナル・ネットワーク，社会的支援網（ソーシャル・サポート・ネットワーク）[15]の3項目を用いている．いずれも，これまでの研究結果を参考に，尺度値を算出して分析に用いることを前提に，標準的に用いられる質問項目を採用した．

(3) 情報アクセス——調査の時点では，いわゆるIT革命にともなう「情報格差」の問題は，広く議論されるにいたっていなかったが，情報アクセスの格差の問題は，サービス利用を阻害する要因の1つとして，社会福祉の実践と研究において広く議論されていた問題であり，「福祉国家中流階層化論」とも関わりがある問題である．この調査では，医療や介護と老後問題に関する情報アクセスに関する調査項目を採用することにした．情報アクセスに関して，医療・介護という問題の性質と高齢期というライフステージの特性に着目し，コンピューターやマス・メディアへのアクセスではなく，情報源としての専門職や専門機関との接触可能性についての調査項目を設けているのがこの調査の特徴ともいえる．

(4) 就労・職業——本人と配偶者の現職に関する項目を設けている．

(5) 住宅——住居の種類，所有形態など，一般の社会調査でよく用いられる調査項目に加えて，住宅研究のこれまでの成果を参考にして，住居水準や住宅困窮度を測定する客観的指標として家賃の額，部屋数，延べ床面積，食寝分離，子どもの性別就寝，住宅の設備といった調査項目を採用するとともに，居住環境についての主観的な評価に関する調査項目を設けている．

(6) 収入・資産・生活水準——いずれも多くの調査でこれまでも用いられてきた項目であるが，収入に関して，個人収入の項目は設けず，夫婦の年収（ただし，配偶者がいなければ個人の年収と同じ）と世帯の年収に関する項目を設けているのが本調査の特徴である．このような方針をとったのは，次のような事情による．

① 一般に男女間の収入の格差が大きいことや，高齢者の家族構成が多様であることを考えると，個人収入は，生活水準の指標として必ずしも適当とはいえない．

② 世帯収入も，生活水準の指標として用いるためには，消費単位の指標を用いて世帯人員に関して調整した数値を用いることが必要となる．しかし，そもそも同居世帯においても家計の分離が進んでいる今日では，世帯収入の回答が必ずしも正確ではないという問題がある．

そこで，世帯収入という項目と合わせて夫婦の年収という項目を設けることとした．

職業経歴 〈職業経歴〉に関する調査項目は，初職，50歳時の職業，その次の職業，現職のそれぞれについての調査項目を設けるとともに，女性の高齢者については配偶者の職業についての調査項目も設けた．また，50歳時から調査時点までの職業経歴のパターンを把握することが可能になるよう，定年退職の年齢，再就職の経路，退職後の最初の職業に関する調査項目を設けている．こうした調査項目を設けることにより，一般の職歴調査の場合ほどの詳細さは期待できないとしても，「社会経済的地位の軌跡」の分析が可能になるよう配慮してある．女性の調査対象者の場合に，配偶者の職歴をどの程度まで詳細に調査するかは，質問数の制約との関連で調査票作成時に苦慮したところであるが，本人の職歴の分析とともに，配偶者の職業を指標として「社会経済的地位の軌跡」の分析を行うのに必要な調査項目は設けてい

る．

〈基本属性〉に関する調査項目については，特に説明を要さないと考えられるので，説明は省略する．

(2) 標本設計と調査客体

前述のように，この調査の調査対象範囲は東京都 23 区内に居住する高齢者（65 歳以上）に設定したが，調査客体としては，その中から男性 500 名，女性 500 名を無作為に抽出することとした．母集団の大きさは，表 0-1 に示す通り，男性 35 万 8143 人，女性 51 万 9946 人の合計 87 万 9089 人である．母集団の男女比が約 4：6 であるにもかかわらず，男女同数の標本を抽出することとしたのは，職業階層・職業経歴と老後生活の階層性の関連に着目する研究の性格上，男性の標本のみを用いて分析を行うことも場合によっては必要となることが予想され，男性の標本を一定数確保することが必要だと判断したためである．データ分析に際しては，原則として，男女比を母集団の男女比に一致するようケースにウェイトをかけて分析を行うか，男性サンプルと女性サンプルを別々に分析することを想定している．

実際の標本抽出は，東京都 23 区を層とし，平成 2 年度国勢調査時に設定された調査区を第 1 次抽出単位とする層化 2 段抽出法によって行った．調査地点となる第 1 次抽出単位は 77 設定し，調査客体は住民基本台帳から調査地点ごとに 8〜14 名（男女計）を抽出した．標本抽出の設計と作業は，実査と合わせて社団法人中央調査社に委託した．

(3) 調査の実施方法と実施結果

実査は，1996 年 12 月 5 日から同月 16 日の期間に，訪問面接聴取法によって行った．本調査に先だって 30 ケースを対象にプリテストを 11 月上旬に行い，その結果に基づいて調査票の若干の修正を行った．実査は，社団法人中央調査社に委託し，調査員は同社の専門調査員が務めたが，当研究チームでも，実査実施上の注意事項のリストを作成し，調査員への周知徹底を依頼し，こちらの意図した通りの方法で実査が管理されるよう配慮した．

当然のことながら調査対象者本人に面接することを原則としたが，調査対

表 0-1　調査実施結果

	男性	女性	合計
母集団の大きさ（人）[1]	358,143	519,946	878,089
調査客体（標本数）	500	500	1,000
有効回収数[2]（代理回答を含む）	309 (61.8%)	345 (69.0%)	654 (65.4%)
うち代理回答	45	24	69
本人回答	264 (52.8%)	321 (64.2%)	585 (58.5%)

注：1) 平成7年3月31日現在の住民基本台帳人口，65歳以上．
　　2) （　）内は，調査客体に対する比率を示す．

象が高齢者であり病気・障害等の理由による調査不能がかなり多くなることが予想されたことから，本人が病気，老齢に伴う障害により回答が不可能な場合に限って，一部の質問（職業，世帯収入等客観的な属性に関する質問）のみ家族による代理回答を認めた．調査項目のうち現在の生活状況に関する項目の大部分は代理回答を認めていないため，実際には，代理回答ケースを分析に利用できる機会は限られてくることが予想されたが，病気・障害ケースを集計対象から除外することによる標本の偏りの程度を推定する上で何らかの情報がもたらされることも期待して，このような方法を採用した．各質問について代理回答を認めたかどうかは，巻末に収録した調査票に明記されている．

　実査の実施結果は，表 0-1 に示す通りとなった．有効回収数は，代理回答ケースを含めると 654（男性 309，女性 345），本人回答のケースに限定すると 585（男性 264，女性 321）であった．有効回収率は，代理回答ケースを含めた場合には 65.4%（男性 61.8%，女性 69.0%），代理回答ケースを除外した場合には 58.5%（男性 52.8%，女性 64.2%）となった．

　調査不能ケースの内訳は，表 0-2 に示す通りである．調査不能の理由の分類は，中央調査社の基準によるものであるが，拒否が 202 ケース（58.4%）と最も多かった．このなかには，病気，障害等が原因のものが含まれている．次に多いのが一時不在の 67 ケース（19.4%），そして長期不在の 35 ケース（10.1%）であった．

序章　研究の目的と方法

表 0-2　調査不能の内訳

理由	人数	比率
転居	27	7.8%
長期不在	35	10.1%
一時不在	67	19.4%
住所不明	4	1.2%
拒否	202	58.4%
その他	11	3.2%
合計	346	100.0%

(4) 調査対象者のプロフィール

集計対象とする有効回答ケースの年齢階層，婚姻状態，現職，50歳時所属階層についての男女別の集計結果を表 0-3 に示した．

年齢階層についてみると，全体としてみると，65～69歳が34.9%，70～74歳が26.1%を占めており，あわせて前期高齢層が約6割を占めていることになる．80歳以上は，合わせて2割以下である．

男女別にみると，75歳以上のケースの割合が男性の場合が35.3%であるのに対して，女性の場合は42.3%であり，女性の方が，後期高齢層の比率が高くなっている．

婚姻状態については，「結婚している」は約6割に過ぎず，「死別」が約3割を占めている．「離婚」は約3%と少ない．

婚姻状態については，男女間の違いが大きい．女性の場合には死別が44.9%と多く，配偶者がいるケースは半数を割っているのに対して，男性の場合には「結婚している」が83.2%を占めている．

現職については，男性の場合は半数弱が何らかの仕事に就いているに対して，女性の場合には8割弱が無職となっている．常勤の被雇用者の割合は，男性の場合6.8%，女性の場合0.9%といずれも少ない．これに対して経営者・自営業の比重が大きく，男性・女性とも有職者のうち3分の2が，経営者か自営業（自由業・家族従業者・個人営業を含む）に従事している（男性152ケースのうち100ケース，女性74ケースのうち50ケース）．

50歳時所属階層（詳細については次節で説明するが，主として夫の職業を基準に所属階層を決定している）については，男女とも，商工農自営が3

表 0-3 集計対象ケースのプロフィール（男女別）

	男性	女性	全体
年齢階層			
65～69歳	112	116	228
	(36.2)	(33.6)	(34.9)
70～74歳	88	83	171
	(28.5)	(24.1)	(26.1)
75～79歳	57	80	137
	(18.4)	(23.2)	(20.9)
80～84歳	37	47	84
	(12.0)	(13.6)	(12.8)
85歳以上	15	19	34
	(4.9)	(5.5)	(5.2)
婚姻状態			
結婚している	257	146	403
	(83.2)	(42.3)	(61.6)
離婚	5	16	21
	(1.6)	(4.6)	(3.2)
死別	38	155	193
	(12.3)	(44.9)	(29.5)
未婚	9	28	37
	(2.9)	(8.1)	(5.7)
現職			
無職	157	271	428
	(50.8)	(78.6)	(65.4)
経営者	28	4	32
	(9.1)	(1.2)	(4.9)
常勤	21	3	24
	(6.8)	(0.9)	(3.7)
パート	31	20	51
	(10.0)	(5.8)	(7.8)
農業	—	1	1
		(0.3)	(0.2)
自由業	8	9	17
	(2.6)	(2.6)	(2.6)
自営業主	29	5	34
	(9.4)	(1.4)	(5.2)
家族従業者	2	17	19
	(0.6)	(4.9)	(2.9)
個人営業，一人業主	33	14	47
	(10.7)	(4.1)	(7.2)
その他	—	1	1
		(0.3)	(0.2)

	男性	女性	全体
50歳時所属階層			
商工農自営	87	93	180
	(28.2)	(27.0)	(27.5)
自由業	6	13	19
	(1.9)	(3.8)	(2.9)
経営者	34	26	60
	(11.0)	(7.5)	(9.2)
管理職	79	38	117
	(25.6)	(11.0)	(17.9)
専門・事務	41	82	123
	(13.3)	(23.8)	(18.8)
マニュアル職	59	69	128
	(19.1)	(20.0)	(19.6)
無職	2	17	19
	(0.6)	(4.9)	(2.9)
その他，不明	1	7	8
	(0.3)	(2.0)	(1.2)
合計	309	345	654
	(100.0)	(100.0)	(100.0)

注：上段は人数，下段( )内は％．
　　50歳時所属階層についての説明は本文の5-(2)を参照．

割弱を占めている．男性の場合には管理職層がやや多く，女性の場合には専門・事務職層が多いという特徴がみられる．

5. 調査データの分析方法

以上説明してきた調査データを用いたデータ分析の方法に関して，若干の説明を付け加えておくことにしたい．

(1) 分析の対象とするサンプルについて

前述のように，今回の調査に関して集計対象としうる有効サンプルの総数は654（男性309，女性345）であるが，男性・女性双方を含めたデータ分析を行う場合には，男女比が母集団における男女比と一致するように，男性の有効サンプルの一部を除外して，男女比を調整したサンプルを用いること

を原則としている.

　このサンプルの総数, 男女別のケース数, 男女比は以下の通りである.

　　　総数：583　　男性：238（40.8%）　　女性：345（59.2%）

　男性サンプルのうち71ケースを除外したわけであるが, 除外するケースを選ぶにあたっては系統抽出法を用いた.

　本書における分析では, 特にことわりのない限りこのサンプルを用いているが, 1部の3章と4章と6章の場合のように, 分析の目的によっては集計対象としうる全ケースを分析の対象としている場合もあり, その場合はその旨を明記している.

　なお, 本書の多くの分析においては, 代理回答ケースは除外して分析を行っているが, その場合には, それらのケースは「不明・無回答（DK, NA）ケース」と同様に扱うこととし, いちいち代理回答ケースを除外することを明記していない.

(2) 階層分類について

　高齢者の社会経済的地位をどのような指標を用いて測定するかということは, 今回の調査の企画にあたって検討を必要とした重要な課題の1つであったが, 以下の分析では, 所得, 住居形態, 学歴等に加えて, 50歳時の本人または配偶者の職業を, 社会経済的地位の指標として用いている.

　この調査では, 50歳時の職業に関して, 従業上の地位, 職種, 勤め先の規模（従業員数）を尋ねる質問を設けており, また, 女性の階層的地位については, 本人の職業とともに夫の職業によっても規定されるという側面があることを考慮して, 配偶者の50歳時の職業についても同様の質問を設けている.

　今回の集計ではまず, こうした質問によって得られたデータを利用して, 次の手順により, 50歳時の職業を分類し, 50歳時の所属階層（社会階層）を確定した.

　① 従業上の地位と職種についての回答結果から, 職業を次の6カテゴリー（無職を加えれば7カテゴリー）に分類する.

　(1) 商工農自営（一人業主を含め従業員数9人以下の自営業主, 家族従業

者，農業）
(2) 自由業（開業医，弁護士，評論家，芸術家等の専門職自営）
(3) 経営者（従業員数10人以上の会社経営者・団体役員．9人以下の場合は商工農自営に分類する）
(4) 管理職（課長以上）
(5) 専門・事務（専門職・技術職，一般事務，販売，営業の被雇用者）
(6) マニュアル的職業（運輸・通信職，現業・技能工，土木・建設作業工，保安的職業，サービス職の被雇用者）

② 男性については，本人の50歳時の該当する職業カテゴリーを所属階層とした．

③ 女性については，現時点で離婚・未婚の場合，または50歳時点で夫と死別していた場合のみ，本人の50歳時の該当する職業カテゴリーを所属階層とした．その他の場合は，配偶者の50歳時の該当する職業カテゴリーをもって所属階層とした．

このような方法によって，全ケースを所属階層の各カテゴリーに分類した結果は，すでに表0-3に示した通りである．

なお，本書の分析では，この階層分類を基本としつつ，分析上の必要に応じて，次のいずれかの方法で，この分類に若干の変更を加えたものを分析に用いている．

① 商工農自営と自由業をまとめて「自営」とし，管理職と専門・事務をまとめて「ノン・マニュアル的職業」とする．その上で，ノン・マニュアル的職業とマニュアル的職業を，従業先が大企業（従業員数300人以上，官公庁を含む）か，中小企業（従業員数300人未満）かによって区分する．このような操作を加えた結果，階層カテゴリーは，「自営業」「経営者」「大企業ノン・マニュアル」「中小企業ノン・マニュアル」「大企業マニュアル」「中小企業マニュアル」の6カテゴリーとなる．

② ①の分類において，管理職と専門・事務のカテゴリーを合併せずに，管理職と専門・事務のそれぞれを，従業先が大企業か，中小企業（従業員数300人未満）かによって区分する．階層カテゴリーは，「自営業」「経営者」「中小企業管理」「大企業管理」「中小企業専門・事務」「大企業専門・事務」

「中小企業ブルーカラー（マニュアル）」「大企業ブルーカラー（マニュアル）」の8カテゴリーとなる．

6. 本書の構成と編集上の方針

最後に，本書の構成について，簡単に説明をしておきたい．

この序章に続く1部は，6つの章から構成されており，高齢者調査のデータを用いて高齢期の社会的不平等の諸側面を分析することが目指されている．1章から6章までの各章は，それぞれ「社会参加，社会的ネットワークと情報アクセス」「健康と心身機能」「収入状況と就業行動・同居行動」「低所得と生活不安定」「住環境」「職業キャリアと高齢期の社会階層」という個別の生活領域を取り扱っているが，領域間相互の関係も考慮した分析を行うよう配慮している．

2部の各章は，1部の分析を踏まえて，高齢期の生活保障をめぐる政策課題を考慮にいれながら，総合的な分析，あるいは1部よりもさらに高度な分析を行うことを意図して設けられている．

2部1章の「消費社会における貧困研究の視点」は，今日の日本社会において，広く合意が得られる貧困や低所得の基準が定めがたくなっている状況を，現代社会の消費社会という性格に即して分析し，「潜在的不安定性」の概念を基軸に据えて，そのような状況において有効と考えられる貧困・低所得問題の分析の新たな枠組みの検討を行ったものである．

2章の「相対的剥奪の指標の開発と適用」では，まず，今回の高齢者調査の調査票に含まれている社会参加・情報アクセス，社会的ネットワーク，社会的支援網，居住環境，住宅設備関係の項目を用いて，P. タウンゼントの方法にならって相対的剥奪の指標を作成する．そして，その指標を用いて，「相対的剥奪」状態におかれた高齢者の特性を分析するとともに，ライフコース要因が，相対的剥奪に陥るリスクに及ぼす影響を分析する．

3章の「高齢期における社会的不平等と社会的公正」は，高齢期の社会的不平等について，それを社会的不平等一般の問題に還元できない問題が存在するという観点に立ち，社会的公正論の観点から多面的な考察を行っている

ものである．そこでは，今後，社会保障制度における給付と負担の公平であるとか，生活保障における国家と個人の責任分担，あるいは，若年世代と高齢世代との所得・生活水準の望ましい均衡のあり方などをめぐる社会的・政策的論議が展開されるなかで，そうした論議を基礎づける規範理論が求められるようになるという認識が前提とされている．

終章は，本書全体の結論にあたるものであり，本書の分析で得られた結果の政策的インプリケーションが明らかにされるとともに，そのような分析結果が，高齢期の生活に関する社会科学的研究にとってもつ意味が分析され，さらに本研究の延長線上で展開されるべき研究の新たな課題が検討される．

以上の内容をもつ本書は，平成8年度に科学研究費補助金（基盤研究(A)(1)）（研究課題番号：08301019，研究代表者：平岡公一）を得て実施した『社会政策と社会的不平等の再生産の関連性に関する総合的研究』の成果を最終的にとりまとめたものである[16]．

1) 情報の不足やスティグマなどにより生活保護制度を申請しないまま生活困窮のなかで死亡に至るなどの悲劇的な事件が報道されて，話題を呼ぶことはあるものの，そのことが，高齢期の不平等と貧困をめぐる社会的論議に結びつくことはこれまでなかったといえる．介護保険制度の実施に伴って，「低所得対策」が政策的争点にもなっているが，その問題をめぐる論議が深められて，高齢期の不平等と貧困の問題が政策的論議の対象とされるようになるかどうかは，今後の論議の展開をまたなければならない．
2) このデータは，厚生省が毎年7月1日に実施する「被保護者全国一斉調査」に基づくものであるが，この調査における「高齢者世帯」とは，65歳以上の世帯員のみ，もしくは65歳以上の世帯員と18歳未満の世帯員のみで構成されている世帯を示すものである．
3) 貧困世帯数の推計については，杉村（1997）を参照．
4) 1998年の総理府「貯蓄動向調査」による（厚生省，2000）．ただし，世帯主が60歳以上の世帯のなかには，相当額の貯蓄額をもつ子世代が含まれている可能性があることや，貯蓄額には格差が大きく，同じ年の厚生省大臣官房統計情報部『国民生活基礎調査』によれば，65歳以上の者のいる世帯のうち貯蓄額50万円未満が18.3%，貯蓄額50万円以上200万円未満が14.5%を占めていること（つまり，高齢者のいる世帯のうち約3分の1は，貯蓄額が200万円以下）などに注意する必要がある．なお，本研究で実施した調査では，東京都23区の

高齢者（65歳以上）の世帯の金融資産額の平均は，男性の場合が2250万円，女性の場合が1050万円となっており，50歳の時点での所属階層による格差も大きい（平岡，1998）．
5) Myrdal (1944) は，この問題に関する古典的な研究である．
6) 代表的な研究として，篭山 (1970) および江口 (1979-80) がある．また，それらの研究のレビューとしては，松村 (1971) を参照．また，本書1部4章および2部1章でも，このような研究の潮流について論じている．
7) 宮島・藤田 (1991) など．
8) この分野の学会としては，日本老年社会科学会が活発な研究活動を展開しており，機関誌として『老年社会科学』が刊行されている．しかし，この雑誌に掲載された論文の主題を分析した森嶌由紀子の研究によれば，社会的不平等や貧困・低所得の研究は，きわめて少ない（森嶌，1997）．そのほかに，社会老年学に関する学術雑誌としては，『社会老年学』が1975年から1994年の間，刊行されていた．この雑誌には，直井 (1987)，本間 (1980)，奥山・佐藤 (1979)，直井 (1978) など，本研究に関連する主題の論文も掲載されていた．
9) イギリスでは，貧困の継承の問題への政策的対応のあり方を探る目的で，1970年代から80年代にかけて「剥奪の継承（transmitted deprivation）」研究という大規模な研究プロジェクトが実施された（Jones, 1991, p. 185 ; Jones et al., 1983, pp. 170-175）．この研究の成果は15冊の研究シリーズ（*Studies in Deprivation and Disadvantage*）として刊行されている．Madge, ed. (1983), Fuller and Stevenson (1983) などを参照．
10) Mann (1992) および Jones and Novak (1999) は，このような観点から批判的にアンダークラス論を検討している．
11) イギリスでは，P. タウンゼントらによる「ブラック報告」（Townsend and Davidson, 1982）が政策的議論を引き起こしたことが知られている．健康の不平等に関する研究の動向については，Feinstein (1993) を参照．また，英米で刊行されている医療社会学のテキストブックでは，通常，この主題が取り上げられている．例えば，イギリスで出版された（Annandale, 1998）では，3部のうちの1部が健康の不平等の検討にあてられており，この問題が，医療社会学の研究主題としていかに重要な位置を占めているかがわかる．また，日本でも，最近刊行された医療社会学のテキストブックの中には，この主題に1つの章をあてているものもある（山崎編，2001）．
12) この調査データの分析に基づいてまとめた既発表の論文としては，平岡 (1998)，塚原 (1999) がある．また，関東社会学会第46回大会（1998年6月）において，この調査データの分析に基づく研究発表を行った．
13) 筆者を含む研究グループは，かつて定年退職の前後の職業，収入をはじめと

する生活の諸側面の変化について調査データに基づいて分析したことがある（青井・和田，1983）．
14) 老研式活動能力指標については，古谷野（1995）を参照．
15) 社会的支援網に関する質問は，野口（1991）が作成した尺度を構成する項目の一部を，若干修正した上で用いた．
16) 1998年3月に，この研究助成に対する以下の報告書をまとめ，文部省に提出した．『社会政策と社会的不平等の再生産の関連性に関する総合的研究：平成8年度科学研究費補助金（基盤研究(A)(1)）研究成果報告書』．

文献

阿部（鎌田）とし子，1967，「賃金労働者家族の生活周期」『社会学評論』20巻4号，57-97頁．
Annadale, Ellen, 1998, *The Sociology of Health and Medicine: A Critical Introduction*, Polity.
青井和夫・和田修一編，1983，『中高年齢層の職業と生活──定年退職を中心として』東京大学出版会．
Crystal, Stephen and Dennis Shea, 1990, "Cumulative Advantage, Cumulative Disadvantage, and Inequality among Elderly People," *The Gerontologist*, 30-4, pp. 437-443.
江口英一，1979-80，『現代の「低所得層」』全3巻，未來社．
Feinstein, Jonathan, 1993, "The Relationship between Socioeconomic Status and Health: A Review of Literature," *The Milbank Quarterly*, Vol. 72, No. 2, pp. 279-322.
藤村正之，1998，「福祉国家・中流階層・福祉社会」『社会学評論』49巻3号，4-23頁．
Fuller, Roger and Olive Stevenson, 1983, *Policies, Programmes and Disadvantage: A Review of Literature*, Heinemann.
平岡公一，1982，「定年退職者の職業移動・引退・生活水準」『季刊社会保障研究』17巻4号，441-468頁．
平岡公一，1998，「社会的不利の再生産と福祉政策に関する研究──研究の概略と調査実施結果」『明治学院大学社会学部付属研究所年報』28号，103-115頁．
平岡公一・和気康太，1992，「地域福祉に関する住民意識の状況」日本社会福祉学会第40回大会自由研究報告（未公刊）．
Holland, P. L., Berney, D. Blane, et al., 2000, "Life Course Accumulation of Disadvantage: Childhood Health and Hazard Exposure during Adulthood," *Social Science and Medicine*, 50, pp. 1285-1295.

本間信吾, 1980,「高齢者の経済的自立について——都市高齢求職者における実態と可能性」『社会老年学』13号, 2-20頁.
星野信也, 1988,「米英のプライバタイゼーションについて」『季刊社会保障研究』24巻3号, 272-284頁.
Jones, Chris and Tony Novak, 1999, *Poverty, Welfare and the Disciplinary State*, Routledge.
Jones, Katherine, 1991, *The Making of Social Policy in Britain 1830-1990*, Athlone.
Jones, Katherine, John Brown and Jonathan Bradshaw, 1983, *Issues in Social Policy* (rev. ed.), Routledge and Kegan Paul.
篭山京, 1970,『低所得階層と被保護層』ミネルヴァ書房.
鎌田とし子, 1999,『貧困と家族崩壊——「ひとり暮らし裁判」の原告たち』ミネルヴァ書房.
鎌田とし子・鎌田哲宏, 1983,『社会諸階層と現代家族——重化学工業都市における労働者の状態』御茶の水書房.
樫原朗, 1988,『イギリス社会保障の史的研究Ⅲ——戦後の社会保障のはじまりから1986年社会保障法へ』法律文化社.
国民生活センター, 1974,『老年期生活の社会階層性に関する調査報告』国民生活センター.
厚生省, 2000,『平成12年版厚生白書』ぎょうせい.
古谷野亘, 1995,「老人の健康度と自立性の指標」園田恭一・川田智恵子編『健康観の転換——新しい健康理論の展開』東京大学出版会, 17-30頁.
Madge, N., ed., 1983, *Families at Risk*, Heinemann.
Mann, Kirk, 1992, *The Making of An English 'Underclass'? : The Divisions of Welfare and Labour*, Open University Press.
松村祥子, 1971,「生活研究の一動向」園田恭一・田辺信一編『生活原論』ドメス出版, 189-262頁.
宮島喬・藤田英典編, 1991,『文化と社会——差異化・構造化・再生産』有信堂.
森嶌由紀子, 1997,「老年の社会科学的研究のあり方——『老年社会科学』の10年」(日本老年社会科学会大会第39回大会一般報告).
Myrdal, G., 1944, *An American Dilemma*, Harper and Row.
直井道子, 1978,「年齢と社会階層——一つの調査結果からの検討」『社会老年学』8号, 33-44頁.
直井道子, 1987,「中高年者の職業経歴と所得」『社会老年学』25号, 6-18頁.
野口裕二, 1991,「高齢者のソーシャルサポート」『社会老年学』34号, 東京都老人総合研究所, 37-48頁.

奥山正司・佐藤嘉夫, 1979,「都市貧困老人の家族生活史の分析——続・不安定就業階層の老後問題」『社会老年学』10号, 23-35頁.

O'Rand, Angela M., 1996, "The Precious and Precocious : Understanding Cumulative Disadvantage and Cumulative Advantage over the Life Course," *The Gerontologist*, 36-2, pp. 230-238.

柴田謙治, 1997,「イギリスにおける貧困問題の動向——『貧困概念の拡大』と貧困の『基準』をめぐって」『海外社会保障情報』118号, 国立社会保障・人口問題研究所, 4-17頁.

杉村宏, 1997,「わが国における低所得・高齢者問題」庄司洋子・杉村宏・藤村正之編『貧困・不平等と社会福祉』有斐閣, 67-83頁.

東京都福祉局, 1989,『都民と地域福祉・昭和63年度東京都社会福祉基礎調査報告書』東京都福祉局.

Townsend, Peter, 1979, *Poverty in the United Kingdom : A Survey of Household Resources and Standards of Living*, Penguin.

Townsend, Peter, 1993, *The International Analysis of Poverty*, Harvester Wheatsheaf.

Townsend, P. and N. Davidson, 1982, *Inequalities in Health*, Penguin.

塚原康博, 1999,「大都市における高齢者の生活実態——公的年金, 収入, 就業, 子との同居を中心に」『明治大学社会科学研究所紀要』38巻1号, 183-195頁.

山崎喜比古, 1989,「中壮年期男性死亡率の首都圏内地域差とその形成要因」保健医療社会学研究会『都市化と寿命の関係に関する研究』財団法人地域社会研究所, 43-66頁.

山崎喜比古編, 2001,『健康と医療の社会学』東京大学出版会.

1部

高齢期の社会的不平等の諸側面

1章 社会参加, 社会的ネットワークと情報アクセス

藤村　正之

1. 課題と方法

　本章の課題は, 高齢期の人々の社会参加と社会的ネットワークならびに医療や福祉への情報アクセスの実態を調査データから把握したうえで, それらを規定すると予想される階層・健康などの諸要因とそれらの諸活動・諸状況との関連について検討することである.

　高齢期の人々にとって, 職を退いたり, 子育てが終わった後の時間の過ごし方, 人間関係の作り方は, 高齢期に入っての新たな課題という側面とともに, それ以前の段階からの構造的結果としての様相も含みながら現象化してくるものである. 青年期, 中年期からの興味や志向, 他方でそれらを規定する社会的条件の累積的な帰結の一部がそこにはあることになる. それらの諸活動・諸状況の幅の広がりの中では, 社会参加や社会的ネットワークという一見個人の選択の自由にゆだねられるかのようにみえる現象にも, 社会的不利の累積による構造的な結果を確認することができるかもしれない (森岡, 1999).

　また, 福祉や医療のサービス提供に関わって, 福祉情報や医療情報とそれらに基づく相談過程のもつ意義が強調されるようになってきている. 一定程度社会保障制度が整備された段階において, 健康で文化的な最低限度の生活保障という観点から, 医療や福祉のサービス提供の基本的な部分に関して形式的にはそのニーズをもつすべての人に平等な利用と処遇の機会が保障されている. しかし, 実際には, それらのサービス利用に関する情報の認知・接近・理解などがどのようなものになるかによって, 実質的な利用機会やサー

ビス提供水準に格差が生じることがないとはいいきれない．

以下，この章では，具体的に趣味・娯楽・社会参加や社会的ネットワーク，サポート・ネットワーク，医療・福祉情報への接近可能性について，本調査で用意されたいくつかの設問への回答について検討するとともに，性別，年齢階層，健康，夫婦の収入5分位，学歴，50歳時点の所属階層を基本的な独立変数として，それら基本変数との関連についていくつかの分析をおこなっていくこととする．基本変数の前3者を属性要因，後3者を業績要因として想定して検討をおこなうが，高齢期の人々にとっては彼らのライフコース内において属性要因も業績要因との相互関係の蓄積が投影されるものとなっており，現実には相互の要因がわかちがたい関係にあると考えたほうがよいかもしれない．それでは，まずはじめに，趣味・娯楽・社会参加の側面から検討していこう．

2. 趣味・娯楽と社会参加活動

一般に人々の日常生活上の主要な活動は職業労働，家事労働，余暇・社会参加活動などにわけることができる．職業労働から次第に離れていく多くの高齢期の人々にとって，それらの活動の比重は次第に上記の第1のものから，第2，第3のものへと移っていくことになる．その中でも，身体の再生産活動としての家事労働は高齢期以前より常時おこなわなければならないものである以上，その比重の増加は当然相対的なものにとどまるのに対して[1]，余暇・社会参加活動の比重の増加は職業を離れたものにとって絶対的なものでもある．高齢期の人々が豊富な時間資源を利用できることから，彼らが若者・主婦と並んで，「ニュー・レジャークラス」とも評される理由はそこにある（藤村，1995）．

調査時点におけるここ1年くらいの間で，趣味・娯楽や社会参加活動としてどのようなことをしたかを，15の行動を設定し，複数回答を許してたずねてみた（表1-1-1）．もっとも多かったのは「墓参り・参拝・礼拝」83.9％であり，高齢期の人々にとって宗教的要素をもった祈りの活動，死者との対話・人間関係の再確認などを含むこの行動がきわめて重要であること

表 1-1-1　趣味・娯楽・社会参加活動（％）×基本変数

[太字：平均より 10％以上高い／斜字：平均より 10％以上低い]　[分散分析—有意水準：** ＝1％水準，* ＝5％水準]

	実数	本を読む	手紙を書く	園芸庭いじり	散歩	スポーツ体操	ドライブ	旅行	温泉	町内会などの活動	ボランティア活動	趣味サークル	繁華街での買い物	映画芝居ショー	講演会学習講座	レストランでの外食	墓参り参拝礼拝	平均個数	一元配置分散分析—有意水準（平均個数）
全体	(516)	72.1	48.8	53.3	63.2	14.0	40.1	64.5	24.6	9.5	30.0	65.7	39.5	21.9	55.2	83.9	6.08	
性別																			
男	(205)	78.0	50.7	49.3	66.3	15.6	48.8	65.4	21.0	9.8	29.3	62.4	34.1	25.4	54.1	82.0	5.96	
女	(311)	68.2	47.6	55.9	61.1	12.9	34.4	64.0	27.0	9.3	30.5	67.8	43.1	19.6	55.9	85.2	6.15	—
年齢階層																			
65~69歳	(186)	75.3	49.5	54.8	61.3	18.3	42.5	70.4	18.8	14.0	32.3	71.0	47.8	27.4	**67.2**	86.6	6.86	
70~74歳	(146)	76.7	54.1	58.2	68.5	17.8	44.5	66.4	30.1	11.6	**41.1**	71.9	45.9	24.7	56.2	85.6	7.10	
75~79歳	(105)	61.9	40.0	47.6	59.0	8.6	33.3	61.0	25.7	2.9	*18.1*	*54.3*	25.7	13.3	*43.8*	81.0	4.88	
80歳以上	(79)	69.6	49.4	48.1	63.3	*3.8*	35.4	*51.9*	26.6	3.8	20.3	57.0	25.7	15.2	*40.5*	78.5	4.48	**
健康																			
よい	(294)	76.5	52.4	59.5	65.6	19.0	46.6	69.4	28.6	11.2	35.0	72.1	46.6	24.1	64.3	86.4	7.50	
ふつう	(125)	69.6	47.2	50.4	61.6	8.8	34.4	68.0	18.4	8.8	25.6	65.6	34.4	21.6	47.2	84.8	6.36	
よくない	(97)	61.9	40.2	*38.1*	57.7	*5.2*	*27.8*	*45.4*	20.6	5.2	20.6	*46.4*	24.7	15.5	*38.1*	75.3	4.78	**
夫婦の収入 5分位																			
175万円未満	(84)	*53.6*	*31.0*	*35.7*	54.8	9.5	*22.6*	*48.8*	22.6	1.2	21.4	*50.0*	23.8	9.5	33.3	71.4	4.07	
275万円未満	(84)	76.2	53.6	52.4	60.7	*4.8*	*28.6*	57.1	16.7	6.0	23.8	70.2	41.7	13.1	53.6	88.1	5.72	
425万円未満	(100)	70.0	49.0	53.0	66.0	18.0	37.0	68.0	24.0	8.0	30.0	69.0	44.0	19.0	54.0	91.0	6.48	
650万円未満	(69)	**85.5**	58.0	59.4	**73.9**	15.9	**53.6**	**82.6**	27.5	**23.2**	37.7	68.1	44.9	**39.1**	55.1	88.4	7.48	
650万~	(81)	**82.7**	**60.5**	63.0	61.7	19.8	**55.6**	**76.5**	27.2	16.0	**42.0**	71.6	46.9	**32.1**	**79.0**	84.0	7.89	**
学歴																			
義務教育	(180)	*51.1*	*31.7*	*40.6*	58.9	8.9	30.6	55.6	27.8	5.0	20.6	*54.4*	27.8	11.7	*37.2*	80.0	4.53	
高校	(216)	78.2	53.7	59.7	63.9	14.4	36.1	67.6	21.3	8.3	32.9	71.8	45.8	19.9	60.6	87.5	6.69	
大学	(120)	**92.5**	**65.8**	60.8	68.3	20.8	**61.7**	72.5	25.8	18.3	39.2	71.7	45.8	**40.8**	**72.5**	83.3	7.81	**
50歳時所属階層 6分類																			
商工農自営	(135)	63.7	*38.5*	47.4	*54.1*	10.4	40.0	66.7	**34.8**	8.9	27.4	*54.8*	28.9	14.8	47.4	82.2	5.37	
自由業	(15)	73.3	**80.0**	53.3	66.7	20.0	33.3	53.3	20.0	**26.7**	**53.3**	**80.0**	40.0	**46.7**	66.7	80.0	7.00	
経営者	(53)	81.1	**60.4**	**60.4**	66.0	**26.4**	**60.4**	73.6	30.2	13.2	37.7	**77.4**	**58.5**	30.2	**77.4**	92.5	8.00	
管理職	(99)	**87.9**	56.6	60.6	**73.7**	17.2	**53.5**	**76.8**	17.2	11.1	37.4	**77.8**	48.5	30.3	**71.7**	89.9	7.86	
専門・事務	(102)	80.4	**58.8**	59.8	65.7	13.7	35.3	61.8	17.6	5.9	31.4	64.7	41.2	28.4	55.9	80.4	6.32	
ブルー	(92)	*53.3*	*32.6*	*43.5*	60.9	8.7	*23.9*	*51.1*	25.0	5.4	*17.4*	62.0	31.5	9.8	*34.8*	78.3	4.42	**

が浮かびあがる．これに続くのが，「本・雑誌を読む」72.1%，「繁華街での買い物」65.7%，「泊まりがけの旅行や温泉」64.5%，「散歩・体操・ジョギング」63.2%などであり，さらに「レストランなどでの外食」55.2%，「園芸・庭いじり」53.3%までが半数を超えている．半数を超えている活動の多くが，手軽に事前の準備や能力が要求されずにできるものであるといえよう．回答された行動の個数の平均を求めると6.08個（標準偏差3.85）であり，この15種類の行動の中ではひとり6種類程度の活動に関わっているのが一般的ということになる．個数の分布では，1〜5個が32.3%，6〜10個が41.9%，11〜15個が14.1%となり，実質的なNAも含む回答のない0個も11.5%いる．

これらの活動と基本変数とをクロスさせてみよう（表1-1-1）．まず，男女別に見ると，多くの活動項目で比率に差がないことが特徴的であり，ほとんどが数パーセントの差でしかない．10%以上の差があるのは，「ドライブ」の男性48.8%，女性34.4%であり，平均個数においても，男性5.96個，女性6.15個と若干女性の方で多いが，極端な差とはなっていない．高齢期の趣味や娯楽，社会参加活動の関与の程度において，男女差の要因は取り上げた活動に関する限りそれほど大きくないと考えられる．

年齢別に見るとどうか．ここでは，前期高齢層と後期高齢層に差異があり，先に平均個数を見ると，65〜69歳6.86個，70〜74歳7.10個，75〜79歳4.88個，80歳以上4.48個と，70代前半までは7個前後なのに対し，70代後半以降では4個台となり，70代半ばで大きな落差が発生していることがわかる．内容ごとでは，70代前半までと70代後半以降とで大きな差がないのが「手紙を書く」「散歩・体操」「墓参り・参拝・礼拝」であり，前2者は身体の衰退にかかわらず比較的可能なこと，3番目は身体の衰退にかかわらずどうしてもそれだけはしておきたいということなのであろう．その他の活動に関しては，60代後半と70代前半は似た数値をしめし，70代後半に入るところでいったん比率が落ち，70代後半と80歳以降で再び安定した数値という項目が多い．「泊まりがけの旅行や温泉」「レストランなどでの外食」の2項目に関しては，年齢段階ごとになだらかに比率が低くなっていくのが特徴的である．両者とも比較的手軽なレジャーであるが，外出行動であること

から，身体が衰える年齢では，それすらも無理にしなくてよいあるいはできないということになるのであろう．総じて言えば，前期高齢層での活動の活発さと後期高齢層での一定範囲に限定された活動が特徴なのだが，その変化には，前期高齢層での退職や就業引退，子育ての終了などにともなう新たな活動の確保が，他方，後期高齢層では身体の衰退にともなう他者からの介護や見守りなどが課題であるということの一端がしめされているともいえよう．

　健康状態別では，ほとんどすべての項目において，健康状態の「よい」ものから，「ふつう」「よくない」ものへ向けて活動の比率がなだらかに低下していく．「泊まりがけの旅行や温泉」と「墓参り・参拝・礼拝」に関してだけは，健康状態のよいものとふつうのもので類似の数値をしめした後，それがよくないもので一気に比率が低下する．前者については，旅行そのものが湯治という健康回復の目的があり，健康状態がふつうのものまではそのような活動として行えるのに対し，それが悪いものでは遠出そのものができないということだろう．後者についても，上記でふれたように高齢期の人々にとって必須の課題であるため，健康状態がふつうのものまでは特に問題ないのだが，それが悪いものではその必須性も超えて出向けない限界があるということになろう．なお，活動の平均個数は，健康状態が「よい」では7.50個，「ふつう」6.36個，「よくない」4.78個となる．健康状態は，趣味・娯楽や社会参加の活動範囲を明確に狭める方向に作用すると言える（岡村，1991）．

　夫婦の収入5分位で見ると，全般的に言って収入の増加するほど活動者の比率が高くなっていくのだが，そこにはいくつかの類別ができる．収入の増加にともない，各分位ごとになだらかに比率が増加していくaタイプ，ある分位でいったん比率があがった後は微増にとどまるbタイプ，ある分位まで上昇した後下降するcタイプ，全ての分位であまり比率が動かないdタイプを見出すことができる．代表例をあげれば，aタイプとしては「園芸・庭いじり」「ドライブ」「趣味のサークル活動」「レストランなどでの外食」，bタイプとしては「繁華街での買い物」「映画・芝居・ショー」，cタイプとしては「散歩・体操・ジョギング」「ボランティア」「講演会・学習会への参加」「墓参り・参拝・礼拝」，dタイプとしては「町内会・老人会への参加」などになる．aタイプとdタイプは収入という経済的要因が行動を規

定するかどうかの対極にあるものであり，b タイプはあるレベルまでの経済的な収入が行動に必要とされるもの，c タイプは経済階層が高くなれば関心が薄れるものとでもなろうか．d タイプは，参加を規定するものが経済的要因を離れ，人間関係などネットワーク的な要因なのであろう．平均の活動個数を求めると，収入 5 分位の「175 万円未満」で 4.07 個，以下，「175 万円～275 万円未満」5.72 個，「275 万円～425 万円未満」6.48 個，「425 万円～650 万円未満」7.48 個，「650 万円以上」7.89 個となり，収入が多いほど活動個数が増えていく．経済的要因もあきらかに趣味・娯楽・社会参加活動の活動範囲を規定しており，収入の少ないものほど，その活動は狭い範囲にとどまっている．

　学歴別にクロスしてみると，先の収入 5 分位とほぼ同じような 4 つのタイプにわけることができるが，とりわけ大学卒のところで急激に比率が上がるものとして，「ドライブ」「ボランティア」「講演会・学習講座への参加」が着目される．これらの活動には，学歴が規定する経済的な要因や文化資本的な関心の強弱などが反映しているのだろう．学歴別に見た場合の平均の活動個数は，「義務教育」で 4.53 個，「高校」で 6.69 個，「大学」で 7.81 個となり，ここでも学歴が高くなるほど趣味・娯楽・社会参加活動の活動範囲が広がっている．

　最後に，50 歳時点の所属階層の 6 分類によって見るとどうか．全体を通じて，「商工農自営」や「ブルーカラー」で活動するものの比率が低く，「経営者」や「管理職」で活動の比率が高い．その多くが地付きであると想定される「商工農自営」で，「町内会などでの活動」が高いのは特徴的である．平均の個数で，全体平均の 6.08 個を上回るのは，「経営者」の 8.00 個，「管理職」の 7.86 個，「自由業」の 7.00 個，「専門・事務」の 6.32 個であり，逆に下回るのは「商工農自営」の 5.37 個，「ブルーカラー」の 4.42 個である．階層形成の一端を規定する学歴や収入 5 分位に見られた活動範囲の相違を反映する形で，50 歳時点の所属階層でも差異が明確にあらわれている．

　ここまでみてきた基本変数ごとに，趣味・娯楽・社会参加の回答個数を一元配置の分散分析にかけてみると，結果は，性別を除く年齢階層，健康，夫婦の収入 5 分位，学歴，50 歳時点の所属階層の 5 変数とも 1% 水準で有意で

あった（表1-1-1）．性別とそれらの活動個数との間に関連はみられず，すでに確認したように男女差はあまりないのだが，それ以外の5つの基本変数との間には強い関連があり，その内部において差異が発生していることになる．

3. パーソナル・ネットワークとサポート・ネットワーク

　高齢期を象徴する形でいわれる「孤立する老人」というイメージには，現実とは異なるある種のステレオタイプ性がつきまとっている．それに対して，近年注目を集めているパーソナル・ネットワークという発想は，高齢期の人々もいくつかの人間関係の網の目の中にあり，その網の目の密集度や機能性，変容を問うという視角を可能にする．「孤立する老人」という感覚的なイメージを超えて，高齢期の人々の孤立性や人間関係の多様性を現実的に測定するひとつの問題設定として，ネットワークという視点は今後とも重要さを増してくるであろう（藤崎，1998）．ネットワーク研究は多面的な展開をみせているが，ここでは人間関係全体の構造的な規模の側面に着目してパーソナル・ネットワークを，そのパーソナル・ネットワークの中での問題解決の機能的な側面に着目してサポート・ネットワークを概念的に用いることにし（野口，1991），以下の2つの項で各々検討していくこととする．

(1) パーソナル・ネットワーク

　高齢期の人々が保有するパーソナル・ネットワークの規模をあきらかにするために，本調査では各関係ごとに，親しくおつきあいをしている人がどれくらいいるかの人数を問うてみた．取りあげた領域は，「別居の家族・親族」，「職場の人」，「近所の人」，「他の友人」の4つである（表1-1-2）[2]．

　4つのネットワークの領域を比較して特徴的なことの第1は，そのような親しくつきあっている人がいないという回答に大きな差があることである．「別居の家族・親族」とのつきあいでは，いないという人の比率が10.4％なのに対して，「他の友人」では28.9％，「近所の人」32.5％，「職場の人」43.8％となる．回答者の多くが退職しているという状態から，職場関係での

表1-1-2 パーソナル・ネットワーク領域別人数

(%)

	親族	職場の人	近所の人	他の友人
いない	10.4	43.8	32.5	28.9
1〜5人	38.7	33.4	45.7	43.5
1人	4.9	4.0	5.7	5.1
2人	8.5	8.9	10.2	12.6
3人	7.2	9.1	15.5	12.6
4人	6.8	3.0	4.9	3.0
5人	11.3	8.4	9.4	10.2
6〜10人	36.4	14.7	17.2	19.0
11〜20人	11.5	6.1	3.4	5.5
21人以上	3.0	1.9	1.3	3.0
合計	100.0	100.0	100.0	100.0
平均人数	7.25	4.45	3.83	5.31
標準偏差	6.90	9.14	5.14	10.00
回答者	530人	427人	530人	530人

つきあいが元職以来のものを含めても半数に近い人になく、職場に関係したつきあいが就業時期に限定されがちなものであることがわかる。また、同一地域の居住年数が長い可能性が高い高齢期の人々にとっても、大都市部で近隣関係のつきあいを形成することが決して容易ではないことがしめされている。特徴の第2は、「別居の家族・親族」でのつきあい人数はやはり多く、「6〜10人」が36.4％、「11〜20人」も11.5％と、他の領域での比率よりかなり高い。日本の高齢期の人々にとって、パーソナル・ネットワークの機軸になるのは他出した子どもとの関係であると指摘されることが多いが、別居家族・親族とのつきあいの多さはそれをある程度傍証する数値とも言える。

全体を通じて、ネットワークの関係ごとに平均の人数を見ると、「別居の家族・親族」7.3人、「職場の人」4.5人、「近所の人」3.8人、「他の友人」5.3人となる。平均値として、「近所の人」が最も少なく、そのばらつきも多い。大都市部での近隣関係形成の難しさは人数面にも現れている。これら4つの関係ごとの人数を足して、その分布を見ると、4領域を通じてつきあいの「ない」人が2.8％、人数合計が「1〜5人」が15.5％、「6〜10人」17.8％、「11〜20人」39.2％、「21〜30人」13.2％、「31〜40人」8.6％、

「41～50人」6.4％,「51人以上」6.6％となる．10人きざみごとに分類しなおせば, 10人まで, 11人から20人, 21人以上の3分類で, ほぼ3分の1くらいずつにわかれている．4つのネットワーク領域の合計人数の平均は21.1人となる．

　パーソナル・ネットワークの合計人数の平均を基本的な項目とクロスしたのが, 表1-1-3である．性別では, 4つの関係の合計人数で男性24.0人, 女性18.4人と, 男性の方が女性よりネットワーク人数が多くあげられている．この中味は,「職場の人」とのつきあいで男性6.0人, 女性3.1人と倍近い人数差となっていることが影響している．女性の方がパーソナル・ネットワーク形成が広範囲なのではないかという印象があるが, 調査結果は異なる結果となっている．その他の項目では, 総じて, 年齢段階の若いもの, 健康状態のよいもの, 収入の多いもの, 学歴の高いものほどつきあいの人数が多くなっている．逆に言えば, 社会的に不利な状態にあると判断されるもののほうで, 交友範囲も狭いものにとどまり, 相乗的な作用がおよぼされていることが理解される．

　各変数を細かくみれば, 年齢段階が80歳以上のもので70代後半のものより多少人数が増加する形になっており, このことは社会的な援助の必要性が交友関係を再度広げなければならないことの反映であるかもしれない．また, 収入区分ごとでは「425万円～650万円未満」33.4人,「650万円以上」32.2人でほとんど差がないことは親しくつきあう交友範囲の限界人数がその前後にあることの反映であるかもしれない．他方, 50歳時点の所属階層ごとに人数合計を見てみると,「自由業」38.7人,「経営者」35.8人,「管理職」30.0人,「商工農自営」18.6人,「専門・事務」17.0人,「ブルーカラー」11.5人となる．階層が高いと判断される方で人数が多く, それが低いと判断される方で人数が少なくなっている．この人数の差異の一部には職場でのつきあいの人数がかなり影響しているが,「別居の家族・親族」や,「近所の人」,「他の友人」の領域においても多少の人数差異が存在している．"階層が低くても, 多くの知合いが集まって和気あいあいと生活している"というようなイメージとは異なって, 大都市高齢者の現実のパーソナル・ネットワークは数字上社会的に不利な層に厳しく存在していることになる．

表 1-1-3 パーソナル・ネットワーク人数（平均人数）×基本変数

	人数合計	一元配置分散分析		人数合計	一元配置分散分析
全体	21.1		学歴		
性別			義務教育	12.1	
男	24.0		高校	20.9	
女	18.4	＊	大学	33.1	＊＊
年齢階層			50歳時所属階層		
65〜69歳	24.8		6分類		
70〜74歳	20.8		商工農自営	18.6	
75〜79歳	15.9		自由業	38.7	
80歳以上	19.2	＊	経営者	35.8	
健康			管理職	30.0	
よい	23.2		専門・事務	17.0	
ふつう	21.2		ブルー	11.5	＊＊
よくない	15.0	＊			
夫婦の収入5分位					
175万円未満	9.3				
275万円未満	14.4				
425万円未満	20.0				
650万円未満	33.4				
650万〜	32.2	＊＊			

＊＊＝5％水準，＊＝1％水準．

　パーソナル・ネットワーク全体の人数合計を，基本変数との関連で一元配置の分散分析にかけてみよう（表1-1-3）．すべての変数との間で有意な関係があるが，とりわけ，夫婦の収入5分位，学歴，50歳時所属階層といった業績要因に関して1％水準で有意に強い影響関係がある．つきあいの範囲という個人的選択に満ちたものに見えるパーソナル・ネットワークが，高齢期の人々にとっては業績要因の影響を反映したものとして現われているのである．表は掲げないが，視点を変えて基本変数ごとにみると，夫婦の収入5分位と50歳時所属階層の2つで，関係ごとの人数すべてと強い影響関係があることになり，パーソナル・ネットワークの形成やその規模にも，経済的・職業的な要因が大きな差異を色濃くもたらしていることが理解される．他方で，「別居の家族・親族」ならびに「他の友人」とのつきあい人数はすべての変数との関連において有意だが，とりわけ，健康，夫婦の収入5分位，

1章　社会参加，社会的ネットワークと情報アクセス

表 1-1-4　サポート・ネットワーク（依頼内容別）
(%)

	同居家族	別居家族	職場の人	近所の人	その他	特になし	平均回答数
悩み事	30.8	61.9	10.2	13.0	18.1	15.8	1.22
留守	36.9	42.2	1.5	24.1	2.5	15.9	0.97
看病	39.5	58.2	0.9	5.3	3.0	14.6	0.97
気配り	39.3	69.8	6.4	13.4	14.6	7.6	1.30
気晴らし	28.7	43.6	16.0	30.9	44.7	7.0	1.49

学歴，50歳時所属階層との間には強い関連がみられる．これに対して，「職場の人」は性別，夫婦の収入5分位，学歴，50歳時所属階層との間に影響がみられ，年齢階層や健康との間には関連がみられない．「近所の人」は夫婦の収入5分位，50歳時所属階層との間にだけ影響関係が確認され，それ以外の変数とは関連が弱い．

(2) サポート・ネットワーク

パーソナル・ネットワークの中には，単なるつきあいとしての機能だけでなく，具体的な援助―被援助，支え合いの行動がおこなわれる働きもある．そのようなサポート・ネットワーク的な視点でとらえたとき，依頼や相談の相手としてどのような人があげられるかについて，次のような5つの状況を設定し問うた．(1)個人的な悩み事や心配事を聞いてくれる人，(2)数日留守にする場合の用事を頼める人，(3)病気で数日寝込んだ場合の看病や世話を頼める人，(4)気を配ったり，思いやってくれる人，(5)おしゃべりや気晴らしができる人．これら5つの状況のうち，(1)(4)(5)は情緒的なサポートに，(2)(3)は手段的なサポートに着目して，問いを設定したものである．これらの状況に対して，回答では「同居家族（除配偶者）」「別居家族・親族」「職場の知人・友人」「近所の人」「その他の友人」といった5種類の相手を設定し，複数回答を許して，それらの人に依頼・相談できるかどうか，可能性にとどまるものも含めて尋ねた（表1-1-4）．

情緒的サポート，手段的サポートのほとんどの状況において，「別居家族・親族」ついで「同居家族」への依頼・依存が1位，2位の順で比率が高いのだが，各々の依頼内容ごとに順位や比率に少しずつ違いがでている．ま

ず，手段的サポートのほうでみると，「病気で数日寝込んだ時の看病や世話」では，依頼する相手が「別居家族・親族」58.2％と「同居家族」39.5％に集中しており，その他の相手の回答比率はきわめて低い．相手への時間的拘束や心理的負担が高い看病・世話という手段的なサポート内容は，家族・親族に頼むのが気がねないが，それ以外の人への依頼は難しいというところであろう．他方，「数日留守にした場合に用事を頼める」では「近所の人」24.1％と，比率が相対的に上昇してきており，サポートのためには物理的近接性が求められる活動であることがわかる．

情緒的サポートの方をみると，「おしゃべりや気晴らしができる」は，わずかな比率だが「別居家族・親族」よりも「他の友人」の方が高く，第1位になっている例外的な項目であり，「他の友人」44.7％，「近所の人」30.9％の比率が相対的に高い．おしゃべりや気晴らしのためには，従来から気心がしれている人か，逆にあたりさわりのない交友が求められ，家族・親族に頼らなくても目的達成が可能な数少ない領域と言えよう．「個人的な悩み事や心配事を聞いてくれる」「気を配ったり思いやってくれる」では，「別居家族・親族」「同居家族」の1位・2位につづいて，「他の友人」が3位にきており，「職場の人」や「近所の人」より，しがらみが薄く他方で気持ちの通じあう友人たちの方が情緒的なサポート役を果たす可能性がやや高いことがわかる．全項目を通じて，「職場の人」は回答比率がもっとも低く，高齢期の人々にとって生活を維持したり，交友関係をサポート・ネットワークとして組むうえで，職場関係のネットワークがかなり弱いものにとどまることが確認できる．依頼内容別の平均回答数を求めると，情緒的サポートの「個人的な悩み事や心配事を聞いてくれる」1.22，「気を配ったり思いやってくれる」1.30，「おしゃべりや気晴らしができる」1.49，手段的サポートの「数日留守にした場合に用事を頼める」0.97，「病気で数日寝込んだ時の看病や世話」0.97である．手段的サポートよりは情緒的サポート，情緒的サポートの中では悩み事の相談より気晴らしといった方で頼める相手が増加するということになる．

このサポート・ネットワークは，誰によく頼むことができそうかという依頼相手別に視点を変えて考察することもできる（表1-1-5）．依頼相手別に

表 1-1-5 サポート・ネットワークの回答個数（依頼相手別）

(%)

			0個	1個	2個	3個	4個	5個	平均回答数
同居家族	100.0	(583)	61.2	1.4	3.3	4.5	10.6	19.0	1.59
別居家族	100.0	(583)	28.1	7.7	12.0	12.7	16.8	22.6	2.50
職場の人	100.0	(583)	82.5	8.7	4.3	3.4	0.9	0.2	0.32
近所の人	100.0	(583)	61.4	18.0	10.6	3.3	3.8	2.9	0.79
他の友人	100.0	(583)	49.6	32.6	13.2	3.3	1.4	—	0.74

みると，「別居家族・親族」への回答数が多くなっており，3個12.7%，4個16.8%，5個22.6%と，3個以上の回答をよせたものが半数を超えている．これに続くのは「同居家族」であり，3個以上の回答がほぼ3分の1に達している．その他の依頼相手では，「他の友人」で1個の32.6%，「近所の人」で1個の18.0%が他の数値と比べて比率の高いところである．「職場の人」では，依頼できないという0個のものが82.5%と最も高くなっており，依頼内容の項目設定にもよるだろうが，高齢期の人々にとって職場関係の人間がサポート・ネットワークに登場することは過去の関係を含めてもかなり稀であることがわかる．依頼相手別の平均回答数を求めると，「別居家族・親族」2.50，「同居家族」1.59，「近所の人」0.79，「他の友人」0.74，「職場の人」0.32となった．サポート・ネットワークにおける家族・親族の重要性がひときわきわだっている．また，パーソナル・ネットワークでは「他の友人」＞「職場の人」＞「近所の人」だった人数順が，サポート・ネットワークの依頼個数順では「近所の人」＞「他の友人」＞「職場の人」となっている．設問の内容や形式による影響もあろうが，サポート・ネットワークにおいて物理的近接性としての近隣の比重があがってくることが興味深い．

サポート・ネットワークはひとつひとつの依頼相手とその活動内容が重要なことは当然なのだが，ここではひとつの試行実験として，サポート・ネットワークとして依頼可能な関係としてどれだけの回答があげられたかに着目してみよう．論理的には5つのサポート内容，5つの依頼相手の設定で，最大25個までの回答が可能なのだが，実際の回答個数の最小値は0個，最大値は18個であった．最頻値は5個の32.9%であり，3分の1のものがほぼ領域ごとに1個の依頼相手をあげている計算になる．回答個数6個は

表 1-1-6 サポート・ネットワーク回答数×基本変数

	回答数	一元配置分散分析		回答数	一元配置分散分析
全体	6.50		学歴		
性別			義務教育	6.13	
男	6.07		高校	6.81	
女	6.81	**	大学	6.82	*
年齢階層			50歳時所属層		
65～69歳	6.75		6分類		
70～74歳	7.03		商工農自営	6.48	
75～79歳	6.23		自由業	6.53	
80歳以上	5.59	**	経営者	6.23	
健康			管理職	7.28	
よい	7.14		専門・事務	6.75	
ふつう	7.28		ブルー	5.98	*
よくない	7.04				
夫婦の収入5分位					
175万円未満	6.09				
275万円未満	6.24				
425万円未満	6.81				
650万円未満	7.53				
650万～	6.95	*			

**＝5%水準，*＝1%水準．

13.6%，7個も13.6%と，回答個数が5個から7個に集中しているのが特徴的である．平均値は6.50個（標準偏差3.18）となった．

各基本変数ごとに回答平均値を求め，一元配置の分散分析にかけたのが，表1-1-6である．これをみると，性別と年齢階層別が1%水準で有意な差異がもっともあらわれている変数である．性別では女性のほうがサポート・ネットワーク回答数が多く，女性の方が男性よりこのようなサポートの依頼や受容に有利な状態にあることがわかる（野辺，1999）．パーソナル・ネットワークにおいては，男性のほうが女性より人数が多かったことと対照的な関係にある．また，年齢別では前期高齢者層のほうが回答数が多くなっており，手段的サポートと情緒的サポートの双方をふくむせいもあるであろうが，年齢が高くなり依存度が高くなるのではないかと予想される後期高齢者層において，サポート・ネットワークの拡大がみられることはなく，むしろ縮小し

ていると判断される．この2つの変数に続いて，夫婦の収入5分位・学歴・50歳時階層分類が5％水準で有意な変数となっている．しかし，健康状態の程度は有意な差異をしめす変数となっていない．大きな差異はないわけだが，逆にいえば，健康状態が悪いからといって，より有効なサポート・ネットワークが形成されているわけではないことがわかる．

4. 医療・福祉に関する情報源と相談相手

医療・福祉に関する治療や処遇を受けるにあたっては，その前提として問題や症候の認知・体験段階，さまざまなケアを受けようとするかの意思決定段階がある．それらの段階においては，自己判断や他者からの忠告や情報，相談の有無が場面を構成する重要な要因となり，各種の情報をめぐる探索活動がおこなわれることになる．医療社会学で「照会システム（referral system)」と呼ばれる事象である（進藤，1990，p.127）．この照会システムの一端について検討するため，本調査では，医療・福祉に関する情報源と相談相手について，複数回答を許し次のように問うてみた．「病気のこととか，看病や介護のしかた，あるいは医療や福祉の制度の利用などについて，くわしい話を聞いたり情報を得たい場合，どの方に相談したり，お願いできそうですか」．結果は以下のようになった（表1-1-7）．

全体の回答で，もっとも多かったのは「家族・親戚」64.9％であり，大きく離れて「信頼できるかかりつけの医師」34.7％，「病院・保健所・区役所等の窓口」33.7％，さらに離れて，「地域の世話役的な人や民生委員」13.8％，「知人や親戚の医師」13.0％がつづいている．「知人・親戚の看護婦，福祉関係者」「医療や福祉の民間業者」「ボランティア団体・住民組織」はいずれも5％以下ときわめて少なかった．家族・親戚というインフォーマルな関係が情報源や相談相手としてもっとも高い一方で，かかりつけの医師や公的な窓口もそれを追って上位にきている．このことから，医療・福祉に関する情報内容をめぐって，経験や親密さに基づく情報提供という側面と，専門性に基づく情報提供という側面とが併存していることがわかる．医療・福祉の情報流通において専門職による排他的独占がおこなわれるわけではなく，

表 1-1-7 医療・福祉に関する情報源・相談相手 (MA) (%) × 基本変数

[大字：平均より 10% 以上高い／斜字：平均より 10% 以上低い] [分散分析・有意水準：** = 1% 水準／* = 5% 水準]

	個数	家族親族	世話役民生委員	知人・親戚の医師	かかりつけの医師	知人の看護婦	知人の福祉関係者	知人の友人の経験者	知人の友人の詳しい人	病院・区役所の窓口	民間業者	ボランティア団体や住民組織	その他	特にいない	平均選択個数	一元配置分散分析
全体	(530)	64.9	13.8	13.0	34.7	4.9	9.8	9.1	33.8	4.3	2.3	0.2	7.2	1.80		
性別																
男	(209)	60.8	13.4	14.8	37.8	3.8	12.0	9.1	38.3	2.9	1.0	—	9.6	1.79		
女	(321)	67.6	14.0	11.8	32.7	5.6	8.4	9.0	30.8	5.3	3.1	0.3	5.6	1.81		
年齢階層																**
65〜69歳	(188)	58.0	13.8	18.1	35.1	5.9	14.4	10.6	42.6	3.2	2.7	0.5	7.4	2.00		
70〜74歳	(148)	65.5	17.6	10.8	33.8	4.1	11.5	12.2	34.5	6.1	2.0	—	6.8	1.95		
75〜79歳	(111)	73.0	9.9	9.0	29.7	3.6	4.5	4.5	23.4	3.6	0.9	—	8.1	1.52		
80歳以上	(83)	68.7	12.0	10.8	42.2	6.0	3.6	6.0	26.5	4.8	3.6	—	6.0	1.52		
健康																
よい	(297)	64.0	13.8	15.5	34.3	5.4	11.4	10.8	30.6	5.7	3.0	—	7.4	2.02		
ふつう	(127)	66.1	14.2	14.2	33.1	6.3	8.7	6.3	42.5	2.4	2.4	—	7.9	2.04		
よくない	(106)	66.0	13.2	4.7	37.7	1.9	6.6	7.5	32.1	2.8	—	0.9	5.7	1.79		
夫婦の収入5分位																**
175万円未満	(101)	55.4	11.9	2.0	21.8	2.0	3.0	2.0	32.7	2.0	1.0	—	10.9	1.45		
275万円未満	(95)	60.0	15.8	11.6	24.2	3.2	3.2	7.4	30.5	3.2	1.1	—	5.3	1.65		
425万円未満	(108)	64.8	17.6	8.3	34.3	7.4	11.1	4.6	26.9	2.8	—	—	6.5	1.84		
650万円未満	(75)	65.3	14.7	20.0	48.0	12.0	20.0	22.7	37.3	6.7	6.7	—	1.3	2.55		
650万〜	(84)	54.8	9.5	26.2	50.0	2.7	14.3	16.7	33.3	7.1	3.6	—	3.6	2.21		
学歴																**
義務教育	(189)	66.1	10.6	4.2	28.6	1.6	3.7	2.6	32.3	3.7	1.6	—	11.1	1.46		
高校	(220)	66.4	15.9	15.0	33.2	6.8	11.4	11.8	32.7	3.6	2.3	0.5	5.5	1.93		
大学	(120)	60.0	15.0	23.3	46.7	6.7	16.7	14.2	38.3	6.7	3.3	—	4.2	2.19		
50歳時所属階層6分類																**
商工農自営	(137)	70.1	13.9	7.3	31.4	2.9	6.6	6.6	32.8	7.3	3.6	—	9.5	1.69		
自由業	(15)	33.3	33.3	20.0	40.0	6.7	13.3	20.0	46.7	6.7	13.3	—	13.3	2.18		
経営者	(53)	58.5	5.7	22.6	47.2	1.9	15.1	13.2	24.5	7.5	—	—	3.8	1.89		
管理職	(100)	60.0	16.0	26.0	45.0	7.0	13.0	11.0	39.0	6.0	1.0	—	6.0	2.25		
専門・事務	(104)	69.2	16.3	13.5	30.8	7.7	10.6	13.5	30.8	1.0	1.0	1.0	4.8	1.84		
ブルー	(100)	66.0	11.0	3.0	26.0	3.0	7.0	4.0	36.0	1.0	1.0	—	8.0	1.48		

「素人間の照会システム（lay referral system）」も一定の機能を果たしているわけであり，第一義的には家族・親族においてその様相が強いことになる．

これらの活動と基本変数とをクロスさせてみよう（表1-1-7）．男女別ならびに健康別に見た場合，多くの活動項目で比率に差がないことが特徴的で，ほとんどが数パーセントの差でしかなく，平均回答個数においても，性別では男性1.79個，女性1.81個，健康状態が「よい」では2.02個，「ふつう」2.04個，「よくない」1.79個となる．年齢階層別に見るとどうか．前期高齢層と後期高齢層では回答に差異があり，前者で「知人・友人の経験者」「知人・友人のくわしい人」「病院・保健所・区役所等の窓口」の比率が高く，後者で「家族・親族」「かかりつけの医師」の比率が高くなっている．後期高齢者においては，情報ネットワーク一般が縮小してくる中で，基本的な情報源への依存度が増してくるということが関係していよう．個別の設問では極端に大きな比率の差はないのだが，平均回答個数では，65～69歳2.00個，70～74歳1.95個，75～79歳1.52個，80歳以上1.52個と，年齢をおうごとに回答数が低くなり，情報源や相談相手が限られていくことになる．

夫婦の収入5分位で見ると，全般的に言って収入が増加するほど情報源・相談相手の比率が高くなっていく．「知人・親戚の医師」「かかりつけの医師」「知人・友人の経験者」「知人・友人のくわしい人」などで，それが顕著となっている．「かかりつけの医師」をあげるものは，収入5分位の「175万円未満」では21.8%なのに対し，「650万円以上」では50.0%と2倍以上の開きとなっている．情報源・相談相手の平均個数を求めると，収入5分位の「175万円未満」で1.45個，以下，「175万円～275万円未満」1.65個，「275万円～425万円未満」1.84個，「425万円～650万円未満」2.55個，「650万円以上」2.21個となり，「425万円～650万円未満」を山としつつ，収入が多いほど情報源・相談相手の個数が増えていく．経済的要因もあきらかに情報源・相談相手の範囲を規定しており，収入の少ないものほど，その範囲は狭くなっており，その差異の多くは専門家へのアクセス可能性の違いによっている．

学歴別にクロスしてみても，「知人・親戚の医師」「かかりつけの医師」「知人・友人の経験者」「知人・友人の詳しい人」などは，学歴の高いもので

比率が高くなっている．わずかではあるが，「病院・保健所・区役所の窓口」という公共的な要素の強い相談先についても，大学卒の方で比率が高くなっており，かって N. ギルバートが指摘した，医療・福祉サービスの提供者も中流階層の人間であることが多く，提供者と利用者という中流階層同士の文化やコミュニケーションスタイルが間接的に有利に作用するという議論を傍証することになろう（Gilbert, 1983=1995；藤村，1998）．そこでは，医療・福祉の情報探索において，学歴が規定する経済的な要因や文化資本的な関心の強弱などが数値に反映していると考えられる．学歴別に見た場合の平均の回答個数は，「義務教育」で 1.46 個，「高校」で 1.93 個，「大学」で 2.19 個となり，学歴が高くなるほど情報源・相談相手の範域が確実に広がっていることが確認できる．

　最後に，50 歳時点の所属階層の 6 分類によって見るとどうか．全体を通じて，「商工農自営」や「ブルーカラー」で情報探索の比率が低く，「経営者」や「管理職」でその比率が高い．「管理職」で「知人・親戚の医師」や「かかりつけの医師」の比率が高く，逆に「ブルーカラー」で「知人・親戚の医師」の比率が低いことが目立っている．平均の回答個数で確認すると，全体平均が 1.80 個なのに対して，「管理職」2.25 個，「自由業」2.18 個，「経営者」1.89 個，「専門・事務」1.84 個がそれを超えており，逆に「商工農自営」の 1.69 個，「ブルーカラー」の 1.48 個がそれを下回っている．階層形成の一端を規定する学歴や収入区分に見られた情報ネットワークの相違を反映する形で，過去の所属階層によっても差異が明確にあらわれている．

　ここまでの 3 節において，趣味・娯楽・社会参加，パーソナル・ネットワーク，サポート・ネットワーク，医療・福祉の情報源・相談相手について分析をおこなってきた．ここでは，それらを集約的にまとめる意味で，相関分析と分散分析をおこなっておこう．まず，趣味・娯楽・社会参加の活動個数，パーソナル・ネットワークの人数合計，サポート・ネットワークの回答個数，医療・福祉の情報源・相談相手回答個数について，それらの変数同士の相関係数を見ておこう（表 1-1-8）．すべての変数の組み合わせにおいて，正の強い相関をしめしており，1％水準で有意である．全体としていえば，人間関係一般のパーソナル・ネットワークやサポート・ネットワーク，情報に関

1章 社会参加,社会的ネットワークと情報アクセス

表 1-1-8 社会参加・社会的ネットワーク・情報アクセス関連変数間の相関係数

	趣味 社会参加	パーソナル・ ネットワーク 人数	サポート 回答数	医療・福祉 情報源個数
趣味・社会参加活動数		.424**	.478**	.397**
パーソナル・ネットワーク人数合計	―		.320**	.249**
サポート・ネットワーク回答数	―	―		.561**
医療・福祉情報源個数	―	―	―	

＊＊＝5%水準,＊＝1%水準.

するネットワークをよく形づくれるものは,その規模が雪だるま式にふくらみ,そうでないものはより閉鎖的になっていることが確認される.どこかの人間関係に深く関わり拘束されるあるいは依存することによって,それ以外の領域において関係形成がうまくいかないという形のトレード・オフの代替的な関係というのではなく,どこかの人間関係に深く関われる人は他領域でも積極的に関係形成ができていると判断できるのである.しいていえば,医療・福祉の情報源・相談相手の回答個数とサポート・ネットワークの回答個数との相関がとくに高く,パーソナル・ネットワーク人数との相関はやや低くなっている.他方で,趣味・娯楽・社会参加の回答個数とパーソナル・ネットワーク人数との相関も相対的に高くなっている.これらを整合的にとらえれば,生活保障の手段的なネットワークの形成(医療・福祉の情報源・相談相手とサポート・ネットワーク)と,情緒的・楽しみ的ネットワークの形成(趣味・娯楽・社会参加とパーソナル・ネットワーク)を,微妙に異なる2本柱として設定することが可能かもしれない.

これらの変数を一意的な分散分析にかけてみよう(表1-1-9).一意的な分散分析とは,連続変数たる従属変数に対して,名義尺度・順序尺度たる独立変数を同時に投入して,その規定力の強さを検討する計量手法である.ここでは,趣味・娯楽・社会参加の活動個数,パーソナル・ネットワークの人数合計,サポートネットワークの回答個数,医療・福祉の情報源・相談相手回答個数の各々について,基本変数のうちどの変数が影響力が強いかを検討してみよう.まず,趣味・娯楽・社会参加の活動個数に対しての分散分析の

表 1-1-9 社会参加・社会的ネットワーク・情報アクセス関連変数の一意的分散分析

	趣味・社会参加活動数	パーソナル・ネットワーク人数合計	サポート・ネットワーク回答数	医療・福祉の情報源個数
	F 値	F 値	F 値	F 値
性別	11.547 **	3.517 +	8.293 **	2.774 +
年齢	5.158 **	0.637	0.631	0.230
健康	11.785 **	0.074	0.133	0.435
夫婦収入 5 分位	3.888 **	5.088 **	2.394 *	5.437 **
学歴	9.349 **	4.427 *	1.275	2.499 +
50 歳時所属階層	1.860	4.038 **	1.771	0.926

**＝1%水準，＊＝5%水準，＋＝10%水準.

結果は，50歳時所属階層を除くすべての変数が1%水準で有意である．趣味・娯楽・社会参加の回答個数はこれらの諸変数が各々の効果を発揮することによって規定されていることがわかるが，50歳時点の所属階層の規定力が相対的には弱いというところに，趣味・娯楽・社会参加の領域でのわずかな自由度があらわれているのであろう．パーソナル・ネットワークの人数合計については，夫婦収入5分位と50歳時所属階層が1%水準で，学歴が5%水準で有意であり，性別も10%水準で有意である．パーソナル・ネットワークという個人的選択性の強いと思われる領域で，業績要因がきわめて大きい効果をおよぼしていることが，高齢期における諸問題への過去の構造的結果の反映が読み取れる．逆に，サポートネットワーク回答個数では，性別が1%水準で，夫婦収入5分位が5%水準で有意となる．高齢期におけるサポートの依頼や受容に関して，性別の差異は大きく影響しており，ネットワークの利用において重要な要因となっていることになる．情報源・相談相手の回答個数では，夫婦の収入5分位が1%水準で，性別と学歴は10%水準で有意となった．医療・福祉に関する情報源・相談相手の回答個数にとりわけ強く規定力をもっているのが収入であり，それがもたらす専門職者との関係形成の可能性や頻度などが大きな影響をおよぼしているのであろう．

以上，高齢期の人々の社会参加と社会的ネットワーク，情報アクセスの実態と基本変数との関連について検討してきた．そこから得られた知見をおお

まかに述べておこう．趣味・娯楽・社会参加の活動参加とパーソナル・ネットワークにおいては，社会的に不利な状態にあると判断されるもののほうで，それが不活発あるいは狭い範囲にとどまることが確認され，個人の選択にゆだねられるかのようにみえる領域にも，社会的不利からもたらされる相乗的な作用があることが理解される．他方，サポート・ネットワークの方でも社会的不利からの影響が一定程度確認されるが，上記のような明瞭なものとは言えず，サポート依頼の内容や依頼相手によって異なる様相を若干しめしている．そこには，パーソナル・ネットワークは縮小化することがあっても，サポート・ネットワークは生活維持のための必要性から構築されざるをえないということもあるのかもしれない．それは，現実の人的資源の配置構造や依頼可能な人間関係が多様に展開されていることの証左でもあろう．その一方，医療・福祉の情報アクセスに関しては再び，社会的に不利な状態にあると判断されるもののほうで，それが狭い範囲にとどまることが確認された．

全体を通じていえば，社会参加や各種ネットワーク，情報アクセスをめぐって，トレード・オフ的な人間関係・行動範囲が判明したというより，拡大再生産的な人間関係・行動範囲が形成されていることがあきらかになった．強くいえば，有利な境遇にいるものはより有利に，不利な境遇にいるものはより不利にという実態が，個人の自由な活動，個人の努力によって可能とみなされがちな領域においても現実化しているのであった．高齢期における個人的な活動領域や人間関係の広がり，それらの程度の差異も，それ以前からの構造的な効果の問題として，人生のキャリア形成・展開の時期を通じてはじまっているのである．

1) 高齢期に入っての家事労働の増加が相対的な変化にとどまると指摘することは可能だが，それは世帯を単位とした場合にそうなのであって，より正確にはその背後にあるジェンダー差の問題への目配りは当然必要である．家事労働を妻にまかせたままにしていた夫にとって，定年後の家事参加が重要な課題になることもあるし，従来通り妻に依存するということもありうる．他方で，専業主婦にとって子育てを終了すれば，高齢期に入る前の中年期からすでに余暇・社会参加活動が課題となることにも留意は必要である．
2) パーソナル・ネットワーク研究においてこれらの人たちをどの順で，またど

のような設問形式でたずねるかによって，回答やその解釈に相違がでてくることが議論されているが，ここでは従来使われている一般的な設問形式にしたがった（大谷，1995；森岡，1999）．

文献

藤村正之，1995，「overview 仕事と遊びの社会学」『岩波講座・現代社会学 20 仕事と遊びの社会学』岩波書店，179-202 頁．
藤村正之，1996，「ネットワーク」武蔵大学総合研究所『現代女性のライフスタイルと情報行動』同研究所，43-51 頁．
藤村正之，1998，「福祉国家・中流階層・福祉社会」『社会学評論』49 巻 3 号，日本社会学会，4-23 頁．
藤崎宏子，1998，『高齢者・家族・ネットワーク』培風館．
Gilbert, N., 1983, *Capitalism and the Welfare State*, Yale University Press.（関谷登監訳・阿部重樹・阿部裕二訳，1995，『福祉国家の限界』中央法規出版）．
金子 勇，1993，『都市高齢社会と地域福祉』ミネルヴァ書房．
森岡清志編，1999，『都市社会のパーソナルネットワーク』東京大学出版会．
ニッセイ基礎総合研究所，1994，『現代社会と家族の変容に関する研究 3 都市の家族とパーソナル・ネットワーク』．
野辺政雄，1999，「高齢者の社会的ネットワークとソーシャル・サポートの性別による違いについて」『社会学評論』50 巻 3 号，日本社会学会，375-392 頁．
野口裕二，1991，「高齢者のソーシャルサポート」『社会老年学』34 号，東京都老人総合研究所，37-48 頁．
岡村清子，1991，「団地居住老人の余暇活動」『社会老年学』33 号，東京都老人総合研究所，3-14 頁．
大谷信介，1995，『現代都市住民のパーソナル・ネットワーク』ミネルヴァ書房．
進藤雄三，1990，『医療の社会学』世界思想社．
手嶋陸久・冷水豊，1992，「高齢者の余暇活動に関する研究」『社会老年学』35 号，東京都老人総合研究所，19-31 頁．
玉野和志・前田大作・野口裕二・中谷陽明・坂田周一・Jersey Liang，1989，「日本の高齢者の社会的ネットワークについて」『社会老年学』30 号，東京都老人総合研究所，27-36 頁．

2章　健康と心身機能

深谷　太郎

1. 健康のとらえ方

　そもそも，健康という概念は，きわめてあいまいとしている．一般的に「健康とは病気でないこと」という概念規定がなされているが，寝たきり高齢者を，寝たきりが病気ではないからといって「健康」であるというのは，違和感を覚えるところであろう．痴呆に関しても，現時点においては治療が不可能な病気であり，一般的な「治癒可能な病気」と同様に扱うのは難しいと考えられる．また，同時に，疾病の有無というレベルで高齢者を捉えると，大なり小なりなんらかの疾病を持っている高齢者が多く，元気で働いていても「病気」という分類にされてしまう．

　これらは，そもそもの「健康」が，感染症が中心であった時代の疾病観に基づくものであり，それを同じ疾病でも慢性疾患を持つことが多い高齢者にも，その概念をそのまま当てはめようとしたことに無理があると考えられる．

　有病率が高く，健康の操作的な定義が難しい高齢者に関して，WHOにおいてもその定義について検討が行われた．そして，老化の疫学に関する専門委員会において，自律性に着目し，自律性をもって健康と捉えるという報告書が出された．そこで，高齢者の健康を疾病の有無という側面ではなく，自律した生活をおくることができるか否かという側面から検討することとする．

　これに関してもいくつかの捉え方があるが，本章では，比較的客観性が高いと思われる老研式活動能力指標と，比較的主観性が高いと思われる健康度自己評価，という2つの側面から健康と社会的不平等の関係を述べてみることにする．

2. 健康の客観的指標と主観的指標

(1) 客観的健康

　健康を客観的にとらえる指標は数多くあるが，この章では老研式活動能力指標をもって客観的健康をとらえることとする．この指標を用いたのは，まず第1に Lawton（1972）の活動能力水準でいうところの上位3つ，すなわち「手段的自立」「状況対応」「社会的役割」が含まれていることがあげられる．社会的役割の水準を測定できる指標は少ないが，これが含まれていることで，在宅高齢者の測定に適していると考えられる．第2に，3つの水準が含まれていることで，ADL（日常生活動作能力）の衰えた高齢者から元気な高齢者まで，幅広く測定が可能であることがあげられる．通常の ADL 尺度などは，心身の衰えた高齢者のための尺度であり，必ずしも元気な高齢者の尺度としては適していない面がある．そして3つめの理由として，信頼性・妥当性の検証が行われていることがあげられる．

　本章においては，この13項目を1つの因子として捉え，全国調査に基づく古谷野ら（1993）の研究での平均値10.8点を境として「平均以上（＝高自立度群）」「平均以下（＝低自立度群）」の2類型に分け，前者を「健康群」，後者を「虚弱群」というネーミングをした上で，検証を行う．

　厳密には，この指標は回答者の回答を元にしたものであるため，他者の観察による指標に比べ客観性は落ちるものの，意識ではなく事実をたずねる質問であるため，比較的客観性は保たれていると思われる．

(2) 主観的健康

　次に，健康を主観的に捉える指標として，健康度自己評価を用いて健康であるか否かを捉えることとする．この指標は，上記の身体的健康とある程度の関連がみられるものの，身体の状況をそのまま反映したものではない．身体面の健康に加え，精神面の健康，社会面の健康というの3側面を総合した独自指標である．

　本章においては，健康度自己評価を「よい・まあよい」「ふつう・やや悪い・悪い」の2類型に分け，前者を健康良好群，後者を健康不良群という命

名をした上で検証を行うこととする．

3. 健康と社会的不平等

(1) 健康と社会的不平等をめぐる問題

　社会的不平等が健康に与える影響を考察した研究は，社会老年学，保健社会学などの分野で古くから多くの蓄積がある．近年の研究の例を挙げれば，Ross and Wu（1996）で健康度自己評価，身体機能，精神的健康は学歴により差があり，しかも加齢とともにその差が拡大しているといわれている．また，Johnson and Wolinskyによると，性・人種をコントロールした上でも，学歴がIADL（手段的日常生活動作能力）のレベルにおいて有意な差をもたらしているとしている．しかし，日本においてはこれらは研究の途上にある．

　このような差異が生じる理由として，イギリスにおける健康と社会階層の分析として代表的な *Black Report* によると，4つの解釈が可能であるとされている（中田，1999, pp. 21-22）．まずは健康も社会階層も人為的な概念であるため，それらの関連は人為的なものであるという解釈．次に，健康が良いか悪いかにより社会階層が定まるという解釈．3つ目が社会階層の物質的な側面——例えば収入，住居，財産など——が健康に影響を与えるという解釈．最後が，所属する社会階層のライフスタイルが不健康な行動を強いることで健康に差異が生じるというものである．

　本章においては，横断調査に基づくため，2つ目の解釈の是非を検討することは不可能である．よって，健康の差異が物質的な側面によるものか，ライフスタイルによるものかを検証することをここでの目的とする．

(2) 対象者の健康状態とその差異——クロスレベルの分析

　まず，対象者の健康状態を示したのが表 1-2-1 である．それによると，客観的な健康では71%が健康であるのに対し，主観的な健康では，健康に該当する人は55%であった．つまり，客観的にみれば健康であると思われる対象者が主観的にはそれほど健康であると感じていない人が最低でも16%存在することが判明した．

表 1-2-1　客観的健康と主観的健康

客観的健康	健康群	71.0%
（老健式活動能力指標）	虚弱群	29.0%
主観的健康	健康良好群	55.2%
（健康度自己評価）	健康不良群	44.8%

表 1-2-2　健康と社会階層

50歳時所属階層	客観的健康		主観的健康	
	虚弱群	健康群	健康不良群	健康良好群
商工農自営	35.6%	64.4%	46.1%	53.9%
自由業	29.4%	70.6%	26.7%	73.3%
経営者	16.4%	83.6%	25.0%	75.0%
管理職	13.7%	86.3%	29.0%	71.0%
専門・事務	25.9%	74.1%	54.4%	45.6%
マニュアル的職業	39.6%	60.4%	60.0%	40.0%
無職	31.6%	68.4%	40.0%	60.0%
合計	28.4%	71.6%	44.3%	55.7%

注：各％は，横計100％とした場合の比率．
　　2指標とも，$p<.001$（カイ自乗検定で有意）．

　では，それらの健康が社会階層により異なるか否かを検証する．社会階層のとり方はいくつか考えられるが，ここでは50歳時点での職業を社会階層の指標ととらえることとする．表1-2-2には，既述の2つの健康指標が，社会階層により差があるか否かを示したものである．いずれの場合も検定の結果有意であり，本調査においても社会階層において健康の不平等が存在することが示された．

　これらの差異は何によって生じたものであるかを検討する．まず，社会階層の物質的な側面として年金収入，住居の有無を，ライフスタイルとして健康維持習慣と学歴を，それぞれ取り上げる．また，基本的な変数として高齢者の性・年齢との関係も見ることとする．

　年金額については，年間100万円未満，200万円未満，300万円未満，300万円以上という4つにカテゴリー分けした．住居形態に関して，「土地付の持ち家の一戸建て」か否か，という2つのカテゴリーにわけた．

　健康維持習慣は，「規則正しく朝・昼・夕の食事をとっている」「バランス

表1-2-3 客観的健康と社会階層

		虚弱群	健康群
年金額	ns		
年10万円未満		25.6%	74.4%
年20万円未満		26.3%	73.7%
年30万円未満		17.0%	83.0%
年30万円以上		14.4%	85.6%
住居形態	ns		
土地付持家一戸建て		29.3%	70.7%
その他		28.8%	71.2%
健康維持習慣	***		
あり		18.3%	81.7%
なし		33.6%	66.4%
学歴	***		
義務教育		41.9%	58.1%
高等教育		20.4%	79.6%
高齢者性別	ns		
男性		27.7%	72.3%
女性		29.9%	70.1%
高齢者年齢	***		
74歳以下		18.8%	81.2%
75歳以上		45.2%	54.8%

注:各%は,横計100%とした場合の比率. * $p<.05$, ns $p>.05$(カイ自乗検定).

のとれた食事をしている」「うす味のものを食べている」「腹八分目にしている」「定期的に運動(スポーツ)をするか身体を動かしている」「気分転換やレクリエーションのための時間をとっている」「睡眠時間を充分とっている」という7項目を挙げ,それを日頃実行しているかどうかを尋ねた.どれも全く実行していない割合は全体の2%であり,ほとんどの人がなんらかの健康維持習慣を身につけていることが判る.この健康維持習慣が,どの程度健康と関係しているかを調べた.健康維持習慣に関しては,7項目のうちいくつの習慣を身に付けているかで分類し,半分以上の4つ以上身につけている人を「健康維持習慣あり」とし,半分以下の3つ以下しか身につけていない人を「健康維持習慣なし」と定義した.学歴は健康に関する一般的な知識水準の代理変数として義務教育以下か,高等教育以上かに2分した.

表1-2-4　主観的健康と社会階層

		健康不良群	健康良好群
年金額	*		
年10万円未満		51.3%	48.7%
年20万円未満		52.6%	47.4%
年30万円未満		40.9%	59.1%
年30万円以上		34.8%	65.2%
住居形態	ns		
土地付持家一戸建て		43.4%	56.6%
その他		46.3%	53.8%
健康維持習慣	*		
あり		42.3%	57.7%
なし		52.9%	47.1%
学歴	***		
義務教育		55.1%	44.9%
高等教育		39.1%	60.9%
高齢者性別	*		
男性		37.6%	62.4%
女性		48.9%	51.1%
高齢者年齢	*		
74歳以下		40.7%	59.3%
75歳以上		51.9%	48.1%

注：各％は，横計100％とした場合の比率．＊ $p<.05$, ns $p>.05$（カイ自乗検定）．

　この結果を示したものが表1-2-3と表1-2-4である．

　まず，客観的指標で健康を捉えた場合，有意な関係があったのは健康維持習慣，学歴，年齢であり，健康維持習慣がある人，学歴がある人，年齢が若い人ほど健康である，という結果が得られた．

　次に，主観的指標で健康を捉えた場合には，住居形態を除くすべての変数が有意であり，年金額が多い人，健康維持習慣がある人，学歴が高い人，男性，年齢が若い人ほど健康であると回答している．

　先ほどの2つの仮説を考えた場合，「物質面に差異の原因がある」という仮説に関しては客観的指標では支持されず，主観的健康に関しても住居は有意ではなく，年金額も相対的にはライフスタイルより弱い関係であり，クロス表で見る限りは「所属する社会階層のライフスタイルに起因する不健康な

2章　健康と心身機能

表 1-2-5　客観的健康の要因

		モデル1 係数	モデル2 係数
高齢者性別	0＝男性 1＝女性	−0.214ns	−0.201ns
高齢者年齢	0＝74歳以下 1＝75歳以上	−1.112***	−0.982***
50歳時所属階層	0＝下記以外 1＝自由業，管理職，経営者	0.504+	0.133ns
年金額			0.030ns
住居形態	0＝土地付持家一戸建て 1＝その他		−0.306ns
健康維持習慣	0＝なし 1＝あり		0.668**
学歴	0＝義務教育以下 1＝義務教育以上		0.732**
定数		2.030***	1.263*

注：*** $p<.001$, ** $p<.01$, * $p<.05$, + $p<.01$, ns $p>.01$.

行動が影響して健康の不平等が発生する」といえる．

(3) 対象者の健康状態とその差異――ロジスティック回帰分析

　以上，健康と社会的不平等をもたらす各要因について，1つずつ比較検討をしてみた．しかし，健康と健康維持活動と医療費用負担といった要素は，それぞれ独立しているわけではなく，また，所得と学歴と年金なども，ある一定の相関が認められる．そこで，ロジスティック回帰分析を用い，いままで述べてきた要素のどれが，どの程度の影響力をもっているかを調べてみた．
　独立変数として，社会階層として50歳時の所属階層を投入し，調整変数として高齢者の性と年齢を投入した．従属変数は既述した客観的健康および主観的健康である．そしてその後，物質面の要因として年金額と持ち家の有無を，ライフスタイル面の要因として健康維持習慣と学歴を投入し，その変化をみた．
　その結果を表 1-2-5，1-2-6 に示した．
　まず，社会階層と客観的健康の関係を見ると，弱いながらも存在していた社会階層による影響はライフスタイル要因を投入することで有意でなくなり，客観的な健康の差異は社会階層に所属することで獲得するライフスタイルに

表 1-2-6　主観的健康要因

		モデル1 係数	モデル2 係数
高齢者性別	0=男性 1=女性	-0.030^{ns}	-0.013^{ns}
高齢者年齢	0=74歳以下 1=75歳以上	-0.220^{ns}	-0.129^{ns}
50歳時所属階層	0=下記以外 1=自由業,管理職,経営者	1.035^{***}	0.837^{***}
年金額			0.073^{ns}
住居形態	0=土地付持家一戸建て 1=その他		-0.056^{ns}
健康維持習慣	0=なし 1=あり		0.439^{*}
学歴	0=義務教育以下 1=義務教育以上		0.301^{ns}
定数		0.037^{ns}	-0.577^{ns}

注：*** $p<.001$, ** $p<.01$, * $p<.05$, + $p<.01$, ns $p>.01$.

起因することが明らかとなった．

次に，社会階層と主観的健康の関係を見ると，社会階層と主観的健康との関連は強く，物質面・ライフスタイル面の要因を投入しても有意が消えることはなかった．そのため，主観的健康の不平等は50歳時の所属階層にのみ依存し，物質要因やライフスタイル要因による影響はうけないことが明らかとなった．これに関しては，ここでとり上げた変数が限られているため，ここに含まれない物質要因やライフスタイル要因が作用している可能性もあり，この解明が今後の課題である．

4. まとめ

以上より，政策に結びつけられることとしては，普段の日常生活の生活習慣が健康と深いかかわりがあるということの示唆が得られた．つまり，健康は一朝一夕に成り立つものではなく，長い間の生活習慣が，結果的に健康に結びつくものである．故に，中年期以降を対象とした健康教室を始めとする各種の啓蒙活動が，高齢期の健康に結びつく可能性が高いといえるであろう．しかし，同時に主観的な健康においてはライフスタイルの与える影響は少な

く，何が影響を与えているかについては更なる検討が必要である．

2000年4月より公的介護保険制度が導入され，高齢者を社会で介護するという体制が整いつつある．確かに「介護」という側面においては，制度的にしっかりしてきたともいえる．しかし，本当に高齢者のQOLを考えるのであれば「要介護になっても安心」ではなく，「いかに介護を受けずに済むか」という側面がもっと強調されてもよいと思われる．介護を受けずに済む，つまり自律した生活を長く送るために，個人個人ができることは，月並みではあるが，日頃からの生活習慣をもう一度見直し，高齢期の健康な生活のためにより良い生活習慣を身に付けることではなかろうか．

文献

Johnson, R. J. and Wolinsky, F. D., 1994, "Gender, Race, and Health : The Structure of Health Status Among Older Adults," *The Gerontologist*, Vol. 34, No. 1, pp. 24-35.

古谷野亘・柴田博・中里克治・芳賀博・須山靖男，1987，「地域老人における活動能力の測定——老研式活動能力指標の開発」『日本公衆衛生雑誌』34巻3号，109-114頁．

古谷野亘・橋本廸生・府川哲夫・柴田博・郡司篤晃，1993，「地域老人の生活機能——老研式活動能力指標による測定値の分布」『日本公衆衛生雑誌』40号，pp. 468-474頁．

Lawton, M. P., 1972, "Assessing the competence of older people," in Kent, D. P., Kastenbaum, R. and Sherwood, S. (eds.), *Research planning and action for elderly : The power and potential of social science*, Behavioral Publications, pp. 122-143.

中田知生，1999，「社会階層・健康・加齢——その理論と実証」『北星論集』36号，15-46頁．

Ross, C. E. and Wu, C., 1996, "Education, Age, and the Cumulative Advantage in Health," *Journal of Health and Social Behavior*, Vol. 37 (March), pp. 104-120.

杉澤あつ子・杉澤秀博，1995，「健康度自己評価に関する研究の展開——米国の研究事例を中心に」園田恭一・川田智恵子編『健康観の転換』東京大学出版会，73-83頁．

3章　収入状況と就業行動・同居行動

塚原　康博

1. はじめに

　2000年の日本における高齢者（65歳以上）の人口比率は約17%であり，ヨーロッパの先進諸国並みであるが，今後の数十年間で急速に高齢化が進み，21世紀の前半には未曾有の水準である25%を超えると予想されている．高齢者は若年者と比べ，健康が衰え，労働によって収入を得ることが難しくなるので，安定した老後生活を送れない高齢者が発生するおそれがある．このような高齢者には適切な社会保障政策を実施しなければならないが，そのためには，高齢者の生活実態の現状を正確に把握し，高齢者に対する現行の社会保障政策が有効に機能しているのか否かを検討する必要がある．

　そこで，本研究では，大都市（東京都23区）における高齢者を対象に公的年金の受給額，公的年金を含めた高齢者の収入，世帯全体の収入の状況を調査して，その実態を明らかにし，公的年金が高齢者の最低生活の保障において果たしている役割について考察する．さらに，高齢者の就業行動や子との同居行動が，経済的な理由によるものかをみるために，それらの行動の決定要因をロジット・モデルを用いて分析する．

　本研究では，男女別の分析を行わないので，男女比を母集団の男女比（40.8対59.2）に一致するようにウエイトをかけたサンプル（583人）を使用する．

　経済状況を分析する場合は，高齢者が1人のケースと2人のケースでは，生活に必要な収入が異なるため，本研究では，高齢者夫婦2人のケースと単身高齢者1人のケース（独身，離別，死別のいずれか）を分けて分析する．

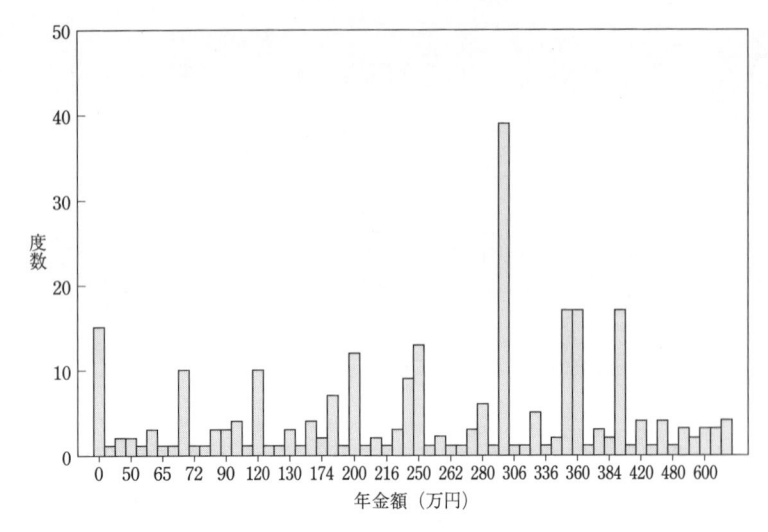

図 1-3-1　高齢者夫婦の年金の分布

2. 年金と最低生活

　ここでは，高齢者が受け取っている年金の実態を明らかにし，年金が高齢者の最低生活の保障機能をどの程度果たしているかについて考察する．

　まず，高齢者のうち，高齢者夫婦（2人）世帯からみていくと，1年間に受け取っている年金額（回答者数は267で，恩給も含む）は，平均値が263万円，最頻値が300万円，標準偏差が148万円である．

　高齢者夫婦の年金の分布を示したのが，図1-3-1であるが，それによると，平均値と最頻値との関係から推測されるように，分布の山が右に偏った形をしている．ここで，貧困線を設定することによって，年金が高齢者の最低生活保障機能をどこまで果たしているかをみてみよう．貧困線を設定するに当たり，2つの基準を用いることにする．第1の基準は，大都市（1級地―1）に適用される生活保護の一般基準であり，厚生省のモデル・ケース（72歳男と67歳女）を使用する．すなわち，本研究の実態調査が行われた1996年度の基準で，高齢者2人世帯の場合に，月額14万5809円（内訳は，生活扶

助が 11 万 5199 円，老齢加算が 1 万 7610 円，住宅扶助が 1 万 3000 円）であり，この基準を一般基準と呼ぶことにする．第 2 の基準は，一般基準のうち，東京都の家賃事情から住宅扶助を手厚くした東京都による基準であり，住宅扶助を 6 万 6700 円としているため，生活保護の総額は月額 19 万 9509 円になる．この基準を東京都基準と呼ぶことにする．ただし，いずれの基準も医療扶助を含んでいないので，高齢者には病気等が発生していないケースを想定している．

　まずはじめに，一般基準を年額に換算してみると 175 万円であり，高齢者夫婦の 27％が年金収入だけでは最低生活を維持することは困難である．次に，東京都基準を年額換算してみると 239 万円であり，高齢者夫婦の 37％が年金収入だけでは貧困線以下に落ちることになる．ただし，高齢者の場合，持ち家率が高いため，借家住まいを想定した住宅扶助が不要になるケースが多いので，2 つの基準，とりわけ東京都基準が貧困率を過大推計していることに注意が必要である．ちなみに，持ち家を想定して住宅扶助を除いた生活保護の年間支給額を算出してみると，2 つの基準とも 159 万円になり，年金収入だけのときに貧困線以下に落ちる高齢者夫婦の比率は 26％となるため，一般基準の場合とほぼ変わらない結果が得られる．なお，老後の生活は，年金だけでなく，若年時からの蓄えや労働収入などの複合的な手段によって賄われる必要があるため，ここでの推計は，収入が仮に年金のみであるとした場合の最低生活保障機能の分析であることを断っておきたい．

　次に，高齢者のうち，単身高齢者（1 人）世帯についてみてみると，1 年間に受け取っている年金額（回答者数は 186）は，平均値が 132 万円，最頻値が 0 円，標準偏差が 85 万円である．高齢者夫婦の平均年金額を月額に換算すると 22 万円であり，単身高齢者の平均年金額を月額に換算すると 11 万円である．平均値でみると，単身高齢者の年金は，高齢者夫婦の年金のちょうど半分になっている．

　単身高齢者の年金の分布を示したのが，図 1-3-2 であるが，それによると，最頻値は年額 0 円と 120 万円（いずれも回答者の 5.9％）である．年額 0 円から 360 万円までの範囲でばらつきの大きい分布となっている．ここでも，貧困線を設定することによって，年金が高齢者の最低生活の保障機能をどこ

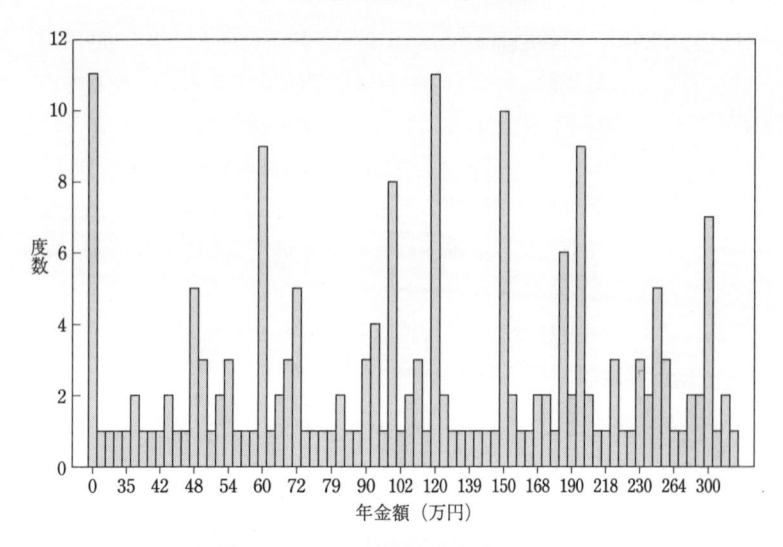

図 1-3-2 単身高齢者の年金の分布

まで果たしているかをみてみよう．貧困線を設定するに当たり，先の場合と同様に2つの基準を用いることにする．第1の基準は，大都市（1級地―1）に適用される生活保護の一般基準であり，厚生省のモデル・ケース（70歳女）を使用する．すなわち，本研究の実態調査が行われた1996年度の基準で，高齢者1人世帯の場合に，月額10万5478円（内訳は，生活扶助が7万4868円，老齢加算が1万7610円，住宅扶助が1万3000円）である．第2の基準は，一般基準のうち，東京都の家賃事情から住宅扶助を手厚くした東京都基準であり，住宅扶助を5万1300円としているため，生活保護の総額は月額14万3778円になる．ただし，ここでも，高齢者夫婦の分析と同様に，いずれの基準も医療扶助を含んでいないので，高齢者には病気等が発生していないケースを想定している．

　まず，一般基準を年額に換算してみると127万円であり，単身高齢者の55％が年金収入だけでは最低生活を維持することは困難である．次に，東京都基準を年額換算してみると173万円であり，単身高齢者の70％が年金収入だけでは貧困線以下に落ちることになる．先に分析した高齢者夫婦のケー

スと比べても，老後の生活を年金収入のみに頼る場合には，単身高齢者のほうが苦しい生活を強いられているといえる．もちろん，先にも述べたように，借家住まいを想定している2つの基準は，貧困率を過大推計していることに注意が必要である．そこで，持ち家を想定して住宅扶助を除いた生活保護の年間支給額を算出してみると，2つの基準とも111万円になり，年金収入だけのときに貧困線以下に落ちる単身高齢者の比率は，49%の高い比率のままであった．

3. 収入と最低生活

ここでは，公的年金を含めた高齢者の収入や高齢者を含めた世帯の収入に焦点を当てた分析を行う[1]．まずはじめに，高齢者夫婦の場合からみてみると，夫婦の年間収入（回答者数は274）の平均値は631万円，最頻値は300万円，標準偏差は630万円であり，世帯の年間収入（回答者数は209で，高齢者夫婦以外に収入のある世帯構成員がいる場合には，その収入も含む）の平均値は753万円，最頻値は300万円と500万円，標準偏差は686万円である．高齢者夫婦の収入の分布を示したものが図1-3-3であり，高齢者夫婦の世帯収入の分布を示したものが図1-3-4である．

年金の場合は，回答者に金額を直接記入してもらっているのに対して，高齢者の収入や世帯の収入に関しては，回答者に一定範囲内の金額を選択してもらっているので，金額に換算するときに，多少の誤差が生じることになる．収入（年間の金額）は，以下のように金額換算している．「年収なし」は0円，「50万円未満」は25万円を用い，「50万円から250万円まで」は25万円きざみ，「250万円から500万円まで」は50万円きざみ，「500万円から1500万円まで」は100万円きざみになっているので，それぞれの範囲の中間値を用いている．「1550万円以上」については，記入式になっているので，記入された金額を用いている．

ここで，高齢者夫婦の年間収入を最低生活の観点からみてみよう．貧困線を先に示したような一般基準（175万円），住宅扶助を除いた基準（159万円），東京都基準（239万円）の3つに設定してみると，高齢者夫婦のうち

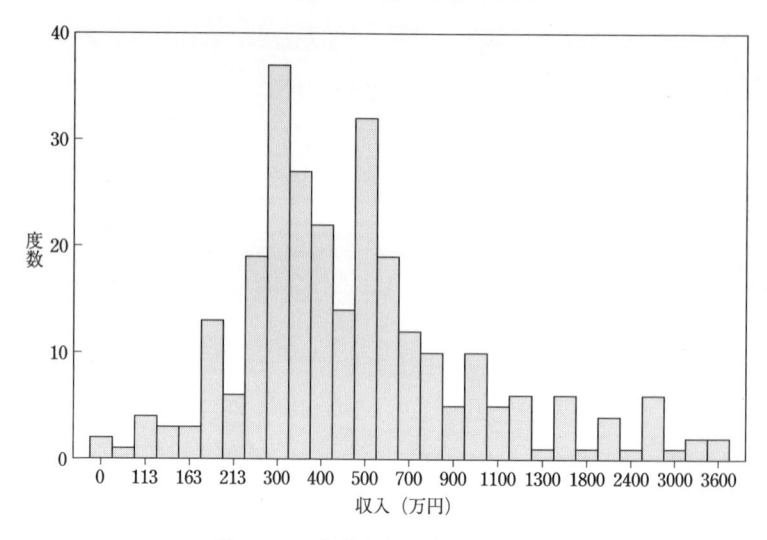

図1-3-3 高齢者夫婦の収入の分布

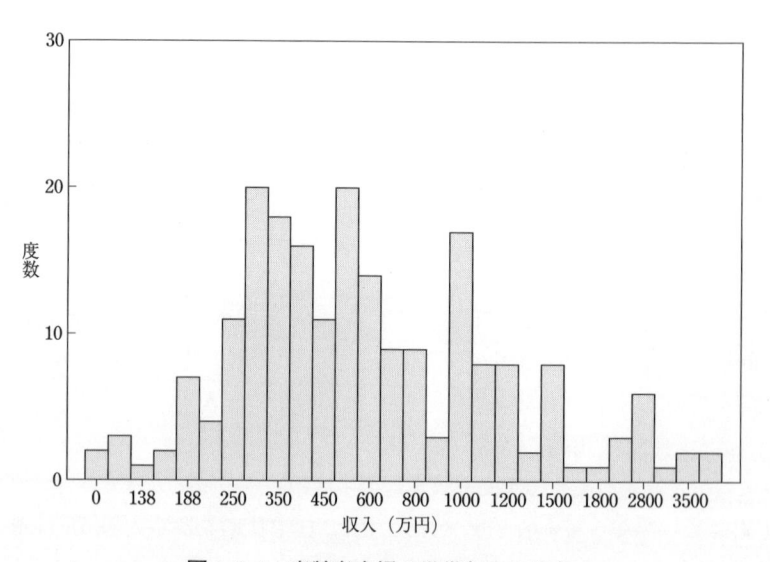

図1-3-4 高齢者夫婦の世帯収入の分布

で，収入が夫婦の収入のみのときに貧困線以下に落ちる夫婦の比率は，順に4.7％，3.6％，11.7％である．先に分析した収入が年金のみと想定した場合と比べて，格段に貧困線以下に落ちる夫婦の比率が改善されていることがわかる．このことは，年金だけでは最低生活を維持できない高齢者夫婦の多くが，年金以外からの収入を得ていることを示唆している．それでも，この分析から，持ち家を想定した場合に，夫婦の収入だけでは最低生活の維持が困難な夫婦が，高齢者夫婦の4％弱ほどいることも指摘できる．次に，高齢者夫婦の年間の世帯収入を最低生活の観点からみるために，ここでも貧困線として一般基準，住宅扶助を除いた基準，東京都基準の3つを採用してみると，高齢者夫婦のうちで，収入が世帯収入のみのときに貧困線以下に落ちる夫婦の比率は，順に3.8％，2.9％，9.1％である．貧困線以下に落ちる夫婦の比率は，収入が夫婦の収入だけの場合と比べて，さらに改善されているものの，持ち家を想定した場合に，世帯の収入だけでは最低生活の維持が困難な夫婦が，高齢者夫婦の約3％いることになる．

ただし，この結論は，高齢者の経済状況をフローの所得からみた場合にいえることであり，金融資産等のストックを考慮すると，高齢者の経済状況に関する結論が変わる可能性がある．本研究では，金融資産の金額についても回答者に尋ねているが，「わからない」もしくは「無回答」の比率が多いため，ここでの使用を断念した[2]．

次に，単身高齢者の場合をみてみると，本人の年間収入（回答者数は188）の平均値は245万円，最頻値は250万円，標準偏差は281万円であり，世帯の年間収入（回答者数は139で，高齢者本人以外に収入のある世帯構成員がいる場合には，その収入も含む）の平均値は467万円，最頻値は250万円，標準偏差は544万円である[3]．単身高齢者の収入の分布を示したものが図1-3-5であり，単身高齢者の世帯収入の分布を示したものが図1-3-6である．

ここで，単身高齢者の年間収入を最低生活の観点からみてみよう．貧困線を先に示したような一般基準（127万円），住宅扶助を除いた基準（111万円），東京都基準（176万円）の3つに設定してみると，単身高齢者のうちで，収入が本人の収入のみのときに貧困線以下に落ちる高齢者の比率は，順

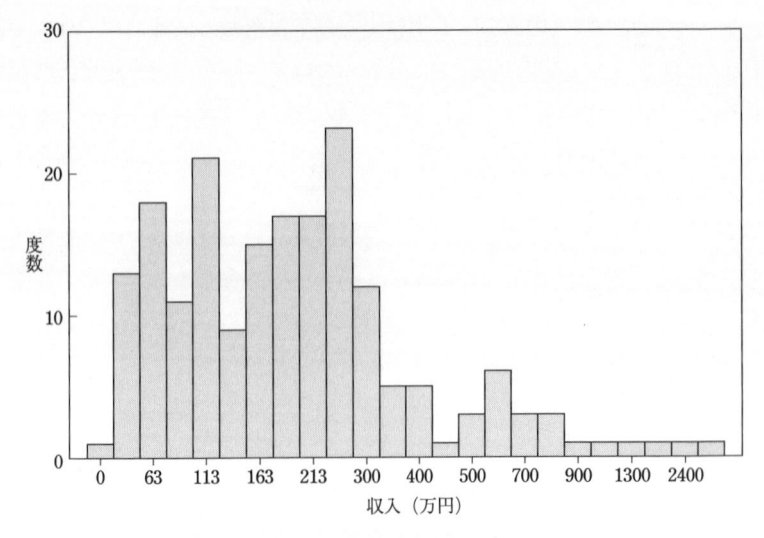

図 1-3-5　単身高齢者の収入の分布

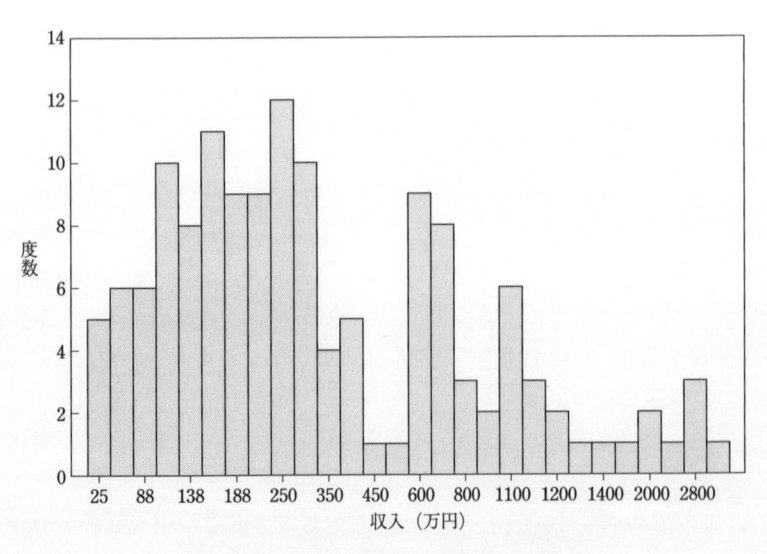

図 1-3-6　単身高齢者の世帯収入の分布

に34%，22.9%，46.8%である．先に分析した収入が年金のみと想定した場合と比べれば，比率は低下しているものの，依然として高い比率となっている．さらに，一般基準，住宅扶助を除いた基準，東京都基準の3つから，単身高齢者の年間の世帯収入を評価してみると，単身高齢者のうちで，収入が世帯収入のみのときに貧困線以下に落ちる高齢者の比率は，順に19.4%，12.2%，33.1%である．貧困線以下に落ちる単身高齢者の比率は，収入が本人の収入だけの場合と比べて，改善されてはいるものの，持ち家を想定した場合に，世帯の収入だけでは最低生活の維持が困難な単身高齢者が，単身高齢者の約12%も存在することになる．

4. 高齢者の経済状況と就業行動

ここでは，高齢者の経済状況が高齢者の就業行動に与える影響について考察する．具体的には，高齢者の年金給付額の大小が高齢者の就業行動に与える影響について分析するが，高齢者の年金給付額以外の変数も高齢者の就業行動へ影響を与える可能性があるので，それらの変数をコントロールするために，高齢者の年金給付額以外の変数も説明変数として含んだロジット・モデルによる分析を行う．

この種の研究では，いくつかの先行研究が存在するので，その結果からみていくことにしよう．本川・森（1981）は，労働省が実施した1980年の『高年齢就業者等実態調査』の個票データを用いて，全国の55歳から69歳までの高年齢者の就業確率の要因をロジット・モデルによって分析した．この分析から，年金額が増えるほど，不健康なほど，年齢が上昇するほど，就業確率が低下することが示されている．

清家（1993）は，1983年の『高年齢就業者等実態調査』の個票データを用いて，高年齢者の就業確率の要因をプロビット・モデルによって分析した．ただし，この分析では，説明変数に厚生年金額の代わりに厚生年金の受給資格を用いている．この理由は，年金額を用いると，年金額が減ると就業が促進されるという関係と就業により収入が増えると収入制限によって年金が減らされるという関係が同時に生じる可能性があるので，このような同時決定

のバイアスを回避するためである．この分析から，厚生年金の受給資格があるほど，不健康なほど，年齢が上昇するほど，就業確率が低下し，学歴が高いほど，首都圏に在住するほど，就業確率が上昇することが示されている．また，清家（1993）は，1980年と1983年の『高年齢就業者等実態調査』や厚生省が実施した1978，81，84年の『国民生活実態調査』の個票データを用い，説明変数として年金額を使用した同様のプロビット分析も行っているが，年金額が増えるほど，就業確率が低下するという結果を得ている．

先行研究では考慮されていないが，高齢者世帯の人数によって必要な年金給付額が異なると考えられるので，ここでは高齢者夫婦（2人）と単身高齢者（1人）にサンプルを分けて分析することにする．

まず，高齢者夫婦から分析するが，就業行動を分析する際に問題となるのは自営業の扱いである．65歳まで自営業を続けてきた人が，65歳を過ぎても自営業を継続するか否かの選択に直面し続けているのであれば，分析するサンプルに自営業を含めることが適当であるが，人生設計において65歳を過ぎた後も自営業を続けることを折り込み済みの場合，就業するか否かは，自営業にとっての選択変数にならないので，分析するサンプルから自営業を外すことが適当である．後者の場合のほうが，現実的であると思われるので，ここでは，サンプルに自営業を含めないケースの分析（サンプル・サイズは210）を行う．ちなみに，この分析で使用するサンプル全体の就業率は24%であり，男性比率は55%である．分析では，以下のようなロジット・モデルを用いる．

$$\log(p/(1-p))=\alpha+\beta X$$

ただし，pは調査時点現在での就業確率，αは定数項，βは説明変数の回帰係数の行ベクトル，Xは説明変数の列ベクトルである．

被説明変数は，現在就業していれば1，就業していなければ0の値をとるダミー変数である．説明変数は，性別（女が0，男が1のダミー変数），年齢，子との同居の有無（なしが0，ありが1のダミー変数），不健康度（健康が「よい」が1，「まあよい」が2，「普通」が3，「あまりよくない」が4，「よくない」が5の5段階で，5に近づくほど不健康であることを示す），外出能力の有無（なしが0，ありが1のダミー変数），学歴（1が「中学卒」，2

表1-3-1 自営業を含まない高齢者夫婦の就業確率の分析

説明変数	回帰係数	標準誤差	回帰係数／標準誤差
性別	2.13083***	0.51468	4.14009
年齢	−0.16003***	0.04513	−3.54592
子との同居の有無	0.27891	0.40646	0.68619
不健康度	−0.28937	0.18990	−1.52382
外出能力の有無	7.29530	28.30137	0.25777
学歴	0.64200**	0.30627	2.09616
持ち家の有無	−1.06882**	0.48844	−2.18826
年間の年金額	−0.00212	0.00154	−1.37522
定数項	2.28282	28.47596	0.08017

注：***，**，*はそれぞれ1％，5％，10％水準で有意であることを示す．

が「高校卒」，3が「短大・大学卒」の3段階で，3に近づくほど高学歴であることを示す），持ち家の有無（なしが0，ありが1のダミー変数），年間の年金給付額である．

分析結果は，表1-3-1に示されている．表より，年金給付の回帰係数は，符号が負であるものの，就業行動に有意な影響を与えていない．このことは，自営業以外の高齢者夫婦の場合，就業する理由として，年金給付の少ないことが主な理由にならないことを示している．ここで，その他の変数についてみてみると，1％水準で有意な変数は，性別と年齢であり，5％水準で有意な変数は，学歴と持ち家の有無である．男性であるほど，年齢が若いほど，学歴が高いほど，持ち家がないほど，就業するという結果が得られている．

次に，単身高齢者を対象に年金給付額の大小が高齢者の就業行動に与える影響について分析する．ただし，自営業の場合，先にも述べたように，就業の有無が選択変数になっていない可能性があるので，単身高齢者のサンプルから自営業を外した分析（サンプル・サイズは155）のみを行う．ちなみに，この分析で使用するサンプル全体の就業率は13％であり，女性比率が85％である．男女の平均寿命や婚姻年齢の差などを反映して，サンプルにおける女性比率が高くなっている．

分析の手法は，先の分析とまったく同じであり，分析結果は，表1-3-2に示されている．年金給付は高齢者夫婦の場合と異なり，10％水準であるが，就業選択に有意に負の効果を及ぼしている．このことは，単身高齢者の場合，

表1-3-2 自営業を含まない単身高齢者の就業確率の分析

説明変数	回帰係数	標準誤差	回帰係数／標準誤差
性別	1.36482**	0.63194	2.15971
年齢	−0.11701**	0.04801	−2.43721
子との同居の有無	−0.72773	0.61272	−1.18772
不健康度	−0.42657*	0.24671	−1.72902
外出能力の有無	7.30035	26.37798	0.27676
学歴	0.70008*	0.39014	1.79445
持ち家の有無	−0.30445	0.54488	−0.55875
年間の年金額	−0.00578*	0.00323	−1.78866
定数項	0.26496	26.62975	0.00995

注：***，**，*はそれぞれ1％，5％，10％水準で有意であることを示す．

年金給付の少ないことが就業の理由になることを意味している．その他の変数についてみてみると，男性であることは，5％水準で就業選択に有意に正の効果をもち，年齢の上昇は，5％水準で就業選択に有意に負の効果をもつ．健康であることと学歴の上昇は，10％水準で就業選択に有意に正の効果をもつ．年金，年齢，健康状態が就業確率に与える効果は，本川・森（1981）や清家（1993）による先行研究と整合的である．

5. 高齢者の経済状況と子との同居

ここでは，高齢者の経済状況，具体的には高齢者の年金を含めた収入の大小が，子との同居に影響を与えているかを分析する．

まず，同居の決定要因を分析した先行研究からみていこう．小川（1997）は，毎日新聞社が1993年と1994年に実施した『女性の労働・育児・介護に関する全国世論調査』と『女性の労働と家族に関する全国世論調査』の個票データを使用して，65歳以上の高齢者が子と同居する確率をロジット・モデルによって分析した．説明変数として，年齢，婚姻状況，学歴，居住地が使われたが，学歴のみが有意であり，学歴が上昇するほど，同居確率が低下するという結果が得られている．また，小川（1997）は，親と同居している子と親の相互サポートについても分析しているが，親から子へは住宅提供のサポートがなされているという結果が得られている．

高山・有田（1996）は，厚生省が実施した1989年の『国民生活基礎調査』の個票データを使用して，60歳以上の高齢者が子と同居する確率をプロビット・モデルによって分析した．この分析から，年齢が上昇するほど，男性であるほど，介護が必要になるほど，同居確率が上昇し，公的年金額やそれ以外の所得が増加するほど，配偶者がいるほど，都市規模が大きくなるほど，同居確率が低下することが示されている．

高齢者世帯の人数によって必要とされる収入が異なると考えられるので，ここでもサンプルを高齢者夫婦（2人）と単身高齢者（1人）に分けるが，子との同居の有無を分析対象としているため，使用するサンプルを子がいる高齢者に限定する．先の分析と同様に，子との同居の有無に高齢者の収入以外の変数も影響を与える可能性があるので，それらの変数をコントロールするために，高齢者の収入以外の変数も説明変数として含んだロジット・モデルによる分析を行う．まずはじめに，高齢者夫婦について分析し，次に，単身高齢者について分析する．

まず，高齢者夫婦からみていくと，サンプル・サイズは236であり，サンプル全体の同居率は47％，男性比率は58％である．推定式は先に用いたロジット・モデルを使用するが，この分析におけるpは子との同居確率である．被説明変数は，子と同居していれば1，同居していなければ0の値をとるダミー変数である．説明変数は，性別（女が0，男が1のダミー変数），年齢，不健康度（1から5までの5段階で，5に近づくほど不健康である），学歴（1から3までの3段階で，3に近づくほど高学歴である），持ち家の有無（なしが0，ありが1のダミー変数），高齢者夫婦の年間収入である．

分析結果は，表1-3-3に示されている．表より，高齢者の収入は，子との同居に負の効果をもつものの，有意ではない．したがって，高齢者夫婦の場合，収入の大小は，子との同居の有無に影響を与えていないことになる．この結果は，全国を対象にし，高齢者夫婦と単身高齢者の違いをダミーで処理した高山・有田（1996）の分析結果と異なっている．

その他の変数をみてみると，有意な変数は，持ち家だけである．とりわけ，持ち家の有意性が高いが，その理由として，高齢者か子のどちらかが住宅を保有している場合，他方が住宅サービスの便益を受けるために同居するとい

表1-3-3 高齢者夫婦の子との同居確率の分析

説明変数	回帰係数	標準誤差	回帰係数／標準誤差
性別	0.43203	0.29886	1.44559
年齢	0.03879	0.02700	1.43631
不健康度	0.00120	0.12580	0.00951
学歴	−0.00200	0.19658	−0.01017
持ち家の有無	1.07404**	0.41707	2.57519
夫婦の年収	−0.00031	0.00022	−1.36530
定数項	−3.97450**	2.00518	−1.98211

注：***，**，*はそれぞれ1%，5%，10%水準で有意であることを示す．

表1-3-4 単身高齢者の子との同居確率の分析

説明変数	回帰係数	標準誤差	回帰係数／標準誤差
性別	−0.36665	0.52321	−0.70077
年齢	0.00280	0.03622	0.07741
不健康度	0.00508	0.17288	0.02939
学歴	0.27345	0.29204	0.93636
持ち家の有無	1.18552***	0.44450	2.66710
本人の年収	−0.00263**	0.00126	−2.09201
定数項	−0.61154	2.85848	−0.21394

注：***，**，*はそれぞれ1%，5%，10%水準で有意であることを示す．

うパターンが多いものと推測される．通常は親が住宅を保有しているケースが多いと考えられるので，便益の方向は，主として親から子へと向かっていると推測される．これは，親と子の相互サポートを分析した小川（1997）の分析結果と整合的である．

次に，単身高齢者について分析する．サンプル・サイズは126であり，サンプル全体の同居率は60%，女性比率は84%である．

分析結果は，表1-3-4に示されているが，高齢者の収入は，高齢者夫婦の場合と異なり，5%水準で，子との同居に有意に負の効果を及ぼしている．このことは，単身高齢者の場合，収入の少ないことが子と同居する原因になることを意味している．この結果は，高山・有田（1996）の分析結果と整合的である．その他の変数をみてみると，高齢者夫婦の場合と同様に，持ち家が1%水準で有意である．

6. 結　論

　ここで，本研究から得られた知見を結論としてまとめておこう．

　①　公的年金の最低生活の保障機能については，高齢者が持ち家の場合に，公的年金の収入のみで生活保護の基準からみた最低生活を賄おうとすると，高齢者夫婦の約4分の1，単身高齢者の約2分の1が最低生活を維持できない．それゆえ，公的年金だけで老後の最低生活を維持することは困難であり，とりわけ単身高齢者についてそれが当てはまる．

　②　高齢者の収入のみで，最低生活が賄えるか否かについては，高齢者が持ち家の場合に，高齢者の収入のみで生活保護の基準からみた最低生活を賄おうとすると，高齢者夫婦の約4％，単身高齢者の約2割が最低生活を維持できない．世帯収入のみで最低生活を賄おうとすると，高齢者夫婦の約3％，単身高齢者の約1割が最低生活を維持できない．フローの収入のみに注目した分析では，単身高齢者の生活がより苦しいと推測される．ただし，厳密な分析を行うためには，金融資産等も考慮しなければならないが，金融資産の金額に関する質問では無回答の比率が多いため，金融資産も含めた分析は断念した．

　③　公的年金の給付額が就業選択に与える分析においては，自営業者の場合に就業が選択変数になっていない可能性があるので，自営業者をサンプルから除くと，高齢者夫婦の場合は年金給付が就業選択に影響を与えないが，単身高齢者の場合は公的年金の給付額が低いと就業を促進する．これは，①の結論から明らかなように，単身高齢者の場合，公的年金などの非就業所得だけでは，最低生活を下回る人がかなりいるため，これらの人が経済的な理由で就業を選択せざるをえなかったためだと思われる．

　④　高齢者の収入が子との同居に与える影響については，サンプルを子がいる高齢者に限定するとき，高齢者夫婦の場合は，収入が子との同居に影響を与えないが，単身高齢者の場合は，収入が低いと子との同居を促進する．これは，②の結論から明らかなように，単身高齢者の場合，本人の収入だけでは，最低生活を下回る人が少なからずいるため，老親が子の経済的な支援を求めて同居を選択しているためだと考えられる．なお，高齢者夫婦と単身

高齢者のいずれの場合にも，高齢者か子のいずれかが持ち家の場合には，子と同居する傾向がみられる．これは住宅を保有していない者が住宅サービスの便益を受けるためだと考えられる．

　最後に，①から④の知見から得られる政策的インプリケーションを述べておこう．本研究から公的年金やそれを含めた高齢者の収入が最低生活に必要な水準と比べて少ないケース，とりわけ単身高齢者において少なからずみられるこのようなケースでは，経済的理由から就業したり，子と同居したりする傾向がみられる．しかし，就業できるかどうかは年齢や健康状態にも左右され，子に頼れるかどうかは子の側の事情やそもそも子がいるかどうかという事情に左右されるため，今回の分析で相対的に不利な状況におかれていることが判明している単身高齢者については，注意深い政策的な対応が必要であるように思われる[4]．

1) 夫婦と単身の両方を含む高齢者の年収と世帯収入を尋ねた質問において，「わからない」もしくは「無回答」と答えたサンプルの比率は，全サンプルのそれぞれ20.6%と40.1%である．世帯収入の欠損値が多いが，分析において重要な変数であるので，使用することにした．
2) 世帯の金融資産を尋ねた質問において，「わからない」もしくは「無回答」と答えたサンプルの比率は，全サンプルの50.1%であり，ほぼ半分が欠損値であった．
3) 単身高齢者の分析において，本人の年収が6000万円という金額が異常に大きなサンプルが1つあったが，ここでは，これを異常値とみなして，分析から外している．
4) ここで，アメリカにおける研究結果にも言及しておこう．Hurd and Shoven (1983) は，1960年代の終わりから1970年代にかけて高齢者の経済状況が改善されていることを実証したが，その後の研究で，Boskin and Shoven (1988) は，1976年の退職追跡調査（Retirement History Survey）のデータを使い，単身高齢者，とりわけ配偶者と死別もしくは離別した高齢者が経済状況の改善から取り残されていることを明らかにしている．また，1979年の退職追跡調査のデータを使って貧困分析をした Hurd and Wise (1989) も，高齢者のうち夫婦世帯よりも単身世帯や未亡人世帯で貧困の発生率が高いことを明らかにしている．このことから，単身高齢者が経済的に不利な状況におかれているという結論は，日本の大都市だけでなくアメリカにおいても当てはまると考えられる．なお，

アメリカにおける高齢者の経済状況に関する実証研究のサーベイについては，塚原 (1990) を参照されたい．

文献

Boskin, M. J. and J. B. Shoven, 1988, "Poverty among the Elderly : Where the Holes in the Safety Net ?," in Z. Bodie, J. B. Shoven and D. A. Wise, eds., *Pension in the U. S. Economy*, National Bureau of Economic Research, pp. 115-138.

平岡公一，1998,「社会的不利の再生産と福祉政策に関する研究──研究の概略と調査実施結果」『研究所年報（明治学院大学社会学部付属研究所）』28号，101-115頁．

平岡公一，1998,『社会政策と社会的不平等の再生産の関連性に関する研究（科研費報告書）』．

Hurd, M. D. and J. B. Shoven, 1983, "The Economic Status of the Elderly," in Z. Bodie and J. B. Shoven, eds., *Financial Aspects of the United States Pension System*, National Bureau of Economic Research, pp. 359-397.

Hurd, M. D. and Wise, D. A., 1989, "The Wealth and Poverty of Widows : Assets Before and After the Husband's Death," in D. A. Wise, ed., *The Economics of Aging*, National Bureau of Economic Research, pp. 177-200.

本川明・森隆司，1981,「高年齢者の就業率変化に関する要因分析」『労働統計調査月報』33巻5号，4-21頁．

小川直宏，1997,「人口変動からみた家族の生活保障機能の変容」八代尚宏編『高齢化社会の生活保障システム』東京大学出版会，35-61頁．

清家篤，1993,『高齢化社会の労働市場』東洋経済新報社．

高山憲之・有田富美子，1996,『貯蓄と資産形成』岩波書店．

塚原康博，1990,「高齢者の経済的地位──アメリカにおける実証研究について」『海外社会保障情報』93号，50-58頁．

（付記）　本章は，塚原康博「大都市における高齢者の生活実態──公的年金，収入，就業，子との同居を中心に」『明治大学社会科学研究所紀要』38巻1号（1999年）に加筆・修正を行なったものである．

4章　低所得と生活不安定

柴田　謙治

1. 低所得，生活不安定の分析と貧困の概念

　本章の第1の課題は，調査対象から「低所得」の世帯を明らかにすることである．

　社会的な通念では，低所得とは「所得が何円以下だと『低所得』である」というように所得が一定の基準以下の世帯を指すが，これは一般的な意味での貧乏をあらわしているのに過ぎず，社会問題として公的な対応を求められるような「低所得」の基準を設定するためには，より厳密な概念や作業が必要である．岩田正美は貧困を，「収入を得るような仕事につけないとか，その収入が家族全体の必要充足からみて著しく低いとき，あるいは市場に出回らないような特殊な財を必要とするような場合，また子どもの養育期のように必要充足の量が著しく拡大する時期」に生じる，必要が満たされない状況と定義した（岩田，1998，p.55）．つまり低所得の基準を決めるためには，まずは家族の必要を充たすだけの収入がない状況である「貧困」を明らかにしたうえで，必要を充たせず，貧困と判断せざるを得ないほど低い収入を「低所得」と判断する必要がある．要するに，低所得の基準を決める前提として，「どのくらい『必要』を充たせなければ『貧困』か」という貧困の概念や測定方法の検討が必要である．

　江口英一は，かつての貧困のように「低所得であれば住宅も悪く，教育も低く，衣服も粗末であり，のようにすべてが比例していればそれは『低所得』だけで全体が把握できる」が，今日の貧困は「たとえば月々の所得は低所得であっても，親から受けたものとして土地・家屋のなにがしかは持って

いるとか，あるいはその逆に高い所得でも都心の劣悪で高い家賃の住宅に居住しているとか，その場合文化教養の点では高い場合もあり，低い場合もあるとか，その組み合わせはさまざまであろう」と述べ，ラウントリーの「貧乏線」のような単一の基準で現代の低所得や貧困を把握しづらいことを指摘している（江口，1979，上，pp.23-26）．江口は，このように多面的な形態をとる今日の貧困を，所得や住宅，教育，家族というファクターとの相関関係において把握すべきであると考え，中でも所得の源泉となる職業を中心に「社会階層」を設定し，「現代の貧困」の本質の解明を試みた．このような理由から，本章では貧困や低所得を，まず社会階層や収入にかかわるデータから分析してみたい．

　社会階層だけが「貧困」を解明する方法ではなく，公的扶助基準を用いた貧困の測定もおこなわれている[1]．公的扶助基準の貧困の科学的な基準としての妥当性については2部1章で言及するとして，本章でも公的扶助基準を活用して，貧困や低所得の把握を試みたい．

　本章の第2の課題は，調査対象となった世帯の生活不安定を明らかにすることである．本章では，低所得のような所得の多寡よりも幅広い内容を含む生活不安定について，耐久消費財の保有状況や社会参加から分析を試みたい．なお，タウンゼント（Peter Townsend）による「相対的剝奪」（relative deprivation）論に基づいた貧困の測定は，2部2章でおこなわれる[2]．

2. 低所得と社会階層

(1) 社会階層と所得の分布

　本調査の対象は高齢者なので，現在の就労状況や職業をもとに設定した社会階層が，貧困や低所得を直接に反映するとは限らない．野呂芳明は1部6章で，現在の収入をはじめとする経済的状況が50歳時の職業階層とかかわりが深いことを指摘しているため，本章でも野呂の見解にしたがって，「表1-4-1　本人の50歳時の所属階層」を示した．本調査は訪問面接調査によるため，不定住的貧困はサンプルに含まれておらず，今後の記述も「定住者」を前提とすることになる．また，本プロジェクトは社会学との共同研究のた

4章　低所得と生活不安定

表 1-4-1　本人の 50 歳時の所属階層

| 50歳時の所属階層 | 男性 | | 女性 | |
(B方式8分類)	人数	%	人数	%
自営業	93	30.1	106	30.7
経営者	34	11.0	26	7.5
中小管理	29	9.4	10	2.9
大管理	49	15.9	26	7.5
中小専門事務	21	6.8	30	8.7
大専門事務	20	6.5	43	12.5
中小ブルー	38	12.3	37	10.7
大ブルー	20	6.5	23	6.7
不明／その他	5	1.6	44	12.8
合計	309	100.0	345	100.0

注：本書の他の章では有効ケースの男女比と母集団の男女比の整合性を考慮して男性のケースを調整した「総数583件」のデータを用いて分析している．しかし貧困研究では所得分布等を考慮して社会階層の集計を男女別におこなうことが多いため，本章では男女別の集計に適した「総数654件」のデータを用いて分析をおこないたい．

め，社会階層の区分や用語は貧困研究の社会階層論とは異なっていることと，本章では貧困研究の伝統に従って社会階層にかかわるデータを男女別で表示していることをお断りしておきたい．

　江口は，社会階層とは所得や所得の源泉である労働，具体的な職業，職業の種類，熟練の度合い，産業部門，従業上の地位や社会的地位などを総合的に判断したものと認識し，社会階層の設定という作業を職業階層の分類から始めていた（江口，1979，上，p.26）．「表 1-4-2　本人の 50 歳時の所属階層と現在の年収（夫婦）」では，「表 1-4-1　本人の 50 歳時の所属階層」の所属階層ごとに収入の分布を示した．自営業における所得の補足の難しさや，女性では「不明／その他」に主婦が多く含まれるという難点があるため，ここでは過去に大企業や中小企業の管理職，専門事務職という階層に所属していた男性と中小企業のブルーカラーという階層に所属していた男性とで，収入の度数の分布が異なることを指摘するのにとどめたい．

　ただし収入の分析は，世帯の構成もふまえて算出した「一人あたりの収入」をベースにすべきであり，その算出にあたっては「異なった人数と異なった構成の家族の収入を，そのニーズを踏まえて調整する」等価スケールの

表 1-4-2 本人の50歳時の所属階層と現在の年収（夫婦）

(単位：万円)

50歳時の所属階層 (B方式8分類)	男性					女性				
	175万円未満	175～275万円	275～425万円	425～650万円	650万円以上	175万円未満	175～275万円	275～425万円	425～650万円	650万円以上
経営者	12	18	12	12	18	34	12	14	8	11
(男72 女79)	16.7	25.0	16.7	16.7	25.0	43.0	15.2	17.1	10.1	13.9
大管理		2	2	9	16	2	2	7	3	7
(男29 女21)		6.9	6.9	31.0	55.2	9.5	9.5	33.3	14.3	33.3
中小管理	1	2	8	7	8		1	5	1	1
(男26 女8)	3.8	7.7	30.8	26.9	30.8		12.5	62.5	12.5	12.5
大専門事務	1		14	16	11	2	6	6	5	5
(男42 女24)	2.4		33.3	38.1	26.2	8.3	25.0	25.0	20.8	20.8
中小専門事務		5	6	5	3	8	11	4	1	2
(男19 女26)		26.3	31.6	26.3	15.8	30.8	42.3	15.4	3.8	7.7
大ブルー		5	1	6	4	5	12	10	4	4
(男16 女35)		31.3	6.3	37.5	25.0	14.3	34.3	28.6	11.4	11.4
中小ブルー	10	10	7	5	1	14	9	6	1	
(男33 女30)	30.3	30.3	21.2	15.2	3.0	46.7	30.0	20.0	3.3	
自営業		9	8	2		5	4	6	5	
(男19 女20)		47.4	42.1	10.5		25.0	20.0	30.0	25.0	
不明/その他		1	1			15	3	3		5
(男2 女26)		50.0	50.0			57.7	11.5	11.5		19.2
合計	24	51	59	63	61	85	60	61	28	35
	9.3	19.8	22.9	24.4	23.6	31.6	22.3	22.7	10.4	13.0

設定という問題をクリアしなければならない．等価スケールによる調整は，成人1人が追加されるごとに0.7，子ども1人が追加されるごとに0.5デフレートする，というようにおこなわれるが，その数値は国によってばらばらで，一般的なコンセンサスは存在しない．そしてこの数値や尺度をあいまいにしたまま貧困を計測すると，貧困者の数は大きく変化してしまい，貧困や低所得の推計結果についての信頼性を損ないかねないのである（Mitchell, 1991=1993, p.25）．等価スケールの調整方法はこのように重要ではあるが未確定なため，本章ではそれに基づいた調整をおこなうことはできなかった．したがってここでは「表1-4-2 本人の50歳時の所属階層と現在の年収（夫婦）」のデータを示すのにとどめ，「低所得層」の析出にふみこむことは

4章　低所得と生活不安定

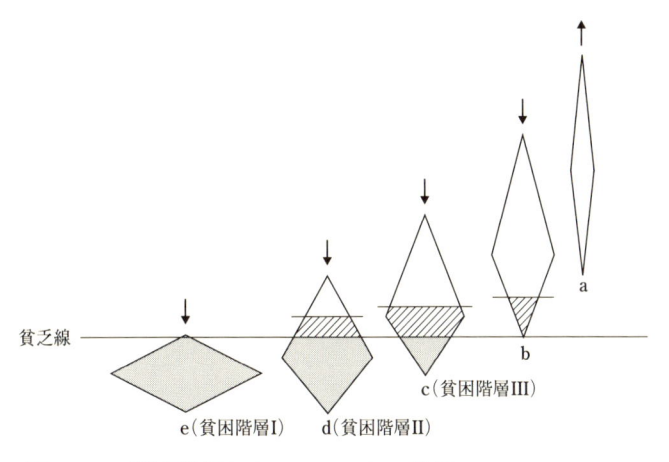

図 1-4-1　「貧困階層」（Ⅰ，Ⅱ，Ⅲ）の位置

原注：(1)　a＝中層のなかの上位の社会階層
　　　　　b，c＝中層の社会階層
　　　　　d，e＝下層の社会階層
　　　(2)　eおよびd「階層」は貧困階層のモデルとしての社会階層．「貧困層」と「社会階層」はこの場合一致している．
　　　(3)　矢印は各社会階層に働く社会的，経済的圧力の方向を示す．
　　　(4)　横線は貧乏線．その意味は前章（「出所」の第8章）などを参照せられたし．
　　　(5)　斜線はその階層の低位生活世帯で，下降没落の可能性をふくむ部分．
出所：江口英一『現代の「低所得」層』下, 1980, p.421.

できない．

　そこで筆者は補助的な資料として，「表1-4-3　所属階層（本人の50歳時）別の現在の年収の分布（夫婦）」を作成した．このような作業は，江口たちが「図1-4-1　貧困階層の位置」のような社会階級・社会階層の全体像を明らかにするためにおこなったものであり，江口たちの作業は「1人あたりの消費支出」を換算し，職業別に分布を図示するという厳密なものであった．したがって時間的なズレを含む「表1-4-3　所属階層（本人の50歳時）別の現在の年収の分布（夫婦）」と精度は比べものにならないし，収入と支出という違いはあるが，男性の場合は過去に所属した階層が現在の収入の平均値や最頻値，そして高低の幅が異なることが確認できる．中でも，過去に中小企業のブルーカラーに所属していた男性は，相対的には低所得な階層の

表1-4-3 所属階層(本人の50歳時)別の現在の年収の分布(夫婦)

(単位:万円)

50歳時の所属階層 (B方式8分類)	男性					女性				
	ケース数	最小値	最大値	平均値	最頻値	ケース数	最小値	最大値	平均値	最頻値
経営者	29	188	3600	1215	500	21	25	2800	652	300
大管理	42	163	3500	679	600	24	113	2000	544	400
中小管理	26	113	2400	616	350	8	213	700	402	300
大専門事務	16	250	1500	553	250	35	63	800	340	250
中小専門事務	19	188	1100	453	250	26	63	1000	265	188
大ブルー	19	188	500	293	300	20	25	600	306	300
中小ブルー	33	25	800	274	138	30	25	450	193	300
自営業	72	0	3600	545	188	79	25	6000	448	25
不明/その他	2	300	500	400	—	26	0	3500	423	88

ようにみえる.ただし筆者は,このデータを根拠として,50歳時に中小企業のブルーカラーに所属していた男性が「低所得層」であり,平均値の「年収274万円」や最頻値の「年収138万円」が低所得の基準であると,短絡的に結論付けることはしない.上述のデータで実証できるのはこれらの階層の所得が相対的に低いことであり,「必要を充たせない状態」である貧困を引き起こすほど「低所得」なのかまでは,実証できないのである.

(2) 公的扶助基準を用いた低所得と貧困の測定結果

本書では,1部3章で塚原康博がすでに,収入が生活保護の一般基準である高齢者夫婦175万円,単身高齢者127万円を下回った世帯が高齢者夫婦で4.9%,単身高齢者で33.5%,住宅扶助を除いた基準である高齢者夫婦159万円,単身高齢者111万円を下回った世帯が高齢者夫婦で4.0%,単身高齢者で22.7%,東京都基準である高齢者夫婦239万円,単身高齢者176万円を下回った世帯が高齢者夫婦で13.3%,単身高齢者で45.8%存在したという事実を明らかにしている(いずれの基準も,調査時点での金額である).

公的扶助基準を応用して低所得や貧困を測定するならば,調査時点で高齢者夫婦では年収が175万円以下か東京都基準によると239万円以下,単身高齢者では年収が127万円以下か東京都基準によると年収176万円以下の世帯

が「低所得」であり，高齢者夫婦の 4.9〜13.3％が，単身高齢者の 33.5〜45.8％がそれに該当することになる[3]．公的扶助の基準という「政府が決めた貧困線」を用いて，収入や支出がそれ以下の世帯の分布を明らかにする作業は，社会階層や収入，支出の分析を通じた「低所得層」の析出よりも明快であり，学問的なフラストレーションもたまらずに済むようである．また，この測定結果と「表 1-4-3 所属階層（本人の 50 歳時）別の現在の年収の分布（夫婦）」を併用して，低所得を把握する参考資料にできるかもしれない．

ただし東京都基準によると単身高齢者の 2 人に 1 人が「低所得」であるという調査結果は衝撃的であり，公的扶助基準が貧困の基準として妥当なのかという批判も予想される．たとえば，単身高齢者で年収が生活保護の一般基準に該当する 127 万円以下であれば，生活が苦しそうで「低所得」だと思う人も多いのであろうが，東京都基準の年収 176 万円以下が低所得だというと「食うに困る金額ではないので低所得とみなせない」という主張と，「東京は家賃が高いから，このくらいの基準で低所得とみなしてもよいのではないか」という主張に意見や判断が別れるかもしれない．

タウンゼントたちが公的扶助基準を用いて貧困の測定を試みたのは，福祉国家が確立した結果，1950 年代のイギリスでは貧困層は減少したという当時の言説に対して，貧困問題は未解決であるという警鐘を鳴らすためであり，タウンゼント自身も，政府が決めた公的扶助基準が必ずしも科学的な貧困の定義とはいえないため，貧困の科学的な定義に基づいた貧困の測定が必要だと述べていた[4]．したがって貧困や低所得を判断するためには，公的扶助基準も含めた所得の多寡だけでなく，その所得によってどのような生活を営み，どの程度必要を充たせるのか――低消費で低位な生活になるのか，あるいはぜいたくではないがつつましやかで落ち着いた生活を営めるのか――を検討する必要がある．比喩的にいうと「単身高齢者で年収 176 万円未満が貧困かどうか」の判断は，次節の消費生活を中心とする検証に委ねなければならない．

3. 低所得，貧困と生活不安定

(1) 低所得，貧困と生活不安定のかかわり

「貧困」や「低所得層」の析出は，所得や職業，賃金といった「労働」だけではなく，そのような労働を前提として営まれる「生活」についての検証によって，おこなわれてきた．たとえば江口英一は，『現代の「低所得層」』の上巻で，日雇労働者を典型とする「貧困層＝低所得層」の形成について統計資料を用いて実証したが，同書では1952年に東京都労働局が実施した「日雇労働者生活実態調査報告」ならびに姉妹編である「日雇労働者の住宅と健康」から慶応大学等の学生によって書かれた「調査員の観察日記」を引用し，統計的な観察にとどまらない個別的具体的な生活実態が描写されている[5]．そもそも消費生活にかかわる描写は，チャールズ・ブース（Charles Booth）の『ロンドン市民の生活と労働』(*Life and Labour of the people in London,* 1892-1903) や横山源之助の『日本之下層社会』(1899年) 以来の貧困研究の伝統というべきものであり，低所得層は，単に所得が低いだけでなく，「労働」に応じた「再生産」にもこと欠くような生活を余儀なくされるほど所得が低いか，収入があっても不安定な就労に規定されて不規則で，特殊な消費生活を送らざるをえないために「低所得層」として析出されたのである．

低所得層の消費生活は，食生活や衣類などの保有状況，耐久消費財の保有状況や，職域や近隣からの孤立を通じて把握されてきた（江口，1980，中，pp. 345-361；篭山，1981）．そして貧困や低所得層の生活をとらえる視点も，「低消費」から「労働市場からの退場後も，日常の消費生活は基本的に商品市場から，それぞれの購買力を前提した商品やサービスの購入＝消費という社会化された場面で営まれ，その消費生活の枠組みは急激に変えることはできず，逆にその老後生活が成立する地域社会での標準的生活様式を社会的に強制され」るため，食費や交際費などの個人的な費目の支出を抑える「今日的過少消費」へと変わってきた（柴田，1991，p. 17）．本調査の対象となった世帯では，どのような「消費生活」が営まれているのだろうか．

表1-4-4 本人の50歳時の社会階層と耐久消費財の保有率（％）

50歳時の所属階層 (B方式8分類)	電話	冷蔵庫	カラーテレビ	電気洗濯機	衣類乾燥機	ビデオデッキ	ステレオ・ブレーヤー等	CDカーペット	電気カーペット	オーブン	電子レンジ	応接セット	自動車	別荘・セカンドハウス
男性														
経営者	98.9	100.0	98.9	98.9	23.7	69.9	71.0	57.0	50.5	90.3	35.5	57.0	4.3
大管理	100.0	100.0	100.0	100.0	32.4	76.5	82.4	76.5	79.4	94.1	67.6	67.6	17.6
中小管理	100.0	100.0	100.0	100.0	20.7	75.9	58.6	58.6	62.1	93.1	48.3	48.3	3.4
大専門事務	98.0	100.0	100.0	100.0	36.7	81.6	79.6	75.5	69.4	91.8	65.3	42.9	16.3
中小専門事務	100.0	100.0	100.0	95.2	14.3	61.9	52.4	52.4	52.4	81.0	52.4	19.0	4.8
大ブルー	100.0	100.0	100.0	100.0	20.0	80.0	70.0	75.0	60.0	85.0	40.0	35.0	5.0
中小ブルー	84.2	92.1	97.4	84.2	2.6	39.5	36.8	44.7	21.1	60.5	5.3	23.7	0.0
自営業	100.0	100.0	95.0	95.0	0.0	50.0	45.0	55.0	30.0	75.0	30.0	20.0	0.0
不明/その他	100.0	100.0	100.0	100.0	0.0	40.0	60.0	80.0	20.0	80.0	20.0	40.0	0.0
女性														
経営者	100.0	100.0	100.0	99.1	19.8	46.2	54.7	54.7	48.1	84.9	31.1	34.9	7.5
大管理	100.0	100.0	100.0	100.0	30.8	57.7	61.5	65.4	65.4	88.5	65.4	46.2	19.2
中小管理	100.0	100.0	100.0	100.0	20.0	80.0	70.0	40.0	50.0	70.0	60.0	30.0	10.0
大専門事務	100.0	100.0	100.0	96.2	34.6	76.9	76.9	61.5	73.1	92.3	80.8	42.3	11.5
中小専門事務	100.0	100.0	100.0	100.0	20.0	56.7	60.0	50.0	60.0	90.9	40.0	30.0	6.7
大ブルー	100.0	100.0	100.0	100.0	2.09	62.8	74.4	51.2	55.8	90.7	37.2	37.2	7.0
中小ブルー	91.9	97.3	97.3	89.2	8.1	37.8	35.1	56.8	29.7	51.4	5.4	27.0	2.7
自営業	100.0	100.0	100.0	100.0	21.7	65.2	69.6	52.2	39.1	87.0	13.0	39.1	4.3
不明/その他	97.7	97.7	100.0	93.2	27.3	43.2	50.0	52.3	56.8	79.5	40.9	36.4	6.8

(2) 耐久消費財の普及と「生活不安定」のメルクマール

「表1-4-4　本人の50歳時の所属階層と耐久消費財の保有率（％）」で示した耐久消費財のうち，電話や冷蔵庫，カラーテレビ，洗濯機，自動車は過去の貧困研究でも調査項目として採用されており，戦後期から高度成長期のはじめまでは，生活不安定のメルクマールとして有効だったが，今回の調査ではこれらの品目は，若干のケース以外は階層を問わず普及しており，低所得層の析出には役に立たなかった．川上昌子が指摘したように，高度成長期の末期の段階で，一般の世帯と生活保護を受けている世帯や低所得層との間で上のような耐久消費財の保有率の差は縮まっていたのである（川上，1987，p.209）．また，衣類乾燥機やビデオデッキ，ステレオ・CDプレーヤー等，オーブン，応接セットといった，生活必需品というよりは生活の質にかかわる品目では，「表1-4-4　本人の50歳時の所属階層と耐久消費財の保有率（％）」のように保有率の高い階層と低い階層がみられる．耐久消費財の保有は「贈与」という要因に左右されることもあるため，特定の耐久消費財の保有状況だけで「不安定」を実証することは難しいのだが，現役の労働者であった頃の社会階層と耐久消費財の保有状況，収入，資産，住宅，社会参加といった指標との間に一貫した関連性があることを実証できれば，生活不安定の深層にせまることができるかもしれない．2部2章ではこのような視点に基づいた作業が，平岡公一によっておこなわれる．

1部1章において藤村正之は，夫婦の収入五分位と50歳時の所属階層がパーソナル・ネットワークに関係していることを指摘している．ここで示した調査結果は，消費生活のわずかな断面を示しているのに過ぎないが，生活不安定のメルクマールが「モノ」だけでなく「関係」へと広がっていることを示唆しているのかもしれない．

4. 消費社会における低所得，生活不安定の実証の困難とそのインプリケーション

本調査の結果をみると，本章の第1の課題である「低所得」と第2の課題である「生活不安定」について明快に実証できたとは言い難いといわざるを

得ない．この結果について，「低所得や生活不安定がなくなった」という解釈もあり得るかもしれないが，筆者は一種の「構造変動」によって低所得を実証するためのメルクマールが変化し，単一のメルクマールを用いて低所得生活不安定を実証することが難しくなったためだと解釈している．

ここでは「それぞれの階層が生活に追われる時代への転換と生活の社会化」，「『生存』と『社会的標準』の乖離と消費社会における貧困線の上昇」という文脈による，低所得についての新たな解釈と，「潜在的不安定性」をキーワードとして生活不安定について新たな理論と実証の展開の可能性があることを指摘するのにとどめて，2部1章の論述につなげたい[6]．比喩的にいうならば，本章という「実証編」で疑問を提起し，2部1章という「解答編」で，それについての筆者の認識を述べることになる．

1) イギリスでは①チャールズ・ブースによる貧困の質的な記述，②シーボーム・ロウントリー（Benjamin Seebohm Rowntree）による「生理学的アプローチ」，③エイベル - スミス（Brian Abel-Smith）とタウンゼントによる公的扶助基準の活用，④タウンゼントによる「相対的剝奪」論，⑤ジョナサン・ブラッドショウ（Jonathan Bradshaw）による「基準生活費」，⑥マックとランズレイ（Mack and Lansley）による「合意基準」という多様な貧困の概念や定義に基づいて，実証研究が蓄積されてきた（柴田，1997，p. 4）．
2) タウンゼントは「相対的剝奪」の概念を，「個人，家族，諸集団は，その所属する社会で慣習になっている，あるいは少なくとも広く奨励または是認されている種類の食事をとったり，社会的諸活動に参加したり，あるいは生活の必要諸条件やアメニティをもったりするために必要な生活資源を欠いている時，全人口のうちでは貧困の状態とされる」と定義し，耐久消費財の保有状況や社会参加といった項目を精査した「相対的剝奪指標」を用いて，所得が一定水準を下回ると相対的剝奪指標の得点が急増する「閾」から「貧困」の基準を設定した．この基準を用いると，1968年から69年のイギリスで貧困な世帯は25.2%にのぼると推計される（Townsend, 1979, p. 273）．
3) 川上昌子は，1986年に千葉県習志野市で実施した調査結果から，75歳以上の4割が月収10万円以下であり，特に女性では75歳以上の65%が月収10万円以下であるというデータを示し，「十分な収入がある者がある一方で，低所得のものも少なくないのである」と結論づけている（川上，1997，p. 32）．また河合克義は，1995年に東京都港区で実施した調査結果から，一人暮らし高齢者のうち年収200万円未満が57.1%を占めるというデータを示している（河合克義，

1998, p. 25). このような，女性を中心とした高齢期の貧困にかかわるデータを念頭におくならば，本調査の結果も決して驚くほどの数値ではない．

4) エイベル-スミスとタウンゼントは，1965年に出版された「貧困者と極貧者」(the Poor and the Poorest) で，1960年のデータを用いて所得が国民扶助基準の140％を下回る世帯が17.9％にのぼることを実証し，「貧困の再発見」に貢献した．それはロウントリーが「貧困と福祉国家」というタイトルで刊行した1950年の第3次ヨーク調査に掲載されていた，貧困線以下の世帯が総人口の4.6％に減少したというデータに対して，ロウントリーがあまりにも低い水準で「貧困線」を設定したから貧困が減少したのであって，「貧困線」をもっと高い水準で設定すれば貧困問題は残っていると反論するためであり，タウンゼントは貧困の基準について，当時のロウントリーのような「生存ぎりぎりのレベル」にとどめておくべきではなく，もっと社会的・文化的な要素を加味した水準に引き上げなければならないと考えていた（Townsend, 1993, p. 30 ; 松崎, 1987, pp. 249-250）.

5) 「調査員の観察日記」から，たとえば以下のような生活実態についての描写が引用されている．

「(3)被服の購入，修繕 『殆ど買えませんね．生活費だけでやっとです』これは誰もが云う．事実彼等の家計簿を一瞥すれば，どの程度のものを買っているかすぐ分かる．概して，家族労働のある者，独身者，人数の少ない家族では，一般の世帯より少し上回る．民生委員から衣料を無料で配布される家もある．何れにせよ，衣類のみについて云うなら，年に二度買えれば上の部であるという者が大部分で，多くの人は従来持っているもので間に合わしている．買うにしても新しいものでなく，古着である．子どもの運動靴，下駄，労働者用の地下足袋などは止むをえず買うらしい．こういうのが普通の被服費としての出費のようである．夜具などは全く購入しないと云う．時折，民生委員より毛布等を配布されるようだ．夜具は不足し，雑魚寝である．またある家では，敷布団をかけて寝ていた．病人がいても雑魚寝であるから，子どもも大人も感染する．修繕については他人に依頼することは全くない．自分で直すのである．修繕が自分の手に負えなければ，そのままが多い．布団にせよ，衣服にせよ，全く洗った事のないようなものを身につけている．非衛生的である」（江口, 1979, 上, pp. 207-208）.

6) 「潜在的不安定性」の概念と潜在的不安定層の実証方法が記述されているのは，柴田（1991）だが，この論文は筆者が故・松崎久米太郎の全面的なご指導のもとに執筆したものであった．潜在的不安定性の概念や潜在的不安定層の実証方法を考案したのは，筆者ではなく松崎である．

文献

江口英一, 1979-80, 『現代の「低所得」層』上・中・下, 未來社.
岩田正美, 1998, 「生活と福祉課題」岩田正美・久保紘章・荒川義子編『精神保健福祉士養成セミナー第9巻　社会福祉原論』へるす出版, 51-62頁.
篭山　京, 1981, 『大都市における人間構造』東京大学出版会.
川上昌子, 1997, 『都市高齢者の実態』学文社.
河合克義, 1998, 「高齢者の生活実態とホームヘルプの基本的あり方」河合克義編著『ホームヘルプの公的責任を考える』あけび書房, 11-57頁.
松崎久米太郎, 1987, 「第二次世界大戦後の社会調査——福祉国家の建設におけるその役割」江口英一編著『生活分析から福祉へ——社会福祉の生活理論』光生館, 247-251頁.
Mitchell, D., 1991, 埋橋孝文・三宅洋一・伊藤忠通・北明美・伊田広行訳, 1993, 『福祉国家の国際比較研究——LIS 10ヵ国の税・社会保障移転システム』啓文社.
柴田謙治, 1991, 「高齢者世帯の生活と在宅福祉サービスの課題」『国民生活研究』31巻3号, 国民生活センター, 16-34頁.
柴田謙治, 1997, 「イギリスにおける貧困問題の動向——『貧困概念の拡大』と貧困の『基準』をめぐって」国立社会保障・人口問題研究所編『海外社会保障情報』118号, 4-17頁.
Townsend, Peter, 1979, *Poverty in the United Kingdom : A survey of household resources and standards of living*, Pelican.
Townsend, Peter, 1993, *The International Analysis of Poverty*, Harvester Wheatsheaf.

5章 住環境

武川 正吾

1. はじめに

住宅は人びとが生活を送るうえで,最も基本的な条件のひとつである.

人間は,生活時間の大半を住宅という生活空間のなかで過ごす.近代は,職住分離の生活形態を生み出した.その意味では,職住の融合した生活を送っていた伝統社会の人びとに比べると,住宅で過ごす生活時間は少ないかもしれない.しかし産業社会にあっても,労働者は,労働時間以外の大部分の生活時間を,住宅という私的空間のなかで過ごす.家事労働に専念する者の一日は,その大半が住宅とともにある.退職後の高齢者ともなると,その割合はさらに増えるだろう.

住宅という生活環境のなかでの生活を「住生活」と呼ぶとするならば,「住生活の質」は,人間の生活全体の質を確保するうえで,決定的に重要な意味を持つ.人間の生活時間と生活空間の大部分が,このように,住宅によって占められているからである.

また,住生活は,他の生活局面に対する影響が大きい(早川・岡本,1993;武川,1996).住宅の立地は,人びとの活動の範囲と内容を大きく左右する.どこに住んでいるかということは,労働や自由時間のありかたに大きな影響を及ぼす.住宅費の大きさは,消費生活の内容にとって決定的である.同じ収入であっても,住宅費がどれくらいかによって,そのひとの生活水準はまったく異なってくる.住生活が健康や教育にとって及ぼす影響の大きさもあなどれない.

このように,住生活を抜きにして人間の生活を考えることができないにも

かかわらず，これまでの日本の社会学は，この問題を十分には扱ってこなかったように思われる．また，階級や階層をめぐる研究のなかでも，住生活の不平等や，そのことがもつインプリケーションを分析してこなかったのではないだろうか．戦後日本の社会階層研究は，各階層間の生活水準の格差というよりは，社会移動の分析に関心の焦点があったからである．

このため人びとの住生活の実態に関しては，基本的なデータが不足しているというのが実情であろう[1]．本書が検討する大都市高齢者についても，その住生活に関して，社会学の世界では，基本的な事実が十分明らかになっているとはいえない．そこで，本章は，事実発見（fact-finding）に主眼を置きながら，大都市高齢者の住生活の実態に迫っていきたいと思う．

本調査では，住環境について，以下のような変数を用いて測定した．

  住宅の形態：家屋の種類（問33），所有関係（問34）
  住宅費：家賃[2]（問35）
  住宅の広さ：部屋数（問36），床面積（問37），食寝分離（問38），性別就寝（問39）
  居住性：アメニティ（問40, 41），採光・通風（問42），安全性（問43）

以下，本章では，まず，これらの諸変数を用いて，大都市高齢者の住生活の質を明らかにし（2節），次いで，これらの住宅の質の階層性について分析する（3節）．さらに，住宅の所有関係を指標とする「住宅階級」[3]と高齢者の基本属性（年齢・収入・現役時代の職業）がどのように関連しているかをみていく．さらに，「住宅階級」と健康や社会生活との関連を分析し（5節），最後に，本章で得た知見をまとめる（6節）．

2. 高齢者の居住形態の概要

(1) 家屋の種類

まず，家屋の種類についてみておこう（n=583）．最も多いのが「一戸建て」であり，全体の3分の2にのぼる（65％）．次いで，高層マンションが13％，低層マンションが14％となっている[4]．また，平屋または2階建ての

木造アパートで生活する人びとが約5%となっている．その他，長屋立てや非木造アパートに住む人びともそれぞれ若干いる．

以下の分析では，高層低層を問わずマンションをすべて「マンション」として一括する．また，居住条件が似ていると考えられるので，「長屋立て」および「非木造アパート」も「木造アパート」に統合して分析することにする．このようなカテゴリーで再集計すると，

「一戸建て」	66%
「マンション」	27%
「木造アパート」	7%

となる（n=583）．これらのうち，最後の7%の木造アパート居住者の住環境が，最も社会的不利を累積しているものと推測される．

(2) 所有関係

次に，所有関係（tenure）について見てみよう．これも質問票では細かく分類して聞いているが，集計および分析の便宜から，「持家（土地付き）」「持家（借地）」「公共賃貸」「民間賃貸」の4つに再分類して見ておく．その再集計結果は以下の通りとなる．

「持家（土地付き）」	66%
「持家（借地）」	12%
「公共賃貸」	10%
「民間賃貸」	12%

家屋の種類と所有関係とは関連が深い．両者のクロス集計を示したのが表1-5-1である．

この表から分かるように，最も多いのは，「持家の一戸建て」であり，全体の過半数に及ぶ（54%）．このカテゴリーは住宅階級のなかでは最上層を構成する．その周辺に，「持家のマンション」や「借地の一戸建て」に住む人びとがそれぞれ1割前後いる．これら全体の7割に及ぶ人びとは，月々の住宅費負担がそれほど多くはないであろうから，住宅費が家計を圧迫する心配のない人びとだといえる．

これらの比較的めぐまれた多数派と反対の極にあるのが，民間賃貸の木造

表 1-5-1　家屋の種類と住宅の所有関係

(単位：％)

家屋の種類	住宅の所有関係				
	持家（土地付き）	持家（借地）	公共賃貸	民間賃貸	合計
一戸建て	**55**	**10**		2	66
マンション	**11**	1	**10**	**5**	27
木造アパート	1	1		**6**	7
合計	66	12	10	12	100 (n=579)

注：太字は住宅階級Ⅰ～Ⅲのいずれかに分類されるものを示す．

アパートいわゆる「木賃アパート」に居住する人びとである．彼らは，全体のなかでは少数派であるが，それでも6％近くの人びとがここに属す．このカテゴリーは，住宅階級のなかでは，底辺に位置づけられるだろう．彼らにとって，住宅費の負担が家計を圧迫しているものと推測される．

　両者の中間にあるのが，賃貸マンション居住者であり，全体の15％であり，その内訳は公共賃貸が10％，民間賃貸が5％となっている．木賃アパート居住者に比べれば，住宅の質は良好な状況にあると思われるが，住宅費による家計の圧迫はまぬがれない．

　以上から，大都市高齢者の住宅階級は以下のような構成になるものと思われる．

　　　住宅階級Ⅰ……持家（一戸建て・マンション）約77％
　　　住宅階級Ⅱ……賃貸マンション（民間・公共）約15％
　　　住宅階級Ⅲ……木賃アパート約6％

3.　住生活の質の階層性

(1) 住宅費

　以上の住宅階級のなかの底辺および中間層に属する賃貸住宅居住者（借家を含む）の住宅費負担について，次に見ておこう．家賃については，高齢者の場合，本人が支払っていない人びとも意外に多い（賃貸住宅居住者の15％）．しかし，その反面，自分で月20万円払っている人もいる．全体の平均は月5万5000円である．なお，公共賃貸と民間賃貸の家賃額の平均は，

表1-5-2 住宅の所有関係別にみた家賃の収入対比

(単位:%)

家賃の収入対比	住宅の所有関係		
	公共賃貸	民間賃貸	合計
10%未満	20	33	28
10%以上20%未満	38	10	21
20%以上30%未満	20	18	19
30%以上40%未満	15	18	17
40%以上	8	20	15
合計	100 (n=40)	100 (n=60)	100 (n=100)

それぞれ5万2000円と5万8000円であり,公共賃貸住宅居住者の方が若干安い.

これらの住宅費が収入に占める割合(年間家賃の夫婦の年収に占める割合)の平均は28%であり,かなりの高水準となっている.また,公共賃貸は26%,民間賃貸は29%となっており,あまり差がない.しかし,その分散を見てみると,少し様相が変わる.

表1-5-2は,家賃の収入に対する比率の分布を示した表である.まず,賃貸住宅居住者全体のなかで見ると,10%未満の負担をしている人びとが最も多く28%であり,比率が高まるにつれて,その割合が減っていくのが分かる.ところが,所有関係別に見ると,公共賃貸は10%台のところがピークであり,20%台,10%未満がそれに次いで多いのに対して,民間賃貸の場合には,40%以上の負担をしている人と10%未満の負担の人のところが多く,両極化している.

(2) 住宅の広さ

次に,住宅の広さについて見ておこう.部屋数の分布を示したのが図1-5-1である.全体の6割が3~5部屋のところに集まっている.しかし1部屋だけの人びとも4%いる一方で,10部屋以上の人も少なからずいる.

延べ床面積については,平均が94.5m²あり,最大が330m²であった.その分布を示したのが図1-5-2である.20m²未満が5%,20~40m²が10%いるものの過半数の人びとは60m²以上の住宅に暮らしており,一般世

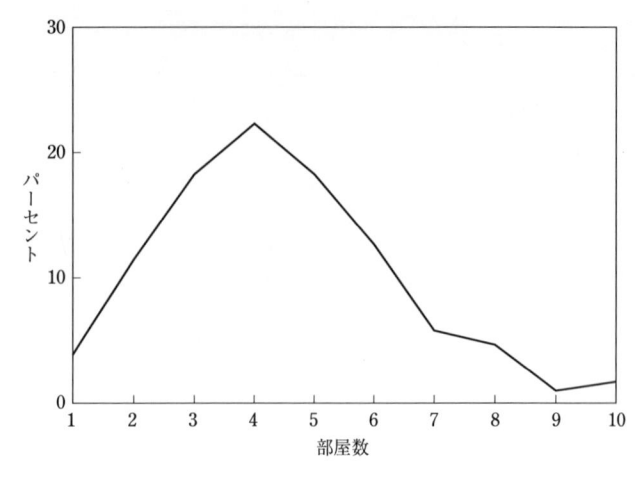

図 1-5-1　部屋数の分布

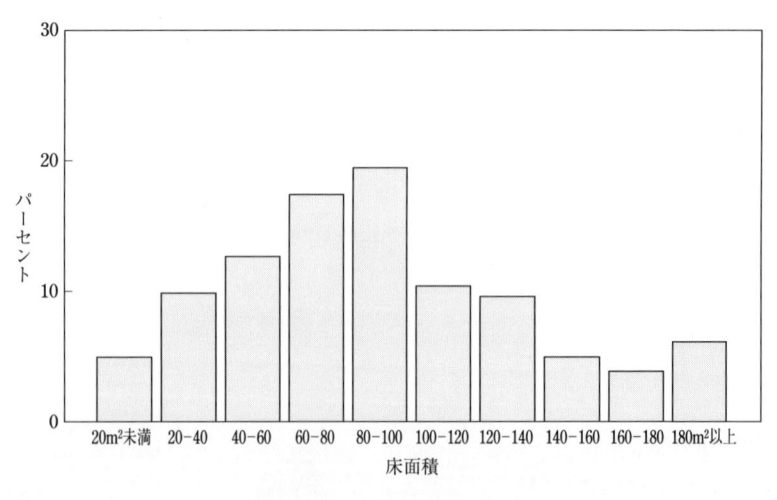

図 1-5-2　住宅の延べ床面積

帯の水準を考えると，かなり広い家に住んでいる人が多いことが分かる．とりわけ 140 m² 以上の人が 15％もいることには注目すべきであろう．

　以上のような比較的広い家に住んでいる人が多いことから，大都市高齢者

5章 住環境

表1-5-3　住宅階級と食寝分離

(単位：%)

		食寝分離の状況			
		完全分離	未分離	一部分離	計
家屋の種類	一戸建て	93	2	5	100 (n=381)
	マンション	87	6	7	100 (n=156)
	木造アパート	38	48	14	100 (n= 42)
所有関係	持家（土地付き）	95	2	3	100 (n=384)
	持家（借地）	82	6	12	100 (n= 67)
	公共賃貸	80	8	12	100 (n= 60)
	民間賃貸	56	31	13	100 (n= 68)

の場合，あまり過密居住が問題となっていないと思われるかもしれない．まず，食寝分離の程度で，この点を見てみると，実際，全体の87%の人びとが完全な食寝分離を行なっている．しかし完全な未分離の人びとが7%おり，一部分離も合わせると13%に及んでいる点にも着目しておく必要があるだろう．

これらの食寝分離の程度が家屋の種類とどのような関連があるかを示したのが，表1-5-3である．この表から分かるように，一戸建て居住者の完全分離が93%に及ぶのに対して，木造アパート居住者のそれは38%にすぎない．また，未分離については，一戸建て居住者がわずか2%にすぎないのに対して，木造アパート居住者は48%に及んでいる．

また，同じく表1-5-3では食寝分離の程度を所有関係別に示している．ここでも同様の傾向が見られる．すなわち持家の場合，95%が完全分離であるのに対して，民間賃貸の場合は56%に過ぎず，また，持家の場合の未分離は2%にすぎないのに対して，民間賃貸の場合は31%にも及ぶ．

サンプル全体の35%が子どもまたは孫（12歳以上）と同居している．これらの人びとのうち，子どもたちの性別就寝の基準はどのようになっているだろうか．子どもが全員個室で寝ているケースは，全サンプルの31%，個室では寝ていないものの性別就寝が守られているケースが3%，12歳以上の子どもの性別就寝が守られていないケースは1%だった．寝室基準で見る限りでは，ほとんどの高齢者世帯で，過密居住は問題となっていないことが分

図1-5-3 住宅の設備

標準偏差＝1.09
平均＝6.8
有効数＝583

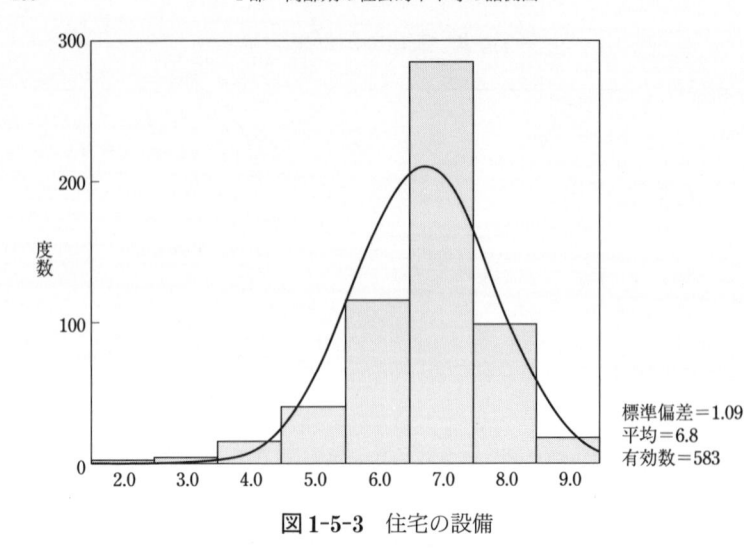

かる．

(3) 居住性

次に，アメニティについて見てみよう．調査票では，問40で居住性を高める施設・設備の保有状況についてたずねている．これらの諸設備を保有している場合に1点，保有していない場合に0点を割り当てて作成したスコアのヒストグラムが図1-5-3である（問40の10項目のうちすべて保有していれば10点，何も保有していなければ0点となる）．大半が6点から8点の範囲に集まっている．

このスコアの平均値を家屋の種類別・所有関係別に見ておこう．一戸建ての場合が7.0，マンションの場合が6.6であるのに対して，木造アパートの場合は5.2にすぎない．分散分析の結果もF値の危険率が0.000で有意である．また，所有関係別に見た場合も，持家（土地付き）7.0，持家（借地）6.8，公共賃貸6.2，民間賃貸5.7となっている．分散分析の結果も危険率が0.000で有意である．

採光・通風については，採光の場合，日当たりが良いと答えた人（どちら

5章 住環境

表 1-5-4 住宅階級と日照条件

(単位：%)

		日照条件				計
		よい	どちらかと いうとよい	どちらかと いうと悪い	悪い	
家屋の種類	一戸建て	52	24	18	6	100 (n=346)
	マンション	74	17	8	1	100 (n=143)
	木造アパート	34	8	37	21	100 (n= 38)
所有関係	持家（土地付き）	57	24	15	5	100 (n=351)
	持家（借地）	48	17	29	7	100 (n= 59)
	公共賃貸	88	8	4	0	100 (n= 51)
	民間賃貸	39	21	24	15	100 (n= 66)

かといえば良いも含む）が全体の78%に及び，日当たりが悪いと答えた人（どちらかといえば悪いを含む）の22%を大きく引き離している．通風についても同様で，風通しが良いと答えた人は89%，悪いと答えた人は11%である．

ところが，この点についても，家屋の種類や所有関係によって大きな違いがあることが分かる（表1-5-4を参照）．採光の場合，一戸建てやマンションでは，日当たりの悪い人はそれぞれ24%，9%に過ぎないのに対して，木造アパートでは58%にも及んでおり，その差は歴然としている．

所有関係別に見ると，公共賃貸で日当たりの悪いのが4%であるのに対し，持家（土地付き）では19%，持家（借地）では36%であり，民間賃貸にいたっては，39%に及んでいる（表1-5-4を参照）．

最後に，居住の安全性について検討しておこう．地震，火事，治安，交通事故に対する心配の度合を聞いたのが図1-5-5である．地震や火事に対する不安は40%前後の人びとが感じているのに対して，治安や交通事故に対する不安はそれほどでもないことが分かる．

表1-5-5は，居住環境について「非常に心配である」と答えた人びとの割合を家屋の種類別にみたものである．これによって，安全性に関する意識も，家屋の種類によって相当分散があることがわかる．

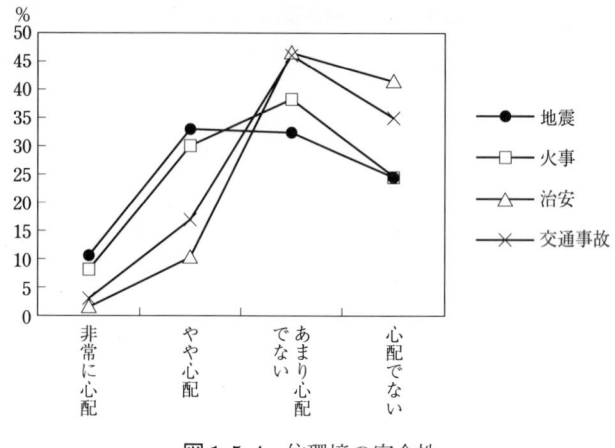

図 1-5-4　住環境の安全性

4. 基本属性と住宅階級

　以上で，大都市高齢者の住環境は，平均的に見ると良好だが，その内部に立ち入ってみると，家族の種類や所有関係によって相当分散の大きいことが分かった．全体から見れば少数だが，かなり劣悪な居住条件に置かれている高齢者のいることが分かった．

　次に，これらの居住条件が性別，年齢，学歴，年収などの基本属性において，どのような特徴をもっているかを検討しよう．

　まず，男女別に見ると，木造アパートに住む女性が男性に比べて若干多いものの，統計的に有意な差は見られなかった．所有関係については，土地付きの持家で男性が多く，借地の持家で女性が多いという特徴がみられるものの，公共賃貸および民間賃貸に関しては顕著な男女差は見られなかった．住環境に関して土地付きか借地かということではそれほど大きな違いはなかったから，大都市高齢者の場合，概して，住環境の男女差は少ないと言える．

　次に年齢については，家屋の種類および所有関係ともに，各グループとも平均年齢は 73 歳前後であり，この場合も，統計的に有意な差は見られない．

　ところが学歴の場合は様相が異なる．表 1-5-6 は学歴別に見た，家屋の種類と所有関係である．高等教育修了者で木造アパート居住者は 3％ に過ぎな

表 1-5-5　家屋の種類と居住の安全性に対する不安を感じる人々の割合

(単位：%)

		地震	火事	治安	交通事故
家屋の種類	一戸建て (n=381)	8	5	1	2
	マンション (n=157)	6	5	1	2
	木造アパート (n= 42)	31	33	7	10

表 1-5-6　学歴と家屋の種類

(単位：%)

	義務教育修了程度	旧制中学新制高校程度	短大旧制高校以上	計
一戸建て	61	66	71	65
マンション	26	29	26	27
木造アパート	12	5	3	7
合計	100 (n=212)	100 (n=233)	100 (n=129)	100 (n=574)

表 1-5-7　収入（5分位）と住宅階級

(単位：%)

		収入					
		175万円未満	175万円〜	275万円〜	425万円〜	650万円〜	計
家屋の種類	一戸建て	52	61	72	76	68	65
	マンション	28	28	24	20	31	27
	木造アパート	20	11	4	4	1	8
所有関係	持家（土地付き）	52	54	70	77	85	67
	持家（借地）	12	17	12	9	5	11
	公共賃貸	17	13	7	5	4	10
	民間賃貸	19	17	10	8	7	13

いのに対して，義務教育修了程度では12%に達している．所有関係についても，高等教育修了者の持家率がきわめて高いのに対して，義務教育修了者では，公共賃貸と民間賃貸の比率が他に比べて高くなっている．

年収の場合も同様である（表1-5-7参照）．所得が低くなるにつれて一戸建ての比率が減少するのに対して，木造アパートの比率が上昇する．とくに第5五分位の175万円未満のところでは2割の人が木造アパートである．

所有関係に関しては，さらに顕著な関連が見られる．収入が増加するにつ

表 1-5-8 職業と住宅階級

(単位:％)

		本人(男性)の 50 歳時職業				
		自営	経営	管理	専門・事務	ブルーカラー
家屋の種類	一戸建て	79	83	69	58	50
	マンション	18	17	28	36	33
	木造アパート	3	0	3	7	17
所有関係	持家(土地付き)	78	87	78	68	52
	持家(借地)	13	0	6	7	2
	公共賃貸	6	0	8	13	19
	民間賃貸	3	13	8	13	26
計		100(n=63)	100(n=30)	100(n=64)	100(n=31)	100(n=43)

れて，土地付きの持家の比率が高まり，収入が減少するにつれて，借地の持家，公共賃貸，民間賃貸の比率が高まる傾向にある．

次に，職業との関連についてはどうであろうか．この世代では，女性は無職者が多いため男性のみ取り上げて分析する．また，すでに見たように，男女間で住環境に関する相違はあまり見られなかったから，男性のみの分析も許されるだろう．

表 1-5-8 は本人が 50 歳時の職業と家屋の種類との関連について見たものである．この表から，自営，経営者で一戸建ての比率が多く，ブルーカラーの間で木造アパートが多いことが分かる．また，マンションの比率が高いのは，ブルーカラー，専門・事務である．

同じく表 1-5-8 では，職業と所有関係との関連を見ている．持家(土地付き)の比率が高いのは，自営業，経営者，管理職である．公共賃貸が多いのはブルーカラーであり，民間賃貸が多いのもブルーカラーである．この表から考えると，50 歳時の職業がブルーカラーの人びとの住環境が悪くなる可能性が高いことがわかる．

以上から明らかなように，大都市高齢者の住環境はデモグラフィックな要因とはほとんど関連しておらず，社会経済的地位 (SES) と大きく関係している．

5. 住宅階級と生活の質

(1) 健康への影響

次に，住環境と健康との関係について見ておこう．

健康に関しては，調査票の問6～問10で聞いている．これらの変数のうち，ここではまず問6の健康度自己評価（「自分の全般的な健康状態に対する評価」）を採用する．健康に関する主観的評価は素人が自分自身に関するものであるが，専門家である医師の判断とかなり相関が高いことが知られている．

この全般的な健康状態（「よい」と「まあよい」を「よい」に，「あまりよくない」と「よくない」を「よくない」に再コード）に関しては，マンション居住者の健康状態が若干劣るものの，家屋の種類による統計的な有意差は見いだせなかった．

これに対して，所有関係別に見ると，持家居住者に比べて賃貸居住者が，また，賃貸居住者のなかでは公共賃貸の居住者の健康状態があまりよくないことが分かる（表1-5-9参照）．おそらく後者の点に関しては，民間賃貸への居住が公共賃貸に比べて健康に良いというよりは，健康状態の良くない高齢者は民間賃貸で居住を続けることが家主との関係で困難だという状況の反映であろう．とはいえ，このクロス集計のカイ二乗検定の結果も有意ではなかった．

生活機能（老研式活動能力指標により測定）についてはどうであろうか．日常生活における自立度について聞いた問8の各質問項目で，「はい」と答えた場合に1点，「いいえ」と答えた場合に0点を与えた総得点をここでは尺度値とした．この尺度の最高点は13，最低点は0点，平均は11.4点，標準偏差は2.48だった．この尺度の分布を住宅の所有関係別にみた結果が表1-5-10である（活動能力指標については，序章4，2章2を参照）．

この表から，上の全般的な健康状態の分析では分からなかった点が2つ明らかとなった．第1は，公共賃貸の健康状態が分極化しているということである．活動能力指標の小さい人の比率が他に比べて多い反面，得点が13点の人の比率も全体の平均よりは高い．第2に，全般的な健康状態は民間賃貸

表 1-5-9 住宅の所有関係と健康

(単位：％)

		住宅の所有関係				合計
		持家 (土地付)	持家 (借地)	公共賃貸	民間賃貸	
健康状態（3分類）	よい	58	61	43	52	56
	ふつう	24	24	24	24	24
	よくない	18	15	33	24	20
合計		100 (n=384)	100 (n=67)	100 (n=60)	100 (n=69)	100 (n=580)

表 1-5-10 活動能力指標と住宅の保有形態のクロス表

(単位：％)

活動能力指標	住宅の保有形態				合計
	持家 (土地付)	持家 (借地)	公共賃貸	民間賃貸	
0	1	1		2	1
1	0				0
2	0		2		0
3	1		2		1
4	1				1
5	1		2	2	1
6	2	2	2	3	2
7	2		2		1
8	3		6	9	4
9	2	5	4	8	4
10	7	5	6	9	7
11	10	14	10	9	11
12	19	16	10	14	17
13	50	56	54	46	51
合計	100 (n=347)	100 (n=57)	100 (n=50)	100 (n=66)	100 (n=520)

の方が公共賃貸よりも総じて良かったが，活動能力指標の得点で見ると，必ずしもそういえないことが分かる．民間賃貸居住者で13点の人は46％であり，これは他の所有関係に比べて，かなり低い．

　ここから導き出される解釈は，民間賃貸の居住は健康にとって必ずしも良くないが，生活機能が低下すると居住の継続を家主から拒否され，公共賃貸に移ることになるというものである．他方，公共賃貸の場合，健康状態は持家と同様に良いが，民間賃貸からの流入者によって，生活機能の低い人が少

5章 住環境

表1-5-11 住宅階級と社会参加スコア

(単位:%)

		社会参加スコア				計
		4点未満	4点以上7点未満	7点以上10点未満	10点以上	
家屋の種類	一戸建て	23	28	30	19	100 (n=338)
	マンション	28	32	27	13	100 (n=139)
	木造アパート	54	30	14	3	100 (n= 37)
所有関係	持家(土地付き)	21	29	32	17	100 (n=344)
	持家(借地)	16	35	29	21	100 (n= 58)
	公共賃貸	53	27	12	8	100 (n= 49)
	民間賃貸	45	30	16	9	100 (n= 64)

表1-5-12 住宅階級とパーソナル・ネットワーク

(単位:平均人数)

		日頃からつきあっている人の数			
		親族	職場	近所	その他
家屋の種類	一戸建て	8	5	4	6
	マンション	6	4	3	5
	木造アパート	3	3	2	3
所有関係	持家(土地付き)	8	5	4	6
	持家(借地)	7	4	3	3
	公共賃貸	4	3	3	4
	民間賃貸	6	4	3	4

なからず住んでいる,ということであろう.

(2) 社会生活への影響

最後に,住環境と社会生活との関係について見ておこう.

問11の社会参加に関する質問項目から,活動能力と同様の方法で社会参加スコアを作成し,これと居住との関係を見ていく.社会参加スコアの最高は15点,平均は6.9,標準偏差は3.37である.このスコアを0点以上4点未満,4点以上7点未満,7点以上10点未満,10点以上と再分類して,分析する.

健康状態と異なり,社会参加の場合には,家屋の種類・所有関係ともに,

かなり明瞭な関連が見出された（表1-5-11を参照）．

表1-5-11が家屋の種類と社会参加スコアとのクロス表であるが，これによると，一戸建てとマンションの場合には，一戸建ての方がやや社会参加の度合が高いものの，それほど極端な差がないのに対して，木造アパートの場合には，低得点に集中していることが分かる．木造アパート居住者の過半数は4点未満であり，いかに多くの人びとが社会的に疎外されているかを示す．

所有関係別に社会参加スコアを見てみると，この場合も，持家と賃貸との間で格差が歴然としている．持家（土地付き）のひとの4点未満は21%であるのに対して，公共賃貸では53%，民間賃貸では45%となっている．とくに公営住宅の場合の社会的疎外の度合が高い．また，10〜15点の高得点層は，持家（土地付き）の場合には17%いるのに対して，公共賃貸の場合は8.2%，9.4%に過ぎない．

知人・友人などのパーソナル・ネットワークについても，差が見られる．表1-5-12は，家屋の種類別の知人・友人数の平均である．これらのうち，分散分析の結果5%の水準で有意となったのは，「日頃からつきあっている親族」と「日頃からつきあっている近所の人」である．それぞれ一戸建て＞マンション＞木造アパートの順番となっていることが分かる．

所有関係別の場合には，職場の知人以外のカテゴリーで有意差が出た．親族，近所，家族・親族・職場・近所以外の友人のいずれの場合も，持家（土地付き）の平均人数が最も多く，木造アパートの平均人数が最も少ない．

6. 結論と要約

最後に，本章で得られた知見をまとめておく．

(1) 大都市の高齢者の住環境はおおむね良好であるが，約6%の人びとがいわゆる「木賃アパート」に住んでおり，彼らの住環境は必ずしもよくない．

(2) 賃貸住宅居住者の家賃負担の平均は収入の3割弱である．民間賃貸の場合には，家賃の収入比が分極化の傾向にある．

(3) 延べ床面積の平均は94.5 m²であり，かなり広い．しかしながら，過密の基準である食寝分離の基準を満たさない住宅が木造アパートの間では半

数近くに及ぶ．民間賃貸の過密も顕著である．子どもの性別就寝に関しては，子どもや孫と同居している人びとが持ち家であることもあり，高齢者の場合にはあまり問題となっていない．

(4) 居住性を高めるための住宅の施設や設備の状況を示す尺度の平均得点は，一戸建て＞マンション＞木造アパートの順であり，所有関係別にみると，持家（土地付き）＞持家（借地）＞公共賃貸＞民間賃貸となっており，階層性が貫かれている．

(5) 採光や通風に関しても一般に良好だと判断されているが，木造アパートでは劣悪だとの判断が多い．

(6) 住宅の安全性については，木造アパートに住む人びとのあいだで地震や火事に対する不安が大きい．治安や交通事故についての不安も，地震や火事ほどではないが，木造アパートに住む人びとのあいだで高い．

(7) 性別や年齢などのデモグラフィックな要因による住環境の格差はそれほど大きくない．

(8) 学歴・収入・職業などの社会経済的地位と住環境の関連は非常に深い．

(9) 住環境と健康の関連はそれほど顕著ではないが，持家の方が賃貸よりも若干健康状態が良い．公共賃貸は民間賃貸の健康状態が良くない人びとが流入しているためか，両極化の傾向が見られる．

(10) 住環境と社会生活との関連は顕著である．家屋別の木造アパートと所有関係別の民間賃貸の人びとは社会的に疎外され，友人・知人の数も少ない．

1) 住宅に関しては，総務庁統計局によって，1948年以来，住宅センサス（1993年までは「住宅統計調査」，1998年からは「住宅・土地統計調査」の名称）が5年ごとに実施されてきているが，これは建築学的関心に基づくものであり，社会学的関心に基づくものとはいえない．
2) 住宅費のなかでは家賃に加えて，住宅ローンの負担も大きい．しかし，調査対象者が高齢者であり，完済者が多いと思われるため，調査票からは割愛した．
3) 「住宅階級」は，本来，住宅の所有関係（tenure）を基準としながら，John Rex と Robert Moore によって提唱された概念である（Rex and Moore, 1967）．日本の場合，住宅階級は，単に所有関係だけでなく，家屋の種類を加味しながら，再定義した方が実態に合致すると思われるが，本章では，便宜的な理由か

ら，主として所有関係を指標として分析し，必要に応じて，家屋の種類という変数も用いることにする．
4) 本章では，とくに断りのない場合を除いて，DK/NA および非該当ケースはすべて欠損値として処理する．

文献
早川和男・岡本祥浩，1993，『居住福祉の論理』東京大学出版会．
Rex, John and Moore, Robert, 1967, *Race, Community and Conflict*, Oxford University Press.
武川正吾，1996,「社会政策としての住宅政策」早川和男・大本圭野・戒能通厚編『講座現代居住1 歴史と思想』東京大学出版会，61-87頁．

6章　職業キャリアと高齢期の社会階層

野呂　芳明

1. 問題

　この章では，主として人びとの職業的階層や職業的移動の経歴の側面に注目し，それらが退職後の現在の生活とどのようにかかわっているのか，という問題について検討する．

　職業生活のキャリアは，老後の経済・社会生活（とりわけ前者）における有利・不利を大きく作用する要因である．このこと自体は，改めて論を待つまでもないだろう．しかし，具体的な関連についての計量的な分析は必ずしも多くない[1]．そのテーマにかなり特化した調査によってデータを収集しなければならないからである．幸い，今回われわれが利用するデータにはそのような項目がかなり含まれているので，ある程度突っ込んだ分析を試みることができる．

　そこで本章においては，職業的キャリアの効果を検討するにあたって，他の諸要因の効果をある程度統制しつつ進めていく．職歴の終点を迎えた（迎えつつある）高齢の対象者の場合，こうした他の諸要因もかなり累積的に影響しているだろう．

　なかでも大きく作用していると思われるものに，ジェンダーによる差異があげられる．かなりステレオタイプ的なイメージになるが，男性の場合に「安定した・よい仕事」をもつあるいはもったことは，そうでないキャリアをもつ場合よりもおそらく「有利」な帰結を当人にもたらしている．一方，女性の場合には，職業を継続的にもつ（もっていた）というのは，夫とともに自営業を営んでいた場合を除き必ずしも「有利」をもたらすとは限らない．

結婚していたかどうか，子どもがいるかどうかというようなライフステージにかかわる要因などとの組み合わせによっては，「仕事を続けた」ことはむしろノーマルではない経歴であり，相対的には「不利」と結びついているかもしれない．

こうした例を考えてみるだけでも，職業が社会的な「有利」「不利」の説明項だというのが必ずしも直線的に妥当する仮説とは限らないことがわかる．性別やライフコースなどとの関連で考察しなければならないのである．われわれが職業をみる際には，複眼的な視点を保つことが必要であり，ここでは，こうした点について重点的に検討していく．

2. 性別と職業階層に関する基礎的な分析

まず調査のサンプルについて一言述べておきたい．標本は65歳以上の男女からなっており，内訳は男性309人，女性345人の合計654人であり，平均年齢を計算すると，男性73.0歳，女性73.6歳である．以下の分析では標本にとくにウエイトをかけるような調整をせず，そのまま用いることにする．

表1-6-1は本人の50歳時職業についての男女別集計である．これをみると，男性では6割弱が勤め人であり，経営者が1割，自営業や個人営業が25％強というような構成である．一方，女性は主婦および無職が4割，勤め人が2割弱，自営業・家業手伝い・個人営業が合わせて2割弱，パートが約15％となっている．

表1-6-2では現在の職業について同様に男女別の集計をおこなっている．これをみると，男性では無職が約半数だが，依然として経営者・常勤の勤め人として働いている人が合わせて16％，自由業・自営業主・家業手伝い・個人営業などで働き続けている人も25％近くに達し，パートなど非常勤が1割となっている．一方女性では，無職者が8割近くに達し，自由業・自営業主・家業手伝い・個人営業などが合わせて13％ほど，パートが約6％，常勤の経営者および勤め人は合わせて2％であった[2]．当然ながら，50歳時にしても現職にしても性別によるちがいは顕著である．

6章 職業キャリアと高齢期の社会階層　　　113

表1-6-1　本人の50歳時職業（男女別）

本人の50歳時職業		性別		合計
		男性	女性	
無職	人数	2	47	49
	%	0.6%	13.6%	7.5%
主婦	人数		92	92
	%		26.7%	14.1%
経営者	人数	34	5	39
	%	11.0%	1.4%	6.0%
常勤	人数	176	65	241
	%	57.0%	18.8%	36.9%
パート	人数	3	52	55
	%	1.0%	15.1%	8.4%
農業	人数	1	4	5
	%	0.3%	1.2%	0.8%
自由業	人数	6	12	18
	%	1.9%	3.5%	2.8%
自営業主	人数	57	18	75
	%	18.4%	5.2%	11.5%
家事手伝い	人数	2	29	31
	%	0.6%	8.4%	4.7%
個人営業	人数	27	19	46
	%	8.7%	5.5%	7.0%
その他	人数		2	2
	%		0.6%	0.3%
覚えてない	人数	1		1
	%	0.3%		0.2%
合計	人数	309	345	654
	%	100.0%	100.0%	100.0%

3. 男性，女性の職業キャリア等の経路

次に，人びとの職業を中心としたキャリアを図1-6-1，図1-6-2のように整理してみよう．すべてのキャリア経路を図示するのは不可能なので，図では有効サンプル（本人の病気などの理由で家族などが代理で回答した非該当ケースを除き，かつ学歴が判明している男性260人，女性313人）のキャリ

表1-6-2 本人の現在の職業状況（男女別）

本人の現在の職業状況		性別		合計
		男性	女性	
仕事についていない	人数	157	271	428
	%	50.8%	78.6%	65.4%
経営者	人数	28	4	32
	%	9.1%	1.2%	4.9%
常勤	人数	21	3	24
	%	6.8%	0.9%	3.7%
パート	人数	31	20	51
	%	10.0%	5.8%	7.8%
農業	人数		1	1
	%		0.3%	0.2%
自由業	人数	8	9	17
	%	2.6%	2.6%	2.6%
自営業主	人数	29	5	34
	%	9.4%	1.4%	5.2%
家事手伝い	人数	2	17	19
	%	0.6%	4.9%	2.9%
個人営業	人数	33	14	47
	%	10.7%	4.1%	7.2%
その他	人数		1	1
	%		0.3%	0.2%
合計	人数	309	345	654
	%	100.0%	100.0%	100.0%

アのなかで，全体の5%以上の比率を有する経路のみ表示した．

　これをみると，男性については「高学歴→専門職・事務職への就職→管理職への上昇→定年退職」という経路が一方にあり，他方では，「義務教育・中等教育→自営業→仕事を続ける／やめる」という経路があることが視覚的に読みとれる．もちろん，完全にこの経路を辿るケースは多数派ではなく，それ以外にも多くのバリエーションが存在する．

　女性については，まず高等教育修了者の割合が男性よりもずっと低いことに注意する必要がある．そして，キャリアのバリエーションも男性より少ない．おおざっぱにみて，「学歴を問わず→専門・事務職への就職→仕事を続

6章 職業キャリアと高齢期の社会階層　　115

――― 5〜10％未満　　――― 10〜20％未満　　━━━ 20％以上

学　歴

- 義務教育程度 (27.7)
- 中等教育程度 (30.0)
- 高等教育程度 (42.3)

初　職

- 自営業 (16.9)
- 経営者 (3.1)
- 管理職 (2.7)
- 専門・事務 (48.5)
- ブルー (28.8)

50歳時の職業

- 自営業 (26.5)
- 経営者 (11.2)
- 中小管理職 (11.2)
- 大管理職 (17.7)
- 中小専門・事務 (7.7)
- 大専門・事務 (6.5)
- 中小ブルー (12.7)
- 大ブルー (6.2)
- 無職・他 (0.4)

〈退職したか否か〉

- 勤務継続中 (25.8)
- 定年で退職 (38.5)
- 定年ではないが退職 (35.0)

その後の職業

- 自営業 (22.7)
- 経営者 (11.2)
- 中小管理職 (3.8)
- 大管理職 (3.5)
- 中小専門・事務 (10.8)
- 大専門・事務 (5.4)
- 中小ブルー (12.3)
- 大ブルー (5.0)
- 無職・他 (25.4)

現在の職業

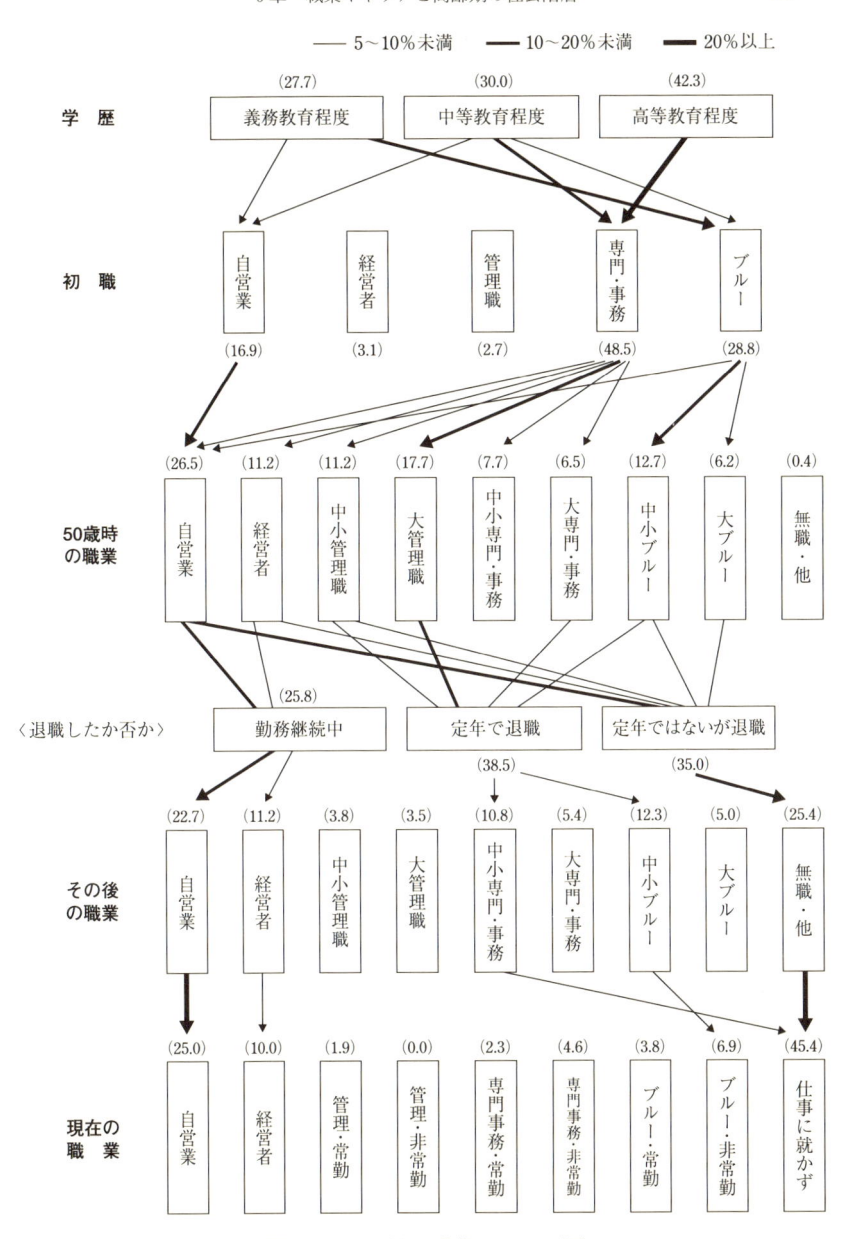

- 自営業 (25.0)
- 経営者 (10.0)
- 管理・常勤 (1.9)
- 管理・非常勤 (0.0)
- 専門事務・常勤 (2.3)
- 専門事務・非常勤 (4.6)
- ブルー・常勤 (3.8)
- ブルー・非常勤 (6.9)
- 仕事に就かず (45.4)

図1-6-1　男性の職業キャリア図

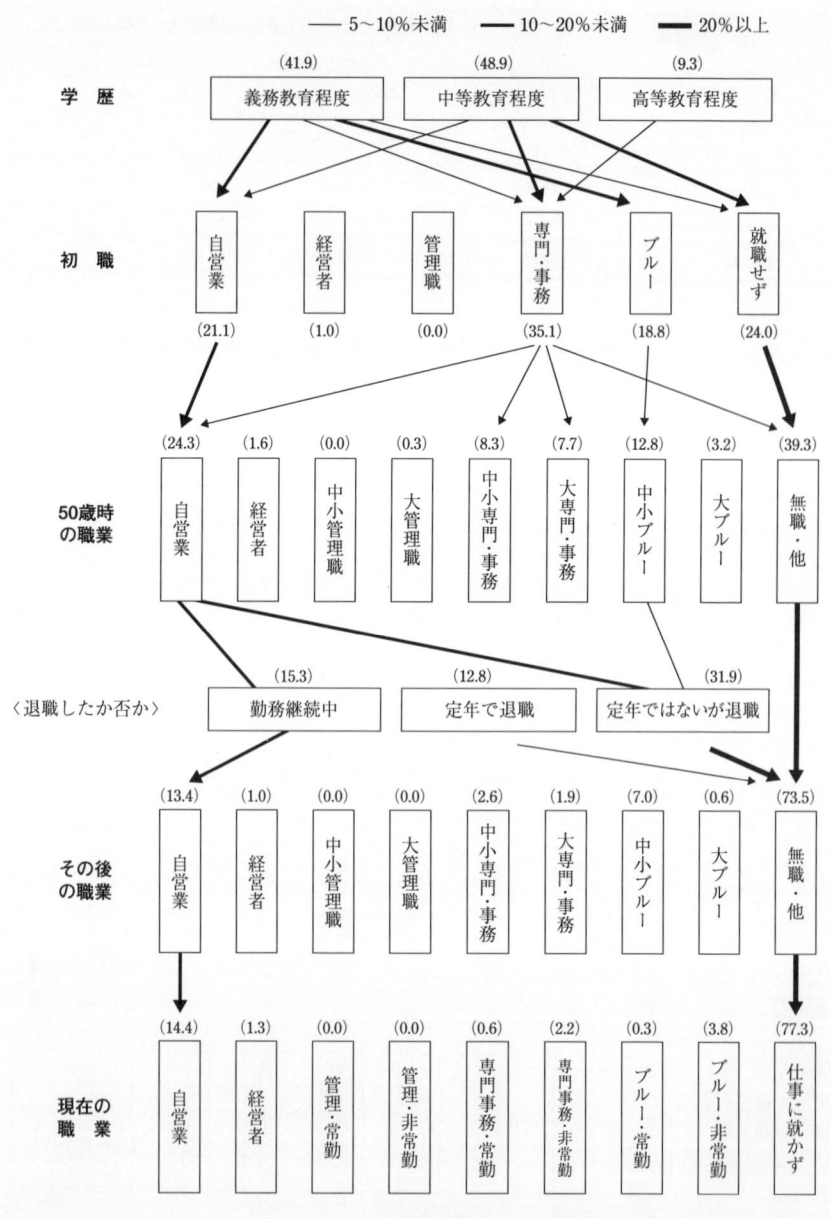

1部　高齢期の社会的不平等の諸側面

―― 5〜10%未満　―― 10〜20%未満　―― 20%以上

学歴
- 義務教育程度 (41.9)
- 中等教育程度 (48.9)
- 高等教育程度 (9.3)

初職
- 自営業 (21.1)
- 経営者 (1.0)
- 管理職 (0.0)
- 専門・事務 (35.1)
- ブルー (18.8)
- 就職せず (24.0)

50歳時の職業
- 自営業 (24.3)
- 経営者 (1.6)
- 中小管理職 (0.0)
- 大管理職 (0.3)
- 中小専門・事務 (8.3)
- 大専門・事務 (7.7)
- 中小ブルー (12.8)
- 大ブルー (3.2)
- 無職・他 (39.3)

〈退職したか否か〉
- 勤務継続中 (15.3)
- 定年で退職 (12.8)
- 定年ではないが退職 (31.9)

その後の職業
- 自営業 (13.4)
- 経営者 (1.0)
- 中小管理職 (0.0)
- 大管理職 (0.0)
- 中小専門・事務 (2.6)
- 大専門・事務 (1.9)
- 中小ブルー (7.0)
- 大ブルー (0.6)
- 無職・他 (73.5)

現在の職業
- 自営業 (14.4)
- 経営者 (1.3)
- 管理・常勤 (0.0)
- 管理・非常勤 (0.0)
- 専門事務・常勤 (0.6)
- 専門事務・非常勤 (2.2)
- ブルー・常勤 (0.3)
- ブルー・非常勤 (3.8)
- 仕事に就かず (77.3)

図1-6-2　女性の職業キャリア図

表 1-6-3　男性：50歳時本人の職業階層別にみた定年の状況（3分類）

50歳時本人の職業階層	定年の状況（3分類）			不明	合計
	勤続中	定年で退職	定年ではなく退職		
自営業（70人）	61.4%		38.6%		100.0%
経営者（30人）	43.3%	10.0%	46.7%		100.0%
中小管理（29人）	10.3%	48.3%	37.9%	3.4%	100.0%
大管理（46人）		63.0%	34.8%	2.2%	100.0%
中小専門事務（20人）	10.0%	60.0%	30.0%		100.0%
大専門事務（17人）	5.9%	82.4%	11.8%		100.0%
中小ブルー（33人）	15.2%	45.5%	39.4%		100.0%
大ブルー（17人）		82.4%	17.6%		100.0%
合　計	25.6%	38.5%	35.1%	0.8%	100.0%

ける／やめる」という経路，「義務教育・中等教育程度→自営業→仕事を続ける／やめる」という経路があり，さらに現在に至るまで就職した経験がないという回答も4分の1ほどある．そして，50歳の時点では無職者はほぼ4割に達し，さらに50歳当時に仕事を持っていた人も退職後は別の仕事につかず無職になる場合が多い．

4.　男性の職業キャリアと「有利」「不利」

上のような職歴のちがいは，具体的にどの程度の「有利」「不利」をもたらすことになるだろうか．

男性の退職前後からそれ以降の経済生活にかかわる要因について，やや詳しくみていこう．まず，表1-6-3は50歳時の本人の職業分類別にみた定年の状況（本人が回答したサンプル，有効262人）である．これをみると，職種および企業規模によってかなり顕著な差異が観察される．自営業者（家族従業員も含む）や経営者では現在も勤務を続けている人の割合がかなり高いのに対して，一般の雇用従業者層では定年で退職した人が多くなっている．さらに勤務していた企業の規模によっても，かなりのちがいが存在している．すなわち，大企業勤務者では，専門職・事務職でも現業のブルーカラー層でも定年まで勤め上げて退職するというパターンが80%を上回っているが，

中小企業に勤務していた回答者の場合にはこの比率がかなり低く,雇用延長などで引き続き勤続したケースも少なくない。

また,退職した際にいわゆる退職金を受け取ったか否かを調べたところ,ここでも職種,企業規模によりある程度の差異が観察された(表は省略)。すなわち,職種別でみると,自営業者や経営者では「制度がない」「非該当」などの回答が大半を占める(自営業者では「受け取った」という回答者はいなかった)のに対して,それ以外の雇用従業者においては「受け取った」が大多数である(後述の中小ブルーカラー層を除き75.9～100.0%)。しかし後者について企業規模に着目すると,やはり大企業に勤務していた人の「受け取った」割合が,中小企業に勤務していた人よりも全体にやや高めである。とりわけ,ブルーカラー層では中小企業勤務者の「受け取った」割合が39.4%ときわめて低く,「制度がなかった」と同率であった。この人びとの雇用の不安定ぶり,相対的不利がうかがえる。

そこで,退職金を受け取った回答者について,職業階層別,企業規模別に平均値を算出した。結果は,表1-6-4に要約されている。これをみると,管理職／専門職・事務職／ブルーカラーという職種によって退職金額にかなりの差が存在する一方,管理職を除けば企業規模による金額の差はあまりないようである。ただし,管理職経験者における企業規模の差が大きいこと,そして前に述べたように,中小ブルーカラー層ではそもそも退職金制度がなかったという人が少なからず存在していたことを念頭に置く必要があろう。

さらに,現在における夫婦の年間収入額の平均値が,回答者である男性の50歳当時の職業や勤務先企業規模とどの程度の関連をもっているかを調べたのが表1-6-5である。表をみると,職種,企業規模とも現在の年収に対し明らかに関連していることがわかる。すなわち,現在の経済状況は過去の履歴の産物であるという側面を確実にもっており,職種によって相当に大きな格差が生じている。そして,同じような職種であれば大企業に勤務していた回答者の方が,中小企業に勤務していた回答者よりも概ね多くの収入を得ている傾向がみられる。さらに,夫婦の公的年金受給額と夫婦年収に占める年金収入の割合についても,本人50歳時職業別に平均値を算出してみた。すると,現業部門のブルーカラーであった人びとを除き,雇用労働者であった

表 1-6-4　男性：受け取った退職金の平均額（万円）

	経営者	中小管理	大管理	中小専門事務	大専門事務	中小ブルー	大ブルー
	(6人)	(19人)	(35人)	(14人)	(12人)	(11人)	(16人)
平均額	2858.3	1443.2	2129.1	1349.3	1575.0	832.1	940.3
標準偏差	2204.6	995.8	1246.2	940.5	1011.6	1010.7	801.0

表 1-6-5　男性：現在の夫婦の年収・公的年金受給と本人の 50 歳時職業との関連

	回答者 50 歳時の職業							
	自営業	経営者	中小管理	大管理	中小専門事務	大専門事務	中小ブルー	大ブルー
	(57人)	(25人)	(26人)	(40人)	(18人)	(15人)	(28人)	(17人)
夫婦年収（万円）								
平均値	512.9	1307.5	615.9	695.3	461.1	563.3	279.9	283.8
標準偏差	545.6	1027.8	478.6	638.0	239.9	361.3	180.0	80.5
公的年金（万円）								
受給額	143.3	318.8	320.1	343.5	357.8	321.7	163.3	253.0
年収比	46.6%	43.9%	79.1%	73.7%	89.4%	70.6%	59.0%	65.1%

人びとは収入に占める公的年金比率が 70〜90% と高く，生計の主要な部分を公的年金に依存していることが明らかになった．一方，自営業やブルーカラー層は年金受給額もその年収比率も低く，年金以外の収入源（本人や配偶者の就労など）を維持して生計を営んでいる様子がうかがえる[3]．

以上のように，われわれのデータでは中小企業に勤務していた回答者（とりわけ現業部門で働いていたブルーカラー層）の相対的不利が浮き彫りになったが，それとはやや異なる分析も存在する．牧正英は，定年到達後も会社に引き続き留まる高年勤続者の特長として，「『短期勤続者』，『販売職・サービス職，管理職』，『小企業の定年到達者』といった職歴背景を持った者に比較的多くみられる．これに対して，（中略）退社者となる者の特長は，『長期勤続者』，『採鉱職，生産現場監督職』と『高度の技能者や専門職』，『大企業定年到達者』といった職歴背景をみることができる」（牧，1994，p.56）と，独自のデータにもとづき指摘した．さらに，「中小企業は表向きは定年が大企業より早いが，実際には定年を実施せず，働き続ける者が多い……．（中

表 1-6-6 女性：50歳時本人の職業階層別にみた定年の状況（3分類）

50歳時本人の職業階層	定年の状況（3分類）			合計
	勤続中	定年で退職	定年ではなく退職	
自営業（77人）	48.7%		51.3%	100.0%
経営者（5人）	60.0%		40.0%	100.0%
大管理（1人）			100.0%	100.0%
中小専門事務（26人）	7.7%	46.2%	46.2%	100.0%
大専門事務（24人）	4.2%	58.3%	37.5%	100.0%
中小ブルー（41人）	9.8%	19.5%	70.7%	100.0%
大ブルー（9人）		44.4%	55.6%	100.0%
合　計	25.8%	20.9%	53.3%	100.0%

略）今後，処遇活用面での問題として，……現在の大企業での年齢別選考が続くとすると，今後中高年齢労働者の雇用過剰感は4倍程度まで高まる，との説明は中高年労働者の企業外排出政策をより一層強めていくことになろう」（同書，pp.110-111），と述べている．表1-6-3でみたように，大企業に勤めていた人が退職後に勤続せず，また現在も完全に無職である傾向は，われわれのデータからも読みとれる．牧による指摘は，それが必ずしも当事者の本意ではなく，いわゆるリストラの深刻化，中高年勤労者の退職後の就労環境悪化という背景があることを示唆しているのである．

5. 女性の職業キャリアと「有利」「不利」

同じような分析を女性にも適用してみると何が明らかになるか．

表1-6-6は，男性の表1-6-3に対応しており，50歳時の本人の職業分類別にみた定年の状況（本人が回答したサンプル，有効182人）である．男性と比較すると，有効サンプル数がかなり少ないことをまず念頭に置かなければならない．これは，50歳当時に無職や専業主婦だったなどの理由により，多数の非該当ケースが出たためである．そのうえで有効サンプルについて職種別，勤務先企業規模別にみると，3分の1以上を占める自営業者（家族従業員を含む）で依然としてほぼ半数（48.7%）がまだ勤務を続けているのを別にすれば，50歳時に経営者だったごく少数の人を除く一般従業者の大半

がすでに退職している．そこで目につくのは，定年まで勤続した人の割合が概して男性よりもずっと低いことだろう．大企業の専門職・事務職であったグループ（24人）以外は，みな半数を下回っているのである．その意味で，職種間，企業規模間の差異は，中小企業勤務ブルーカラーのグループを別にすればそれほど顕著ではないといえるかもしれない．それよりもジェンダーによるキャリアのちがいの方が顕著なのである．

そして男性と同様に，退職した際にいわゆる退職金を受け取ったか否かも調べた（表は省略）．すると，自営業者や経営者は別にして，50歳時に一般従業員であった人の概ね70％が受け取っていると答えていた．ただし中小企業勤務ブルーカラー層は別で，受け取ったのは41名中の11名，率にして26.8％にすぎなかった．逆に「制度がなかった」という回答が24名（58.5％）にも達した．

さらに，退職金を受け取った回答者について，職業階層別・勤務先企業規模別に平均値を算出した．結果は，表1-6-7に要約されている．有効なサンプル数がかなり少なくなっており，データの信頼性に留保をつけなければならないが，男性の表1-6-4と比べ全体に金額が低い傾向にあることは読みとれる．すなわち，ここでもジェンダーによる格差が確認される．また，職種，企業規模による金額の差は男性の場合よりもかなり顕著にみられた．なかでも中小企業勤務ブルーカラー層では，ただでさえ受け取った人が少ないうえに，受け取った人でも平均金額が50万円あまりと，他のグループに比べて文字通り1桁少なくなっている．

そして，現在における夫婦の年間収入額の平均値が，回答者である女性の50歳当時の職業や勤務先企業規模とどの程度の関連をもっているかを調べたのが表1-6-8である．たいへん小人数のセルもあるため信頼性について留保せざるをえないが，男性対象者の表1-6-5に比べ，自営業や経営者を除く一般従業者であった回答者夫婦の年収が概してかなり低いこと（平均200万円代前半～300万円代前半くらい），職種による格差は顕著でないが，企業規模による差はありそうなこと，また企業勤務者であった人の現在収入における公的年金依存度が概して高いこと，等を読みとることができる．

このうち，男性対象者に比べ女性対象者の夫婦年収が低いことについては，

表 1-6-7 女性：受け取った退職金の平均額（万円）

	経営者 (0人)	中小管理 (0人)	大管理 (1人)	中小専門事務 (17人)	大専門事務 (13人)	中小ブルー (9人)	大ブルー (6人)
平均額	—	—	800.0	666.5	942.5	54.8	314.8
標準偏差	—	—	—	855.5	922.1	67.2	308.9

表 1-6-8 女性：現在の夫婦の年収・公的年金受給と本人の 50 歳時職業との関連

	回答者 50 歳時の職業							
	自営業 (57人)	経営者 (5人)	大管理 (1人)	中小専門事務 (21人)	大専門事務 (19人)	中小ブルー (29人)	大ブルー (10人)	無職・主婦 (103人)
夫婦年収（万円）								
平均値	540.1	842.5	250.0	232.1	327.6	241.8	375.0	439.6
標準偏差	972.2	509.0	—	160.0	170.7	140.8	326.4	529.1
公的年金（万円）								
受給額	126.1	141.6	230.0	179.0	245.3	166.0	186.3	214.0
年収比	58.7%	21.8%	92.0%	77.5%	80.9%	75.0%	72.7%	79.6%

女性対象者の既婚率の低さがかなり影響していると思われる．50歳時職業がわかる有効ケース311人のうち，既婚者は136人（43.7%）にすぎず，夫とすでに死別している人がほぼ同数の135人（43.4%）に達しているほか，未婚者や離婚者もそれぞれ26人，14人あった．すなわち，半数以上の対象者の年収は夫婦でなく本人単独の年収になっているのである．これに対して男性対象者では有効262人中217人（82.8%）が既婚であるため，夫婦単位で受給する公的年金受給額などにおいて，単身者の多い女性回答者よりも平均値がかなり高くなっている．

また，この表で最も興味深いのは，50歳当時に無職ないし専業主婦だったと回答した女性の現在の夫婦年収が，一般従業員として働いていた女性の現在の夫婦年収よりも平均的にかなり高いことである．おそらくこれは現在だけのことでない．現役時代でも夫が相対的に高所得だったために，彼女らは外に出て働く必要がなかったのであろう．逆に一般従業者として働いていた女性たちは，それが家計を維持するのに不可欠だったからだと思われる．

6. 女性における結婚の状況と「有利」「不利」

　以上、ここまでは職業キャリアを中心に「有利」「不利」の階層間格差をみてきた。結果としては、とりわけ男性回答者について、現役時の職種によっても従業先の規模によっても、今の経済状況が異なっていることが確認されたといえるだろう。しかも、図1-6-1、図1-6-2に示されたように、キャリアの初期段階から退職までについて、ある程度のパターンないしコースのようなものが存在していることがわかる。それは、二重労働市場論などのモデルが妥当する部分である。そこで見出された格差は、老後の経済生活にも色濃く反映している。

　もちろん、以上は分析すべき対象の一部を記述したにすぎない。上のようなコースとは異なる経路を辿った人びとも多数存在するからである。とりわけ、前節までで確認したように、女性については別の視点からの考察が不可欠である。彼女たちのキャリアは、配偶者を抜きにしては理解できない。現役時代に有職だった女性は、全体に事務職あるいは自営業（家族従業員）に大別される傾向がみられ、企業の職業階梯の中間ないしそれ以下に多くが位置付けられていた。なかでも、中小企業ブルーカラー的職業に従事する女性が労働市場の底辺部分に位置していたといってよい。そしてむしろ、職をもたない専業主婦層のほうが、夫が退職した（さらに、夫と死別した）現在にあっても、相対的に経済的にゆとりある生活を享受しているようにみえる。

　このことは、女性のキャリアを考えるにあたり、「結婚により獲得される配偶者の経済社会的地位」の規定力の大きさを再確認させるものである。逆にいうと、何らかの理由（未婚、離婚あるいは配偶者と早期に死別したなど）によりこのような地位を獲得しなかった場合には、高齢期にいたりかなりの「不利」を被るリスクが高いことになる。

　この節では女性高齢者に特有の社会的不利について、もう少しデータによる補強を試みることにする。次の表1-6-9は、配偶者のいる（いた）女性について、本人が働いたことがあるか否かと夫が50歳の頃の職業をクロスしたものである。夫が自営業・自由業、経営者などである場合を除いたために、有効ケース数は118人と必ずしも十分な数ではないが、それでも表をみれば、

表 1-6-9 妻（本人回答）が働いたことがあるか否か別にみた，一般従業員の夫の 50 歳時職種の構成

妻（本人回答）が働いたことがあるか否か	一般従業員の夫の 50 歳時職種					
	中小管理	大管理	中小専門事務	大専門事務	中小ブルー	大ブルー
ない	7.1%	33.3%	4.8%	31.0%	7.1%	16.7%
ある	9.2%	13.2%	18.4%	19.7%	25.0%	14.5%
合計	8.5%	20.3%	13.6%	23.7%	18.6%	15.3%

これまで働いたことのない妻たちの夫には大企業の管理職や大企業の専門職・事務職だった人が相対的に多いという傾向を明らかに読みとることができる．専業主婦というのは，そのイデオロギー化されたイメージがどのようなものであれ，実際には豊かで生活の安定した世帯のものであることが今回のデータからもうかがえる．そこで，これまでとは少し見方を変えて，女性の結婚上の地位別に生活状況を記述してみよう．具体的には，未婚の女性（有効 28 人）および離婚を経験した女性（有効 16 人）の「不利」の程度を現在も夫が顕在である既婚女性（有効 146 人）と比較してみる．すでに夫と死別しているケースもかなりある（155 人）が，いつ死別したかがわからないこともあり，ここでは考察に入れないことにする．また，未婚，離別とも有効ケース数が少なく母集団の推定が難しいため，このサンプルの範囲内で特徴を記述していきたい．

　表 1-6-10 は，その概要をまとめたものである．これをみると，未婚女性や離婚を経験した女性は，既婚女性に比べ，とりわけ現在の所得状況において不利な状況にあることがわかる．この人びとは現役時代にほとんどがなんらかの職業を経験し自らの生計を支えてきたわけだが，受け取っている公的年金の額をみると既婚女性の世帯が受給している額の半分くらいにしかならない．既婚女性の約 4 分の 1 は生涯就職した経験がないにもかかわらず，である．また，この 3 グループの女性は学歴や職種などにおいても顕著な差はないようなので，現在の経済生活における差異はかなりの程度，本人の結婚の状況によって説明できてしまう．

表 1-6-10　女性の結婚上の地位別にみた生活状況

	未婚女性（28人）	離婚経験女性（16人）	既婚女性（146人）
学　歴	義務教育……12人 中等教育……13人 高等教育…… 2人	義務教育……7人 中等教育……9人 高等教育……0人	義務教育……58人（39.7%） 中等教育……74人（50.7%） 高等教育……14人（ 9.6%）
職　業	ほとんど（26人）が職歴あり．「就職経験なし」の回答者は1人のみ． 初職は半数（13人）が一般事務職，あとは自営業，ブルーカラー的職業など． 現在はフルタイム勤務者5人，非常勤3人．無職者は20人．	ほとんど（14人）が職歴あり．「就職経験なし」の回答者は1人のみ． 初職は3人が一般事務職，2人が専門職，ブルーカラー的職業6人，自営業3人など． 現在はフルタイム勤務者3人のみ，非常勤2人．無職者は11人．	「就職経験なし」は39人（26.7%）．初職は39人（26.7%）が一般事務職，ブルーカラー的職業26人（17.8%），自営業20人（13.7%）など． 現在はフルタイム勤務者24人（14.4%）のみ．うち21人が自営業．無職者は115人（78.8%）に達する．
現在の 所得状況	・平均年収額 　個人　229.81万円 　世帯　274.48万円 ・世帯で受給している年金額の平均（有効25人）：135.0万円	・平均年収額 　個人　193.27万円 　世帯　288.54万円 ・世帯で受給している年金額の平均（有効14人）：101.4万円	・平均年収額 　夫婦　541.67万円 　世帯　624.72万円 ・世帯で受給している年金額の平均（有効113人）：249.6万円
現在の 住宅状況	土地付持家　11人 借地持家　4人 公団・公営住宅　3人 民間借家　8人 給与住宅　1人 その他　1人	土地付持家　4人 借地持家　3人 公団・公営住宅　4人 民間借家　5人（間借り1人を含む）	土地付持家　97人（66.4%） 借地持家　23人（15.8%） 公団・公営住宅　16人（10.9%） 民間借家　8人（ 5.5%） 給与住宅　2人（ 1.4%）

7. 結論：職業キャリアと高齢期の階層的分化の背後にあるもの

　本章では，主として職業キャリアの側面から高齢期の社会・経済生活上の分化を検討してきた．この作業を通して見えてくるのは，「標準的な」，あるいは「まっとうな」キャリアを形成することの個人的重要性，とでもいうようなものである．

　男性の場合，それは安定した職業生活を意味する．具体的には，学卒後に大企業に就職し定年まで勤め上げるという，今ではその動揺が声高に指摘さ

れている「終身雇用」のキャリアである．現在の高齢世代男性においては，一定規模以上の大企業に雇用された人びとの多くが，このキャリアを経験している．もうひとつの安定的なキャリアは，自営業として継続的に働き続けることである．これに対して二重化された労働市場の負の側には，不安定な雇用のもとで流動する人びとがいる．この人たちは現役時代にも相対的に不利な状況下にあるが，退職金や老後の経済生活においても，やはり不利が継続するのである．

女性の場合，「標準的な」キャリアは職業よりもむしろ結婚にある．すなわち，結婚して家族を形成し，夫の稼得収入にゆとりがあれば主婦となり，そうでなければ自らも補助的に働く．あるいは，夫とともに家業を営む．職業キャリアは独立変数というよりも，むしろ結婚の従属変数なのである．これに対して，未婚あるいは離婚により独立変数として職業生活を営まなければならなかった女性は，そのような現役時の不利のみならず，老後の経済生活においても依然として不利であり続ける傾向が観察される．

「標準的な」，「まっとうな」キャリアはなぜ有利であり，そうでないキャリアはなぜ老後にいたっても依然として大きく不利なのだろうか．

これに対しては，個人レベルと社会レベルの両方から考察する必要がある．

個人レベルにおいては，職業的経験が累積的に作用するキャリアとそうでないようなキャリアが区別される．「標準的な」「まっとうな」キャリアは前者であり，そのなかでは経験を積むほど地位も上昇し，金銭的報酬も増加する．これとは反対に，職業的経験が累積的に作用しないようなキャリアを経た場合には，そのような累積的効果も期待できない．

この上に社会レベルの作用が働く．たとえば，企業に雇用されている勤労者にとって，現行の公的年金システムは基礎年金（国民年金）部分と報酬比例の厚生年金により構成されており，大企業などにおいてはさらにその上に企業年金が上乗せされている．この基礎年金部分と報酬比例年金部分の割合をどのように設定するかは，重要な政治的論点になりうるイッシューであり，福祉国家によって異なる選択が可能であろう．基礎年金部分を厚くすれば平等主義に，報酬比例部分を厚くすれば実績主義に傾く．そして，老後の経済状況に存在する格差のなかで公的年金がかなりの重みをもつことに鑑みれば，

按分に関する政治的選択のもつ意味も大きいことになる。現役時の格差が老後生活においてもかなりの程度再生産されていることからすれば，日本の高齢者に対する富の配分システムはそれだけ実績主義的と判断できるであろう．

また，公的年金システムは，高齢女性の経済生活における有利・不利にもかなりの程度作用すると考えられる．いわゆる第3号被保険者である専業主婦の妻は，保険料の支払いを免除されながら，夫の現役時の収入実績に応じた年金の妻分を受けることができる．当然，夫が高収入であったら夫婦で受け取る年金額も多くなる．その結果，現役時の所得が低かったために年金額も低くなりがちな未婚女性，離婚女性よりも専業主婦の方が有利になってしまうことも少なくないのだ．ここでは，個人よりも夫婦を単位として構築されている公的年金システムが，老後の経済・社会生活における有利・不利を専業主婦に有利な方向で再生産するように作用していることがわかる．

このようにみてくると，今の高齢者の間に観察される社会的有利・不利の問題は，一方では当人の職業キャリアや結婚経験などのライフコースの所産と位置づけられる．そして他方では，上にみた公的年金をはじめさまざまな社会保障の制度が有利・不利に対して介入し，その構造を維持・再生産・変容させていくのである．「標準的」「まっとうな」キャリアは，このようなメカニズムにより正統化され，かつそうでないキャリアに比べて現実的なメリットを享受していると考えられる．

要するに，老後生活における有利・不利を検討するにあたっては，問題を単に任意の一時点における諸個人間の格差に還元して記述するのでなく，それら諸個人の履歴など時間の次元を組み込んだ分析，そして国家や地方自治政府による福祉国家的な政策の効果に関する分析などを有機的に組み合わせて考察すること[4]が不可欠なのである．

本章における分析は，社会的有利・不利の現状記述としてこの有機的考察の初発段階をなすと同時に，記述された現実の方はまさに上記の複合的作用の所産と解釈されるべきなのである．

1) 定年に到達した高齢者のその後の就業実態や生活状況に関しては，「定年到達者等の就業と生活実態に関する調査研究会」による一連の調査研究が規模，

質量ともに豊富で，充実している．定年到達者等の就業と生活実態に関する調査研究会（1993, 1996）参照．ただし，同調査研究の問題設定や調査設計がわれわれの調査とは異なっており，対象者も圧倒的に男性に偏っているため，残念ながら数値の直接比較などは困難である．

2) 表1-6-2にほぼ相当する高齢者の現職分類が東京都の『高齢者の生活実態 平成7年度』に掲載されている．母集団は都内に在住する65歳以上の高齢者で，それによれば，「働いていない」男性（65歳以上）は59.2%，同じく「働いていない」女性は89.1%と，いずれもわれわれのデータよりもやや高い比率になっている（表は省略）．しかし，全体としては両方のデータにおける職業分布は概ねよく類似している．また，男女別に個人年収を算出すると男性が389.4万円（有効ケース数3786人），女性が145.5万円（有効ケース数4574人）となり，われわれのデータで同じものを計算した値（男性406.0万円，女性342.0万円）と比較すると，男性の方はほぼ同じ，女性は都のデータがかなり低い結果になっている．ただし，収入カテゴリーの切り方のちがい，あるいは母集団そのものの微妙なちがいなどを考慮するならば，全体として両データはかなり比肩しうるものであり，また調査の実施時期も近い．これらの結果は，われわれのデータの代表性を補強するものであろう．

3) ブルーカラー層についてより詳述すると，50歳時の勤務先が大企業であった男性回答者17人中14人までが現在は無職である（残り3人はパート就労中）のに対して，中小企業であった男性回答者で現在無職である者は33人中の15人（45.5%）にすぎず，残りはパート（10人），常勤（7人），個人営業（1人）であった．なお，われわれが本調査をおこなった1996（平成8）年実施の『賃金センサス』によると，65歳以上パート就労者の平均時給は，男性1095円，女性886円である．これにもとづき1日の実労働時間数，月当たり実労働日数，年間賞与等を勘案して年収を試算すると，男性は約180万円，女性は約134万円となる．

4) 福祉国家の体制や諸政策が社会階級の付置状況に大きなインパクトを及ぼしうることは，Esping-Andersen（1990, 1999）がつとに強調しているところである．

文献

Esping-Andersen, G., 1990, *The Three Worlds of Welfare Capitalism*, Princeton University Press.（岡沢憲英・宮本太郎監訳，2001，『福祉資本主義の三つの世界——比較福祉国家の理論と動態』ミネルヴァ書房）．

Esping-Andersen, G., 1999, *Social Foundations of Postindustrial Economies*, Oxford University Press.（渡辺雅男・渡辺景子訳，2000，『ポスト工業経済の

社会的基礎——市場・福祉国家・家族の政治経済学』桜井書店).
牧正英, 1994, 『高齢化社会と労働問題——職場組織活性化の研究』恒星社厚生閣.
労働省政策調査部編, 1997, 『賃金センサス　平成8年賃金構造基本統計調査』第3巻, (財)労働法令協会.
定年到達者等の就業と生活実態に関する調査研究会, 1993, 『定年到達者等の就業実態に関する調査研究報告書』Ⅰ・Ⅱ, (財)高年齢者雇用開発協会.
定年到達者等の就業と生活実態に関する調査研究会, 1996, 『定年到達者等の就業と生活実態に関する調査研究報告書——中間報告——』(財)高年齢者雇用開発協会.
東京都, 1996, 『高齢者の生活実態　平成7年度』.

2部
総合的分析と政策論

1章 消費社会における貧困研究の視点

柴田　謙治

　本章は,「1部　高齢者の社会的不平等の諸側面」の「4章　低所得と生活不安定」で示した調査結果のもつインプリケーションについて考察する,解答編である.

　本章では第1に,「1部　高齢者の社会的不平等の諸側面」の「4章　低所得と生活不安定」でなぜ「低所得層」を析出できなかったかを,第2に,消費社会が「貧困の基準」にどのような影響を与え,公的扶助基準等を応用した高齢期の生活問題の把握を困難にしたかを説明したい．そして第3に,高齢期を含めた今日の生活問題を説明する概念である「潜在的不安定性」について,言及したい．

1. なぜ社会階層で「低所得」を把握しにくくなったか
　　——生活の社会化と貧困の基準

(1) 「それぞれの階層が生活に追われる」時代への転換と「生活の社会化」論

　1部4章では,調査対象の中で特定のメルクマールを用いて「低所得層」という社会階層を析出することは難しかった．その背景には,特定の社会階層に顕著な低所得や生活の不安定をもって「貧困な階層は生活が苦しい」と言えた時代から,「それぞれの階層が生活に追われる」時代への転換がある[1]．川上昌子は,高度成長期における雇用の拡大と耐久消費財の普及のような物的生活水準の上昇,家計支出の構造の変動によって,意識や生活構造の枠組みが「中流」的で,生活の不安定性を内蔵した「低所得・不安定層」が生み

出されたと指摘し,「低所得・不安定層」はかつての貧困層プール理論のように独自の階層を形成するのではなく,それぞれの社会階層の内部に固定化され,潜在化したため,貧困が見えにくくなったと述べている（川上,1987a, p. 213）.

この「それぞれの階層が生活に追われる」時代を説明するには,江口英一たちの「生活の社会化」論が有効である.「生活の社会化」とは,地域における共同生活財の発展や生活財の商品化,社会保障や社会サービスの発展を背景として,私的で個人や家族の自由に委ねられるはずの「生活」が社会的に規定されるようになることであり,後掲表2-1-3の「勤労者世帯平均」をみても,個人や家族の自由に基づく私的な支出にあたる「個人的再生産費目」は実支出の19.6％に過ぎず,個人よりも社会の標準や習慣によって規定される「社会的強要費目」が38.2％,住宅や教育,医療などの生活基盤の確保にかかわる「社会的固定費目」が21.9％,「税金,社会保障負担」が20.2％を占めている.また,土地やそれ以外の高価な買い物のローンの返済にあてる「実支出以外の支出」が支出総額の28.2％を占めることも,無視できない.

そして高度成長期から低成長期にかけて,「第Ⅰ五分位階層」に属する収入が低い世帯でも食費や家賃地代,家具什器費,交際費,教養娯楽費,社会保障負担費など多くの費目で他の階層との格差が縮まり,生活が標準化されたが,平均と比べると「人なみの支出」をしなければならない社会的強要費目と社会的固定費目の割合が高くなり,教育費や仕送り金,土地家屋借金返済,貯金などの「実支出以外支出」の比率で他の階層との格差がみられるようになった.庶民は経済の低成長に,ローンによる借金依存型の収入構造を強化して適応したが,社会的固定費目や税金,社会保障負担を総合した「社会的強制費目」が社会的強要費目への支出を圧迫し,「中流」から「ずれ落ち」る現象もみられている（金澤,1998, pp. 224, 233-237）.

1部4章で示した高齢者の生活実態が,かつての江口英一たちのような緻密な作業による「低所得層」の析出と生活問題の実証につながりにくかった背景には,上述のような「貧困層以外の階層も,『人なみ』の支出やローンの返済,老後に備えた貯蓄に追われている」時代への転換がある.そして高

表 2-1-1 「控え目にして適切な」生計費の品目

含まれている品目の例示	除外された品目の例示
ベーシックなデザインで,大量生産による家具,織物,設備	骨董品,手工芸や高価な調度品
処方箋代,歯科診療,視力検査	眼鏡,民間の医療機関による診療
冷凍冷蔵庫,洗濯機,電子レンジ,ミキサー,ミシン	回転式乾燥機,シャワー,電気毛布
ベーシックな衣料品,常識的なデザイン	中古品,デザイナー・ブランドや高度にファッショナブルな衣料品
テレビ,ビデオの使用料,基礎的な音響機器,カメラ	子ども用のテレビ,コンパクト・ディスク,ビデオカメラ
中古(5年間使用)自動車,中古の成人用自転車,新品の子ども用自転車	二台目の自動車,自動車で牽引するキャンプ用家屋,キャンプ用品,マウンテンバイク
基礎的な宝石,時計	高価な宝石
基礎的な化粧品,調髪	香水,パーマ
アルコール(上限あり)	タバコ
1年間に1週間の休日	休日を海外で過ごす
散歩,水泳,サイクリング,サッカー,映画鑑賞,1年おきのパントマイム鑑賞,青少年クラブ,ボーイ/ガール・スカウトへの参加や指導	釣り,海や湖,川でのスポーツ,乗馬,創造的あるいは教育的な成人学級への参加,子どものバレエや音楽のレッスン

原資料:*Social Policy Research Findings*, No. 31, Joseph Rowntree Foundation, November 1992, derived from J. Bradshaw, et al., *Summary Budget Standards for Six Households*, Family Budget Unit, 1992.
Carey Oppenheim and Lisa Harker, *Poverty—the Facts*, 3rd edition, CPAG Ltd., 1996, p. 42 より作成.
出所:柴田謙治,1997,「イギリスにおける貧困問題の動向──『貧困概念の拡大』と貧困の『基準』をめぐって」国立社会保障・人口問題研究所編『海外社会保障情報』118号,p. 11.

齢期の生活とそれ以前の生活の共通点と相違をふまえつつ,主に家計調査を用いて得られた「生活の社会化」論の知見を,相対的剥奪にかかわる本プロジェクトでどのように活かせばよいのかまでは,残念ながら結論が得られなかった.

(2) 「それぞれの階層が生活に追われる」時代に低所得の基準はどのくらいになるか

江口英一は1998年に,全物量積み上げ方式を用いて,生活基盤や社会保障・社会福祉制度などを利用する可能性や享受する度合いが低く,今日的な生活様式や生活水準よりも低位な階層の最低生活基準である「最低基準生活

費」を，高齢者単身世帯が1カ月14万3814円，高齢者夫婦世帯が20万9612円であると推計した．これを単純に12倍して年収に直すと，高齢者単身世帯が172万5768円，高齢者夫婦世帯が251万5344円であり，1部3章で塚原康博が示した生活保護の東京都基準と大きなへだたりはなく，公的扶助の基準を用いた貧困の測定結果と，「最低基準生活費」を用いた貧困の測定結果もほぼ一致することになる．そして生活基盤や社会保障・社会福祉制度などを享受する度合いや，今日的な生活様式と生活水準が標準のレベルに達している階層の最低生活基準である「最低標準生活費」は，民間借家の単身高齢者で1カ月23万6269円，同じく民間借家の高齢者夫婦世帯が34万5099円であり，これを単純に12倍して年収に直すと，高齢者単身世帯が283万5228円，高齢者夫婦世帯が414万1188円となる（江口，1998, pp. 281-287）．

　問題は，単身高齢者の最低基準生活費に該当する年収172万5768円や最低標準生活費に該当する283万5228円，生活保護の一般基準に該当する年収127万円，東京都基準に該当する年収176万円といった基準を，高いと判断するか低いと判断するかである．収入が必要を充足できないほど低ければ貧困といっても，「必要」について「食べるものにこと欠かない」という昔ながらの貧困のイメージをもつ人は，上のような数字について貧困の基準としては金額が高すぎると感じるかもしれないし，東京の家賃や物価の高さに配慮すると，控え目な水準で貧困や低所得の基準を設定しても結局上の基準のように金額がかさんでしまうと指摘する人もいるであろう．

　この問題の本質を正しく理解するためには，上のような金額が貧困の基準として高いか低いかを判断する前に，「なぜ今日の貧困や低所得の基準が高くなってしまうのか」という，貧困や低所得の基準が上昇するメカニズムを理解する必要がある．

2. 「生存水準」と「社会的慣習的水準」の乖離
──消費社会における貧困・低所得の基準

(1) 貧困・低所得の基準の上昇と「生存水準」と「社会的慣習的水準」の乖離

「貧困や低所得の基準」の設定は，食費を中心におこなわれてきた．ロウントリー(Benjamin Seebohm Rowntree)は1899年におこなった貧困調査において，「その総収入が，単なる肉体的能率を維持するために必要な最小限度にも足らぬ家庭」を第1次的貧乏と名づけ，単なる肉体的能率を維持するために必要な支出を「食物」「家賃」「家庭雑費」という費目によって推算した．食物については，1日3500カロリーと蛋白質125グラムあれば「ふつう程度の肉体労働」に従事する成人男性の肉体的な再生産が可能であるという栄養科学の知見にもとづいて，最も安価にそれだけの栄養値を摂取できる食物の量と価格によって推算し，家賃については調査地における住居の平均コストを，家庭雑費については「絶対に必要なもの（絶対になしではすまされないもの）を最も安く入手するといくらになるか」という質問の結果を用いて「貧困線」を設定した．この段階では，たとえば成年男子と成年女子に子どもが3人いる世帯のエンゲル係数は59.2%と，食費のような生存に関わる費目が大半を占め，家賃や雑費のような社会的慣習的水準によって影響を受けやすい費目の比率は高くはなかった（Rowntree, 1901=1975, pp. 98-125）．日本の生活保護制度でも，ラウントリーのマーケット・バスケット方式は1948年から採用されたが，高度成長期に上昇しはじめた食費以外の費目を低く推算してしまうという限界のため1961年からエンゲル方式がとられるようになり，1965年からは格差縮小方式，1974年からは水準均衡方式へと推移していった（ここでは「月」ではなく「年度」で表記している）[2]．

この貧困線の上昇の過程で，最低生活費における生存水準にかかわる費目と社会的慣習的水準にかかわる費目の比重も変わった．たとえば江口英一，高野史郎，松崎久米太郎らが1975年に公表した調査結果によると，失業対策事業就労世帯のエンゲル係数は，神奈川で48.1%，東京で44.6%であっ

表 2-1-2 「控え目にして適切な」基準生活費と所得補助，平均所得の 50％未満の貧困線[1] との比較

(単位：£，週あたり，1995 年価格による[2]．1£ ＝188 円)

費目	単身者	夫婦	母親と 2 人[3]の子ども	2 人の子ども[3]がいる夫婦
住宅費（借家）	36.46 (21)	34.68 (15)	47.82 (15)	47.82 (16)
地方税	5.46 (3)	7.27 (3)	6.37 (2)	6.37 (2)
燃料費	6.01 (4)	8.63 (4)	15.21 (5)	15.21 (5)
食料費	28.98 (17)	42.65 (18)	41.52 (13)	41.52 (14)
酒代	8.75 (5)	15.00 (6)	6.25 (2)	6.25 (2)
タバコ代	0.00 (0)	0.00 (0)	0.00 (0)	0.00 (0)
被服費	7.21 (4)	15.43 (6)	23.64 (7)	23.64 (8)
福祉サービス	4.05 (2)	9.55 (4)	8.29 (3)	8.29 (3)
耐久消費財	9.28 (5)	14.30 (6)	23.61 (7)	23.61 (8)
家事サービス	4.15 (2)	5.97 (3)	4.51 (1)	4.51 (2)
自動車費	37.29 (22)	37.32 (16)	37.84 (11)	0.00 (0)
手数料等	3.52 (2)	5.88 (2)	5.60 (2)	12.00 (4)
教養娯楽品	6.41 (4)	8.76 (4)	15.69 (5)	15.69 (5)
教養娯楽サービス	12.36 (7)	23.69 (10)	13.49 (4)	13.49 (5)
児童ケア費，ベビーシッター代[4]	0.00 (0)	0.00 (0)	71.83 (22)	71.83 (24)
労働組合費	1.35 (1)	2.68 (1)	1.31 (0)	1.31 (0)
ペット費	0.00 (0)	3.77 (2)	6.23 (2)	6.23 (2)
借家人分合計	171.28 (100)	235.58 (100)	329.51 (100)	298.07 (100)
住宅費分支払い後[5]	134.82	200.90	281.69	250.25
「所得補助」の貧困線	46.50	73.00	93.85	115.15
「控え目にして適切な」基準のうち「所得補助」で充足できる割合	34％	36％	33％	46％
「平均所得の 50％」の貧困線	65.00	118.00	113.00	166.00
「控え目にして適切な」基準のうち「平均所得の 50％」で充足できる割合	48％	59％	40％	66％

原注：1) 住宅費支払い後．
2) 「控え目にして適切な」基準生活費は，1995 年の小売価格指標に基づいて改訂された．
3) 4 歳と 10 歳．
4) 全員が支出するとは限らない，児童ケアの費用を含む．
5) 住宅費は住宅費支払い後の貧困線との比較のために除外されている．
Carey Oppenheim & Lisa Harker, *Poverty : The Facts*, 3rd edition CPAG Ltd., 1996, p. 43 より作成．

出所：表 2-1-1 と同じ．p. 12.

た（社会保障研究会，1975，p. 8）．しかし江口が算定した前述の最低基準生活費では，単身高齢者世帯のエンゲル係数は 20.4%，高齢者夫婦世帯では 37.7% に過ぎず，最低標準生活費（民間借家の場合）におけるエンゲル係数は単身高齢者世帯で 12.8%，高齢者夫婦世帯で 19.0% とさらに低くなっている（江口，1998，p. 284）．またイギリスでブラッドショウ（Johnathan Bradshaw）たちが表 2-1-1 に基づいて設定した貧困の基準（表 2-1-2 を参照）でも，エンゲル係数は 13 から18% であった．

江口英一が 1972 年に，東京都中野区において生活保護基準以下の世帯の把握を試みて，26.2% が公的な貧困線以下であるという結果を公表し，高梨昌ならびに高山憲之によって過大な推計という批判を受けたのは，上述のような生活保護基準という公的な貧困線が上昇し，費目ごとの比重が変動する時期であった（川上，1987 b，p. 34）．そして筆者は，後づけ的にではあるが，この問題は「貧困線が上昇するなかで『生存水準』と『社会的慣習的水準』が乖離してきたことによる現象」として認識すべきであったと考えている．生活保護制度の最低生活費が，生存水準にかかわる費目を中心に設定されていた段階には，最低生活費以下の世帯を「貧困」であると評価しても異を唱える人は少なかったが，それが社会的慣習的水準にかかわる費目によっておしあげられると，「この金額以下では必要を充足できない」から貧困だといわれても，「食べるものにこと欠かない」という生存水準のイメージと乖離するため，貧困の基準としては高すぎると主張する人が現れるのである．

筆者も 21 世紀になってエンゲル係数という伝統的な数値を用いるとは思わなかったが，少なくとも，今日の貧困や低所得の基準の上昇は，生存水準にかかわる費目よりも社会的慣習的水準にかかわる費目によるものであることと，貧困や低所得の基準も「生存水準」を前提とした場合と「社会的慣習的水準」を前提とした場合では乖離が生じることは理解できる．それでは，貧困線を上昇させる「社会的慣習的水準」は，今日ではどのような性格をもつのであろうか．

表 2-1-3 低所得世帯

	A 勤労者世帯平均				B 勤労者世帯	
	実数	%	%	%	実数	%
支出総額（A）	1,045,240				626,774	
支出総額（B）	610,380	100.0			343,548	100.0
実支出	438,307	71.8	100.0		272,144	79.2
消費支出	349,663	57.2	79.8	100.0	233,854	68.1
「Ⅰ個人的再生産費目」	86,085	14.1	19.6	24.6	63,055	18.4
食　費	65,000	10.6	14.8	18.6	50,668	14.7
被服費	21,085	3.5	4.8	6.0	12,387	3.6
「Ⅱ社会的強要費目」	167,519	27.4	38.2	47.9	101,434	29.5
①グループ	36,395	6.0	8.3	10.4	24,933	7.3
家具・什器	13,040	2.1	3.0	3.7	8,290	2.4
自動車関係費	23,355	3.8	5.3	6.7	16,643	4.8
②グループ	131,124	21.5	29.9	37.5	76,501	22.3
交際費	30,819	5.0	7.0	8.8	18,146	5.3
教養娯楽	33,221	5.4	7.6	9.5	19,292	5.6
外　食	13,947	2.3	3.2	4.0	9,108	2.7
諸雑費	53,137	8.7	12.1	15.2	29,955	8.7
「Ⅲ社会的固定費目」	96,060	15.7	21.9	27.5	69,365	20.2
家賃地代	15,551	2.5	3.5	4.4	22,349	6.5
設備修繕	7,862	1.3	1.8	2.2	3,447	1.0
保健医療	9,334	1.5	2.1	2.7	7,924	2.3
光熱水道	19,551	3.2	4.5	5.6	16,022	4.7
交通通信	15,168	2.5	3.5	4.3	10,105	2.9
教育費	18,467	3.0	4.2	5.3	7,861	2.3
仕送り金	10,127	1.7	2.3	2.9	1,657	0.5
非消費支出						
「Ⅲ′税金・社会保障負担」	88,644	14.5	20.2		38,290	11.1
所得税・その他の税	44,492	7.3	10.2		12,979	3.8
社会保障負担	43,982	7.2	10.0		25,198	7.3
その他	170	0.0	0.0		113	0.0
実支出以外支出	512,956				273,201	
（　〃　）	172,072	28.2			71,404	20.8
「Ⅰ′掛買払」	11,831	1.9			5,706	1.7
「Ⅱ′月賦払」	9,110	1.5			7,105	2.1
「Ⅲ″」	34,760	5.7			15,445	4.5
土地家屋借金返済	29,572	4.8			11,557	3.4
他の借金返済	5,188	0.8			3,888	1.1
「Ⅲ‴」	457,255				244,946	
（　〃　）	116,371	19.1			43,149	12.6
貯　金	387,627				212,789	
（　〃　）	46,743	7.7			10,992	3.2
保険掛金	44,494	7.3			25,161	7.3
財産購入	21,337	3.5			5,790	1.7
その他	3,797	0.6			1,206	0.4
繰越金	93,977				81,429	

原資料：A，B，Cは，『総務庁平成7年家計調査年報』より作成。Dは，厚生省「平成5年度被保護者生活実
出所：金澤誠一，1998，「低所得層の生活実態」江口英一編著『改定新版　生活分析から福祉へ――社会福

の家計支出構造

第Ⅰ五分位階層		C 母子世帯（母親と18歳未満の子供）				D 被保護世帯平均	
%	%	実数	%	%	%	実数	%
		498,012					
		271,397	100.0				
100.0		228,598	84.2	100.0			
85.9	100.0	203,600	75.0	89.1	100.0	160,068	100.0
23.2	27.0	53,527	19.7	23.4	26.3	66,975	41.8
18.6	21.7	40,201	14.8	17.6	19.7	56,902	35.5
4.6	5.3	13,326	4.9	5.8	6.5	10,073	6.3
37.3	43.4	79,563	29.3	34.8	39.1	39,478	24.7
9.2	10.7	18,844	6.9	8.2	9.3		
3.0	3.5	7,841	2.9	3.4	3.9	8,163	5.1
6.1	7.1	11,003	4.1	4.8	5.4		
28.1	32.7	60,719	22.4	26.6	29.8	31,315	19.6
6.7	7.8	12,485	4.6	5.5	6.1		
7.1	8.2	21,174	7.8	9.3	10.4	9,920	6.2
3.3	3.9	11,210	4.1	4.9	5.5		
11.0	12.8	15,850	5.8	6.9	7.8	21,395	13.4
25.5	29.7	70,511	26.0	30.8	34.6	53,615	33.5
8.2	9.6	23,295	8.6	10.2	11.4	23,027	14.4
1.3	1.5	834	0.3	0.4	0.4		
2.9	3.4	3,603	1.3	1.6	1.8	3,573	2.2
5.9	6.9	14,196	5.2	6.2	7.0	12,965	8.1
3.7	4.3	10,149	3.7	4.4	5.0	9,424	5.9
2.9	3.4	15,340	5.7	6.7	7.5	4,626	2.9
0.6	0.7	3,094	1.1	1.4	1.5		
14.1		24,998	9.2	10.9			
4.8		7,899	2.9	3.5			
9.3		17,037	6.3	7.5			
0.0		62	0.0	0.0			
		214,360					
		42,798	15.8				
		5,622	2.1				
		4,078	1.5				
		10,249	3.8				
		7,052	2.6				
		3,197	1.2				
		194,411					
		22,849	8.4				
		171,562					
		0	0.0				
		18,768	6.9				
		0	0.0				
		4,081	1.5				
		55,053					

態調査結果」より作成．
祉の生活理論』光生館，pp. 240-241．

(2) なぜ「貧困線」が高くなったか――消費社会における「貧困線」の上昇のメカニズム

　貧困や低所得の基準における生存水準と社会的慣習的水準の乖離を引き起こした最大の要因は，高度成長期以降の「消費社会」の到来である．

　岩田正美は消費社会を，①商品消費の拡大とともに商品消費の「豊かさ」があふれかえっている（飽和状態にある），②商品消費が社会の特定の構成員だけでなく，大衆のすべてを巻き込む大衆消費として進行する，③大衆消費を可能にする条件として，大量生産体制と必要（need）を欲望（want）に置き換えるためのマーケティングが確立している，④共働きのような貨幣所得増大のための努力や消費者信用制度が普及している，という4つが一体となって，商品消費が活況をおび，そこでの生活や文化までも消費をめぐって議論されるようになった社会と定義している（岩田，1991, pp. 1-4）．われわれは，マーケティングによって必要なものをこえた欲しいものへの購買意欲を刺激され，それらを買うために共働きなどで世帯収入を増やして商品を購入し，消費社会に貢献している．そしてこのような現象が大衆のすべてを巻き込むため，消費社会において社会的慣習的水準は上昇し，それを前提とすることによって貧困線も上昇するのである．

　ボードリヤール（Jean Baudrillard）がいう，消費社会における「消費の加速度的増加，つまり巨大な生産力とそれ以上に狂乱的な消費力（両者の調和のとれた均衡という意味での豊かさは果てしなく後退してゆく）の間にさえも距離を増大させる需要の攻勢という現象」は，社会的慣習的水準にかかわる費目を膨張させ，「人並み」の水準で貧困の基準を設定すると金額的に膨らんでしまうという，貧困線の上昇のメカニズムを内包していた（Baudrillard, 1970=1995, p. 69）．公的扶助基準を活用した貧困層の推計にかかわる議論では，推計結果への単なる批判よりも，消費社会における「貧困線」の上昇のメカニズムや，「生存水準」と「社会的慣習的水準」の乖離といった文脈から貧困や低所得の基準を再検討するという，建設的な姿勢が重要だったのではないだろうか．そして「生活必需品のレベルでの相対的均質化は，価値の『地すべり』的移動と効用の新しいヒエラルキーを伴う．ひずみと不平等は消滅したのではなく，移転したのである．日常的消費財は社会的地位

の象徴にならなくなっている．所得にしても，非常に大きな不均衡が減少するにつれて，差別的基準としての価値を失ってゆく．（中略）社会的ヒエラルキーはすでにもっと微妙な基準にもとづいている．労働と責任のタイプ，教育・教養水準（日常的財を消費する仕方自体が一種の「希少財」となりうる），決定への参加などの基準だ．知識と権力は現代の豊かな社会における二大希少財であり，あるいはそうなろうとしている．しかしこれらの抽象的基準もあるがそれだけではなく，他の具体的記号のレベルで差別が増大していることが，今日でもすでに読み取れるのである」というボードリヤールの指摘は，本調査で耐久消費財のいくつかが貧困のメルクマールとして機能しなかった理由を説明している（Baudrillard, 1970=1995, pp. 62-63）．

　消費社会論は，イギリスで追試され，国際的にも定着するようになったタウンゼント（Peter Townsend）の相対的剥奪論にも影響を与えるかもしれない．相対的剥奪論は貧困の基準を生存水準から「人なみの水準」に引き上げるために提起されたが，相対的剥奪指標に含まれていた，「毎日朝食をとるか」のような項目は，貧困というよりは個人の好みや生活スタイルによるものだと批判された（Townsend, 1993, p. 117）．消費社会では，このような個々の指標の妥当性だけでなく，「必要」をこえて「欲望」を充たす水準に到達した「人なみの生活様式」を前提として貧困の基準を設定できるかという，問題もあるであろう．ただし，日本とイギリスとでは「生活」の確立のしかたや「消費社会」の様相が異なっているため，消費社会論がタウンゼントの相対的剥奪論に具体的にどのような影響を与えるかまでは，ここで述べることはできない．

3. 高齢期の生活問題をどのように把握するか
　　──消費社会における「潜在的不安定性」

(1) 高齢期の生活問題はなくなったか？
　　──生活不安定の今日的様相と潜在的不安定性

　かつて貧困は，老朽化した家屋や劣悪な保健衛生状態を伴っており，必要が満たされない状況とは「お金がない」だけでなく上述のような「見えやす

い」様相や形態を伴っていたが，消費社会の到来と共に，生活問題や生活不安定をそれらの個々のメルクマールを用いて実証することは難しくなった．「生活の社会化」論では家計調査という手法で「見えにくい」問題の実証に取り組んだが，1部4章で示した「見えにくい」生活不安定について，どのような視点に基づいて「生活問題」を認識すればよいのだろうか．

　松崎久米太郎は，高齢者にかかわる問題を高齢化率の上昇のスピードや社会的負荷への対応という社会問題に収斂させずに，①安定した生活，②自由・自主，自立した生活，③孤独ではない生活という，3つの基本理念によって判断される「生活問題」として理解する必要があると指摘し，生活問題を所得や社会階層だけでなく職域や近隣における孤立までを幅広く認識し，実証してきた（松崎，1986，p.3）．そして松崎は，今日の生活問題を説明する概念として，①の安定した生活にかかわる「潜在的不安定性」を考案した[3]．松崎は生活を，「住居という生活の物的基盤を拠点に，世帯としての商品市場を経由した消費財やサービスの購入と消費ならびに，それを通じた生活の再生産過程の各段階に対応した経済循環を内蔵した，労働力や生命の再生産が安定して営まれること」と定義し，それが不安定化したり，不可能になった状態を「生活問題」と規定して，表2-1-4のように住宅，世帯主の職業階層，収入源の3項目すべてが不安定な「不安定層」や3つの要因のどこかに不安定性や潜在的不安定性を内包する「潜在的不安定層」を設定し，階層による介護負担とそれへの対応の違いの実証を試みたのである（柴田，1991，pp.16-18）．

　松崎が「潜在的不安定性」という概念で表現したかったのは，共働きや残業で収入を増やして，やっと人並みの消費水準に追いついている世帯で高齢者が倒れた場合，家族で介護しようにも住宅ローンや教育ローンの支払いをとどこおらせないために仕事をやめるわけにはいかないという，「ふだんは問題はないが，何かあると問題が顕在化する」今日の庶民の生活のモロサであり，江口英一らが「現代の労働者階級」で実証した，長時間・過重労働による家庭・地域生活の縮小と共通した視点に基づいている（江口，1993）．

　本調査では潜在的不安定性の実証には至らなかったが，筆者はそれをもって「高齢期の生活の不安定はなくなった」と結論づけるのではなく，潜在的

1章 消費社会における貧困研究の視点

表 2-1-4 生活階層の分類

	安 定 層	潜在的不安定層	不 安 定 層
住宅の所有形態	持ち家	借家，賃貸マンション，公社・公団の賃貸住宅・アパート，社宅・公務員宿舎などの給与住宅	民間の賃貸アパート（便所・流し専用）民間の賃貸アパート（便所・流し共用）
世帯主の職業階層	会社・団体等の役員・理事，貸家や駐車場などの不動産経営，自由業	会社・団体等の常雇労働者，自営業・個人業主，サービス業	会社・団体等の臨時雇用，家業の手伝い，内職・パート，主婦・家事手伝い，無職
収入源	資産収入（利子・配当による収入，家賃・地代による収入）＋その他＋年金収入	勤労収入＋年金収入	無年金層で貯蓄の取くずし，子どもからの援助，食物扶助

出所：柴田謙治，1991，「高齢者世帯の生活と在宅福祉サービスの課題」『国民生活研究』第 31 巻第 3 号，国民生活センター，p. 17.

不安定性をキーワードとして，「消費社会において高齢期の生活の不安定は潜在化したが，生活のモロサは残っている」という仮説を立て，実証していくことが重要だと考えている。

(2) 消費社会における「潜在的不安定性」の理論的射程

松崎の「潜在的不安定性」とコインの表裏の関係にあり，「潜在的不安定性」に理論的な根拠を与えるのが，中川清の「生活課題の内部化」の指摘である[4]。中川は，日本の生活変動を江戸中期から明治初期までの「生活変動の初期条件」の形成，1910 年代から 1940 年代までの「過剰対応」，1950 年代から 1990 年代の「自己変容」に時期区分し，(1960 年代からの) 構造変動の過程で，「生活課題を外部化するのではなく，個々の生活の営みにおいて内部化する生活対応の積み重ねが，生活システム自体の変容を引き起こしたのである」と述べて，われわれは不断の構造変動を経験する過程で，「社会的な制約を生活システムの自己抑制によって乗り越え，課題を絶えず内部化することによって『よりよい』生活を実現」し，「欲望の主体」として消費社会を産み出してきたと指摘している (中川, 2000, pp. 8, 18-20)。

中川の理論を参考するならば，生活問題を社会問題と認識して公共的な解

決をめざす前に，労働や立身出世のような個人の自助努力で解決しようとしてきた「抱え込み」のメカニズムが，生活問題を潜在的不安定性へと変容させたと説明できるし，消費社会に置いてゆかれないために長時間労働や多就業化で収入を維持しながら，児童の養育や高齢者の介護を家族で「抱え込む」つらさや限界を把握できれば，「潜在的不安定性」を実証できるかもしれない．本調査ではサンプル内に，子どもの頃に「過剰対応」期を経験し，成人になってから高齢期までの大半が「自己変容」期に該当する層（65歳から69歳）と，「過剰対応」期と「自己変容」期の両方を世帯主として経験したであろう層（70歳から79歳），「過剰対応」期に生活の基盤を形成し，「自己変容」期にはある程度子育てが終わっていたであろう層（80歳以上）がみられたが，今後は世代によるコーホート分析を用いて「抱え込んできたもの」や「抱え込みきれないもの」を検証する作業も，有意義かもしれない[5]．

　消費社会である程度上の階層までが潜在的不安定性をかかえ，生活に追われているならば，顕在的な貧困の典型である日雇い労働者やホームレスに他の階層が向けるまなざしも厳しくなるかもしれない．そして消費社会においては岩田正美が指摘したように，なによりも日雇い労働者やホームレス自身が，そのような状態になった原因を「自分の失敗」のような個人責任観に帰することも少なくないのである（岩田，2000，p.263）．しかし彼らが生活の基盤が不安定化した状態で「働けば済む」と思っても，消費社会において社会的標準は上昇しているため，かれらがそれに追いつくことは容易ではない．

　「消費社会における貧困と潜在的不安定性」の概念は，以下にあげた今日の社会福祉が抱えている課題を解明するだけの理論的射程をもつ．たとえば武川正吾はいわゆる「福祉国家の危機」について，再編を脱商品化と家父長制という座標軸で分析し，①「大量生産→生産性の上昇→賃金の上昇→大量消費→大量生産」のようなフォーディズムを前提として生まれた福祉国家を維持するために，どの程度の成長率が必要かという「成長問題」と，②今日のフレキシブルな消費に生産様式も多品種少量生産で対応する中で，社会サービスを消費主義と民営化に基礎をおいて「再商品化」するのか，エンパワ

ーメントとボランタリズムに基礎をおいて「脱商品化」するのかという，「フレキシビリティ問題」が，今日の福祉国家の根底にあると洞察している（武川，1999，pp. 211-215）．

　武川の洞察に生活問題論の観点から敷衍すると，第1にヨーロッパの福祉国家ほどの脱商品化を経験せずにアメリカ的な消費社会が到来した日本で，社会政策が「再商品化」の方向で展開する――「消費社会」と「再商品化」の組み合わせ――場合，われわれの労働と生活はどこまで適応できるかという問題がある．われわれは消費社会の社会的標準に追いつくために働き，不安定性を潜在的な形態にとどめているが，家族が介護や保育を必要とするようになると，夫婦であれば共働きを止めるか商品としての社会サービスを購入し，生活不安定に陥らないようにするしかない．前者を選択する世帯は1人の収入で消費社会の社会的標準に追いつけるかという問題に直面するし，後者を選択する世帯は社会サービスの利用料を払うために働くことになる．われわれの生活は，この「再商品化」と「消費社会」の組み合わせにどこまで耐えられるであろうか[6]．

　社会サービスの「再商品化」によって，社会サービスの「価格」も問題になる．社会サービスの「価格」である程度の比重を占めるのは「人件費」だが，その算定は社会の標準的な賃金を考慮しておこなわれるため，消費社会に追いつけるように社会の標準的な賃金が上昇すると，社会サービスの価格の人件費の部分も上昇し，結果として社会サービスの「価格」が上昇することが，理論的にはおこり得る．社会福祉のコスト（cost of welfare）の問題は税方式の下ではあまり表面化しなかったが，消費社会と社会サービスの「再商品化」の組み合わせのもとで，消費社会における社会的標準の上昇と，それに社会サービスに従事する労働者が追いつくための賃金の設定，社会サービスに従事する労働者の生活を支えるための社会サービスの価格の上昇，といういたちごっこがおきるとしたら，この問題をどのように解決すればよいのだろうか．

　筆者は解決の鍵は「成長問題」にあると考えている．今後の日本経済が，着信音の多彩さなどを競う携帯電話に象徴されるような，必要よりも欲望を重視した商品の生産や売れ行きに依存し続け，消費社会の路線をひた走るの

か,「生活上の必要」に基礎をおいた生産と流通,販売を重視し,「維持可能な発展」(sustainable development) 型の経済への転換を目指すのかが,問われているのである[7].

(3) 消費社会における潜在的不安定性,貧困・低所得を実証する方法と相対的剥奪指標

　潜在的不安定性という「みえない」問題を実証するためのメルクマールをどのように選択するかについて,実践的な観点から示唆を与えてくれるのは,福祉現場の良心的な職員である.たとえば筆者がかつて現代の子育てについて調査をおこなうきっかけとなったのは「お金はかけられるけれど手はかけられない」という学童保育の担当職員の気づきであった.また大阪市地域福祉施設協議会は,労働が長時間でフレキシブルになるなかで,親も「保育所が,コンビニエンス・ストアのように24時間空いていて,子どもをあずけられたら」という願いに傾きがちになるが,それらをすべて実現することが本当に利用者のためになるのか疑問を持ち,子育て支援のあり方を親と一緒に考えようとしている(大阪市地域福祉施設協議会,1999,pp.124-128).社会福祉実践には,現金給付や現物給付と違って「人」がかかわる分,職員やボランティアが利用者の潜在的不安定性にかかわるメルクマールに気づく可能性があり,特に優秀な職員は,モノだけではなく社会的孤立や育児,介護のような「関係性」にかかわるメルクマールに敏感である.

　そして潜在的不安定性をかかえた世帯のニードを福祉サービスがどのような機能を通じて充足すればよいのかを,社会調査とアドミニストレーションによって実証してゆけば,上述のような福祉現場から得られる「気づき」が「潜在的不安定性」に対応する社会福祉・社会保障の機能の研究につながってゆくであろう[8].たとえば重田信一は,1942年に中央社会事業協会・社会事業研究所から出版された「都市社会事業に関する研究」をはじめとして,地域の福祉ニードと福祉施設によるサービスを通じたニードの充足の両者を統一的に把握し,福祉サービスや社会福祉援助の機能を実証的に示す研究の系譜を築いた.生活問題の研究者と社会政策の研究者が,今日このような統一的な視点で実証研究をおこなうならば,福祉ニーズや施設の機能を単独で

1章　消費社会における貧困研究の視点

研究するよりもさらに有意義な調査研究を展開できるかもしれない．

貨幣で表示しにくい潜在的不安定性のメルクマールを実証するうえでは，社会学との共同作業が有効である．2部2章では，タウンゼントが相対的剥奪の実証で用いた方法を応用して，社会階層と収入，資産，住宅，社会参加の総合的な分析に基づいた，消費社会における貧困や低所得の基準，不安定のメルクマールが実証される．

1) 社会学の社会階層論においても，産業化の結果「基礎財」の平等化ないしは「基礎的平等化」は進んだが，「上級財」の平等化は進んでいないという指摘や，不平等のメカニズムと意味作用の双方を視野に入れて，社会階層論に近代の合理化過程を経た後の意味作用を再注入する「社会階層のポストモダン」の論議がなされている（原純輔，2000，p.33；今田高俊，2000，pp.6-7）．ここでそれらについて立ち入った議論をする紙数はないのだが，貧困研究も社会学も今日の社会階層にかかわる問題が過去に比べて単純でないと認識しているようである．ただし，貧困研究が生活を重視し，貧困や生活問題を実証する方法として社会階層を用いるという点が，社会学の社会階層論との最大の違いであったのかもしれない．

2) 生活保護の算定基準の推移については高野史郎（1981）を参照．なお，水準均衡方式とは政府見通しによる翌年度の国民の消費支出の伸び率と実績を調整して，一般国民の生活水準の向上と歩調を合わせようとするものである．

3) 1部4章の注で述べたように，潜在的不安定性の概念と実証方法が文章化されたのは，筆者が1991年に書いた「高齢者世帯の生活と在宅福祉サービスの課題」（柴田，1991）であったが，これを考案したのは故・松崎久米太郎である．この概念のベースには，籠山京や中鉢正美等が生活構造論で示した「生活構造の抵抗と緊張」という視点があるのかもしれない．コミュニティワークが専門の筆者が，貧困研究とかかわりをもつのは，このようないきさつによる．

4) 籠山京と中鉢正美が「生活構造論」を展開したことを考えると，江口英一だけでなく籠山京の弟子でもあった松崎久米太郎の「潜在的不安定性」と中鉢正美の弟子である中川清の「生活課題の内部化」に共通点があっても不思議ではない．ただし松崎は，中川のいう「階層の抵抗力」よりも落層を重視していた．

5) 中川清の師である中鉢正美は，コーホート分析の先駆者でもあった．筆者は，中川が『日本都市の生活変動』（2000）で示した知見に，コーホート分析を加えるとどのような「われわれの近代」が見えてくるのかに関心がある．

6) われわれは，イギリスや北欧ほど福祉国家による「脱商品化」を経験しておらず，保育以外の福祉サービスと身近に接することも少なかったため，社会サ

ービスが商品化されても，それほど違和感をもたないか，あきらめを感じる程度かもしれない．ペストフ（Victor A. Pestoff）は，発言は退出よりもコストがかかるが，その分豊かな情報を提供すると指摘したが，日本では国民が福祉サービスにも頼れないと感じて，「退出」してゆく危険性もある（Pestoff, 2000, p. 107）．

7) 筆者がバブル全盛期にヨーロッパで social economy の実践者の会議に参加した時に，日本企業による海外での投機が批判されたことと，実践者たちの間で"sustainable development"という用語がグローバル・スタンダードとして用いられていたことに，感銘を受けた．

8) 古川孝順は，岡村重夫，孝橋正一，仲村優一，真田是，一番ケ瀬康子，三浦文夫等の理論に依拠して，「社会福祉の概念と機能」や「社会福祉の対象——問題とニーズ」を論じているが，1974年に篭山京と江口英一が『社会福祉論』で提起し，吉田久一が評価した「生活概念」としての社会福祉には言及していない（古川，1995）．ソーシャルワーク論の「生活モデル」も，本章のような生活の認識とは視点が異なるし，近年ではいわゆる「非貨幣的ニーズ」は分析できるが背景にある「労働と生活」を理解できない若手研究者も現れるなど，貧困研究の系譜の「生活」論を生かせるような理論的な射程をもたないのは，古川に限ったことではない．

その背景には，貧困研究の側で「生活を支える福祉サービスの機能」まで理論化しなければ社会福祉学者も「生活論」を受け止めきれないという事情があったかもしれないが，社会福祉研究者の中でも，重田信一のように，生活者の視点を重視しながら，アドミニストレーション論を通じて福祉サービスの機能について実証を試みてきた研究の系譜もあった．コミュニティワーク論が専門の筆者が，生活問題論に関心をもつのは，潜在的不安定性に対応する福祉サービスの機能の実証研究を通じて，国民の生活実態と乖離しない社会福祉論を示す可能性があると考えているからである．江口英一と重田信一が，共に自らを「（一介の）調査マン」と自称してきたことは，偶然ではないように思われる．

文献

Baudrillard, Jean, 1970, *La Societe de consommation*. (今村仁司・塚原史訳，1995,『消費社会の神話と構造』普及版，紀伊國屋書店).
江口英一監修，1993,『現代の労働者階級』新日本出版社.
江口英一，1998,「最低基準・最低生活費」江口英一編著『改定新版　生活分析から福祉へ——社会福祉の生活理論』光生館，278-289頁.
古川孝順，1995,「社会福祉の概念と機能」「社会福祉の対象——問題とニーズ」古川孝順他編『これからの社会福祉① 社会福祉概論』有斐閣，71-95頁.

原純輔, 2000, 「近代産業社会日本の階層システム」原純輔編『日本の階層システム1　近代化と社会階層』東京大学出版会, 3-43頁.
今田高俊, 2000, 「ポストモダン時代の社会階層」今田高俊編『日本の階層システム5　社会階層のポストモダン』東京大学出版会, 3-53頁.
岩田正美, 1991, 『消費社会の家族と生活問題』培風館.
岩田正美, 2000, 『ホームレス/現代社会/福祉国家——『生きていく場所』をめぐって』明石書店.
金澤誠一, 1998, 「低所得層の生活実態」江口英一編著『改定新版　生活分析から福祉へ——社会福祉の生活理論』光生館, 231-244頁.
川上昌子, 1987a, 「低所得層の生活実態」江口英一編著『生活分析から福祉へ——社会福祉の生活理論』光生館, 209-220頁.
川上昌子, 1987b, 「社会構成の変化と貧困の所在」江口英一編著『生活分析から福祉へ——社会福祉の生活理論』光生館, 25-35頁.
松崎久米太郎, 1986, 『老人福祉論——老後問題と生活実態の実証研究』光生館.
中川清, 2000, 『日本都市の生活変動』勁草書房.
大阪市地域福祉施設協議会, 1999, 『大阪市地域福祉施設協議会40周年記念誌　町を歩こう』.
Pestoff, V. A., 藤田暁男ほか訳, 2000, 『福祉社会と市民民主主義——協同組合と社会的企業の役割』日本経済評論社.
Rowntree, B. S., 1901, *Poverty : A Study of Town Life*. (長沼弘毅訳, 1975, 『貧乏研究』(株)千城).
柴田謙治, 1991, 「高齢者世帯の生活と在宅福祉サービスの課題」『国民生活研究』31巻3号, 国民生活センター, 16-34頁.
社会保障研究会, 1975, 『悪性インフレ下の低所得階層の暮らしと対応——失対就労世帯と生活保護世帯』.
高野史郎, 1981, 「国民生活の『最低限』の確立と不平等」江口英一編著『社会福祉と貧困』法律文化社, 289-410頁.
武川正吾, 1999, 『社会政策の中の現代——福祉国家と福祉社会』東京大学出版会.
Townsend, Peter, 1993, *The International Analysis of Poverty*, Harvester Wheatsheaft.

2章　相対的剥奪指標の開発と適用

平岡　公一

1. 課題

P. タウンゼント (Peter Townsend) が提唱した相対的剥奪 (relative deprivation) の概念を中核とする貧困分析の枠組みと，相対的剥奪の測定方法は，日本にも早くから紹介され，その意義や問題点については，さまざまな観点から論じられているが[1]，その測定方法を日本における貧困・不平等の分析に応用するということはまだほとんど行われていないといってよい．相対的剥奪の指標の一部を調査項目に取り入れるということはあるとしても，タウンゼントが行ったのと同様な方法で，日本の貧困・低所得層の生活状況に適した相対的な剥奪の指標を開発するという試みは，筆者の知る限りでは全く行われていない．

このような状況を踏まえて，本章では，当研究チームが実施した東京都23区の高齢者に対する調査のデータ（序章参照）を利用して，タウンゼントにならって，相対的剥奪 (relative deprivation) を測定する指標を開発し，それを用いて，相対的剥奪の分布と関連要因を分析する．

以下，まず2では，タウンゼントの相対的剥奪の概念と，その測定方法を紹介するとともに，彼が提唱した相対的剥奪の概念を中核とする貧困分析の枠組みの意義を検討する．続いて3では，当研究チームの調査データに含まれる項目を用いた相対的剥奪指標の構築の手続きとその前提となる考え方を説明する．4では，この指標の得点の分布と，指標の得点と所得との関連について分析する．5では，学歴，職業，社会階層等のライフコース要因と相対的剥奪指標との関連を分析し，どのような属性が，高齢期における相対的

剥奪のリスクと結びついているかを検討する．6 では，この分析をさらに一歩進め，ロジスティック回帰分析を用いて，相対的剥奪へのライフコース要因の影響を分析する．

2. 相対的剥奪の概念と測定

(1) 相対的剥奪の概念

まず，P. タウンゼントによる相対的剥奪の概念の定義をみておくことにしたい（Townsend, 1974, 1979）．

タウンゼントは，「所得」と「肉体的能率（physical efficiency）」を鍵概念として「生存（subsistence）」の問題に焦点をあわせてきた B. S. ラウントリー（Benjamin Seebohm Rowntree）の貧困概念に代表される絶対的な貧困概念を批判し，それに代えて，「資源」と「生活様式」に着目し，「相対的剥奪」という観点から貧困をとらえることを提唱する．

「相対的剥奪」とは，必要な資源の不足のために，規範的に期待されている生活様式（style of living）を共有できない状態をさし示す概念である．自己の属する社会において習慣的である諸利益（benefits）を享受し，諸活動に参加する機会を剥奪されるに到るほど分配された資源が不足している人々が，貧困者であると規定されるのである．

(2) 相対的剥奪の測定

タウンゼントは，このような貧困概念の転換に対応させて，新たな貧困測定の方法の開発に取り組んできた．相対的剥奪の概念に即した測定を行うためには，収入や支出に注目した従来の方法に代わって，種々の生活行動を広く包摂する非貨幣的な指標の構築が必要であるとされている．タウンゼントが，当初開発した相対的剥奪指標は，次の項目から構成されるものであった（Townsend, 1979, p. 250）．

1. 過去 12 カ月の間に 1 週間の休暇を家の外で過ごしていない．
2. （大人のみ）過去 4 週間の間に親類または友人を家での食事もしくは軽食に招いたことがない．

3．(大人のみ) 過去4週間の間に親類または友人の家を訪ね，食事もしくは軽食をとったことがない．
4．(15歳未満の子供のみ) 過去4週間の間に友人を家に呼んで遊んだりお茶を飲んだりしたことがない．
5．(15歳未満の子供のみ) この前の誕生日にパーティーを開かなかった．
6．過去2週間の間に娯楽のために午後または晩に外出したことがない．
7．1週間に4日以上新鮮な肉（外食をふくむ．ソーセージ・ベーコン・ハムなどを除く）を食べることがない．
8．過去2週間の間に料理された食事を食べない日が1日以上あった．
9．「1週間のうちほとんどの日に，料理された朝食（ベーコンエッグなどを含む）をとっている」ということはない．
10．家には冷蔵庫がない．
11．「通常（4回のうち3回以上）日曜日に，大きな肉片を食べる」ということがない．
12．家の中に次の4種の室内設備のいずれかがない（共用設備を除く）……水洗トイレ／流しまたは洗面台，および水の出る蛇口／固定された風呂またはシャワー／電気またはガスレンジ

　タウンゼントは，その後，さらにこの指標の開発につとめ，多角的に貧困の分析を行っているが，それらの研究については，すでに日本でも紹介されている（柴田，1997）ので，ここでは，それを繰り返さない．ただ，タウンゼントの相対的剝奪指標を用いた貧困分析の最も基本的な部分だけを簡単に紹介しておきたい．

　それは，図2-2-1に示されるような収入と相対的剝奪指標の得点（以下では，「剝奪指標得点」と略記）との間の関連性の分析である．収入階層別の剝奪指標得点の最頻値を図上にプロットし，回帰線を描いたときに，それ以下になると剝奪指標得点の値が急激に増加する閾値が発見されれば，そこを最低生活費とみなすという分析である．このような閾値が発見されることの意義は，単に最低生活費の水準を科学的な方法によって確定することができるということにとどまるものではない．そのような分析結果は，その閾値以下の収入での生活が，標準的な生活のあり方とは質的に異なるものであるこ

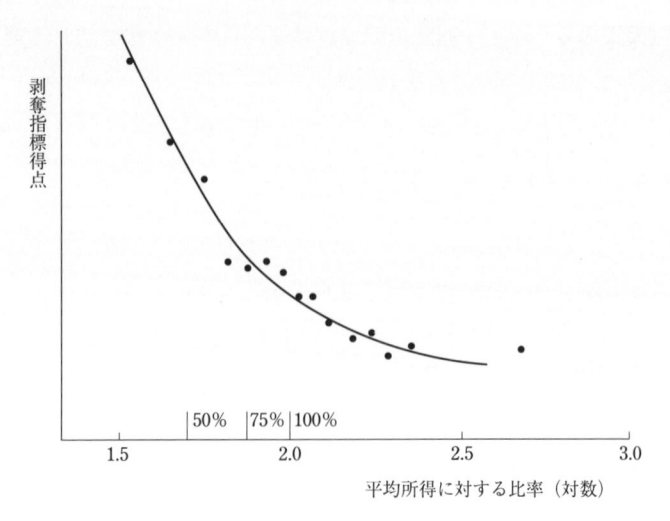

図 2-2-1　所得階層別にみた相対的剝奪指標の最頻値
出所：Townsend (1979, Fig. A.1.).

とを示すものであり，貧困が相対的な現象であるとしても，不平等の問題に解消されるものではなく，それ自体として独自の意義をもつ社会現象としてとらえていくことが重要であることを示しているのである．

(3) 相対的剝奪概念の意義

タウンゼントが，相対的剝奪の概念を貧困分析の中核に据え，独自に開発した相対的剝奪指標を用いて貧困分析を行ってきたことの主要な意義は次の点にあるものと考えられる．

その第1は，絶対的貧困の概念を否定し，貧困の相対的概念を支持する立場にたちながらも，貧困を不平等の問題に解消することはなく，むしろ独自の意義をもつ社会現象として貧困をとらえることの必要性を明らかにしたという点である．相対的剝奪という観点からとらえた貧困は，社会によって時代によって貧困の基準が変わるとみる点では相対的な概念であるが，単に社会の多くの成員と比較して資源の保有量が少ないという意味での相対的概念ではない．一定の時期のある社会には，一定の貧困の基準が客観的に存在するとみるという点では，ある意味での絶対的な貧困概念ともいえるのである．

第2に，相対的剥奪の概念に基づく貧困分析の方法は，収入や支出という貨幣的指標のみを用いたのでは十分にとらえることが困難な複雑化し多様化した現代社会の貧困現象を分析するのに有効性を発揮することが期待できる（平岡，1980）．1980年代から1990年代にかけて，こうした問題に焦点を合わせた新しい貧困分析の枠組みや手法が，各国の研究者によって提示されるようになったが（柴田，1997），タウンゼントの研究はその先駆けという性格をもつものともいえるのである．

3. 相対的剥奪指標の構築

相対的剥奪指標を構築するにあたっては，P. タウンゼントの指標項目の選択の手続きやその前提にある相対的剥奪についての概念図式をふまえてそれを行うことが望ましいのは言うまでもない．しかし，本研究の場合，現実には，それは困難であった．というのも，ここで利用しようとしている当研究チームの調査データは，高齢期の貧困や生活困窮に関わる多くの調査項目を含んでいるものの，この調査の調査票の設計は，相対的剥奪についての概念図式に基づいて行われたものではなかったため，必ずしも相対的剥奪の指標の構築に必要な項目が全てそこに含まれているわけではなかったのである．

そこで本研究では，次のような手順で相対的剥奪指標の構築を行った．

まず，第1に，相対的剥奪と関連する調査項目が多く含まれている次の5つの生活領域を選定した．

1) 社会参加と情報アクセス（social participation and access to information）
2) パーソナル・ネットワーク（social network）
3) 社会的支援網（social support network）
4) 住環境（quality of housing environment）
5) 住宅内の設備（amenities in the house）

第2に，この5つの領域に属する調査項目について，その回答分布を検討するとともに，それらの項目についてピアソン相関係数の算出，因子分析，所得とのクロス表分析およびピアソン相関係数の算出を行った．

第3に，この分析の結果に基づいて，各領域について3～5の項目を選定した．それぞれの項目については，該当する場合に1点，該当しない場合に0点を与えることができるように，(カテゴリカル・データの場合) カテゴリーを併合し，あるいは (量的データの場合) カットポイントを定めて2値変数に変換した．そうした作業は，基本的には試行錯誤的に行ったが，一応の基準としては，収入との関連が高い項目を優先的に選ぶということと，「該当する」ケースの比率がおおよそ10～20%程度であるという原則を設けた．

このような手順で選定した項目が，表2-2-1に示されている．

社会参加と情報アクセスの領域は，3項目から構成され，老後問題の学習機会が少ない場合，医療・福祉に関する情報源・相談相手に乏しい場合，そして余暇活動の機会が乏しい場合が，相対的剥奪状態に結びつきやすいという関連が想定されている．

パーソナル・ネットワークについては，現在および過去の就業状態の影響を受けやすい「職場での友人」を除き，親族，近所の人，その他の友人を取り上げ，そういう知人・友人が一人もいないことが，相対的剥奪を引き起こすと想定した．

社会的支援網 (ソーシャル・サポート・ネットワーク) は，「悩みや心配事を聞いてくれる」「数日留守にする場合など，ちょっとした用事を頼める」「病気で数日寝込んだ時に看病や世話をしてくれる」「気を配ったり思いやってくれる」「気軽におしゃべりをしたり一緒に気晴らしができる」というそれぞれの事項について，それが可能な家族・親族，近所の人，職場関係の知人・友人などが全くいない場合に，相対的剥奪に結びつくと想定した．

住環境については，これに関する調査項目が多数含まれているのがこの調査データの特徴であり，多くの項目について探索的な分析を行ったが，主観的評価による項目の中から4項目，設備・構造に関する項目の中から1項目が最終的に選ばれた．

住宅内の設備についても，「財産項目」を含めると多くの調査項目がデータに含まれているが，浴室，給湯設備，エアコンという常識的に見てもその住居の暮らしやすさを大きく左右すると考えられる基本的な項目を選ぶこと

2章 相対的剥奪指標の開発と適用

表 2-2-1 相対的剥奪指標を構成する項目

項　目	(%)*
社会参加と情報アクセス	
1．学習機会指標6点以下**	9.3
2．医療・福祉に関する情報源，相談相手が誰もいない	7.2
3．余暇指標2点以下***	11.8
パーソナル・ネットワーク	
4．別居の家族・親族で親しくつきあっている人がいない	10.4
5．近所の人で親しくつきあっている人がいない	32.5
6．親族・職場関係・近所の人以外で親しくつきあっている人がいない	28.9
社会的支援網	
7．心配事を聞いてくれる人がいない	15.8
8．留守を頼める人がいない	15.9
9．看病してくれる人がいない	14.6
10．思いやってくれる人がいない	7.6
11．気晴らしできる人がいない	7.0
住環境	
12．日当たりが「どちらかというと悪い」「悪い」	22.3
13．風通しが「どちらかというと悪い」「悪い」	10.6
14．地震に対する住宅の安全性が「非常に心配」	10.2
15．火事に対する住宅の安全性が「非常に心配」	7.9
16．食寝分離が一部または全部できていない（食事をする部屋で家族全員または家族の一部が寝ている）	12.9
住宅内の設備	
17．風呂場がない	7.4
18．炊事場に給湯設備がない	7.4
19．洗面所に給湯設備がない	33.4
20．エアコン（冷房用または冷暖房用）がない	14.4

注：＊　該当するケースの比率．
　　＊＊　5項目指標(5～15点)．老後問題や高齢者福祉についての，(1)新聞記事を読むか，(2)テレビ番組をみるか，(3)都や区の広報を読むか，(4)講演会や学習会に参加したことがあるか，(5)本を読んだことがあるか，という項目から構成されている．
　　＊＊＊　15種類の余暇活動について，過去1年に参加したことがあると答えた項目の数を指標値としている(0～15点)．

とした．

　表2-2-1に示した該当ケースの比率をみると，「豊かな高齢者」のイメージとは異なった生活状況におかれている高齢者が，無視できないほどの割合に達していることがわかる．たとえば，住環境の領域についてみれば，「食寝分離」ができていない高齢者が1割を超え，地震，火事について「非常に

不安」と答えている高齢者が1割前後を占めている.「親しくつきあっている近所の人がいない」「心配事をきいてくれる人がいない」「気晴らしできる人がいない」など社会的孤立の状況にある高齢者も相当な数にのぼる.そして,こうした項目は,いずれも所得と有意に関連しているという点が重要である.

4. 相対的剥奪指標を用いた分析(1)——分布および所得との相関

(1) 指標得点の分布

以上のような手順で構成された相対的剥奪指標は,理論的には0点から20点の範囲の値をとり,得点が高いほど,相対的剥奪の程度が高くなる.

今回の調査データでの実際の得点は図2-2-2に示した通りであり,最小値は0点,最大値は19点である.0点と1点で40%を占めており,得点が高いほど比率が低くなる傾向がみられ,最大値の19点は1ケース(0.2%)のみである.3点以下が約6割,4〜6点が約2割,7点以上が約2割という構成になっている.測定の信頼性を示すクロンバッハの信頼性係数(Cronbach's reliability coefficient α)を計算したところ,その値は,0.732であった.

(2) 所得との関連

次に,この指標の得点と所得との関連をみてみたい.

ここでは,まず配偶者がいるケースといないケースにサンプルを分割し,それぞれについて,所得階層別の平均得点と標準偏差を算出する.このようにサンプルを分割するのは,ここで用いる所得のデータが,夫婦の年収であるためである.

まず図2-2-3には,配偶者がいるケースについて,所得階層別に指標得点の平均値と標準偏差を示した.これをみると,所得が低いほど平均点が高くなっており,特に225万円未満では得点が著しく高くなっている.この225万円という金額は,1996年における東京都の高齢者夫婦の保護基準に近い金額である(本書1部3章63頁)[2].このことは,この方法による測定の妥

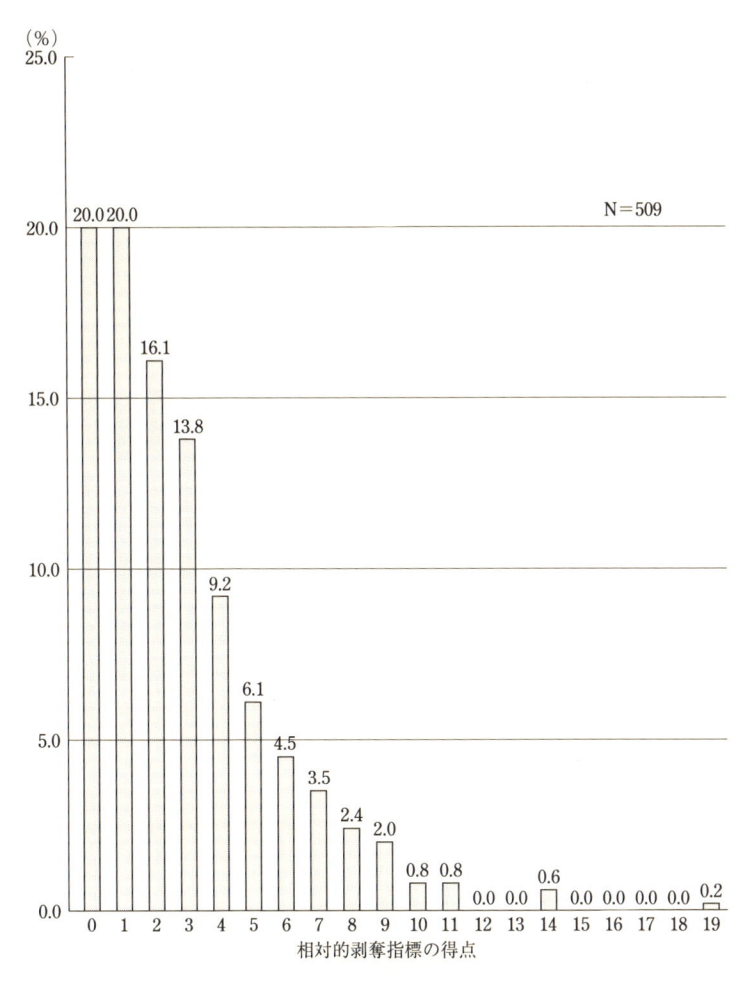

図 2-2-2 相対的剥奪指標の得点分布

当性を示唆する結果となっているが，サンプルが少なく収入のカテゴリー数を4程度にとどめざるを得ないため，タウンゼントが行ったのと同様な方法で，相対的剥奪指標の得点が急激に増加する閾値を見出すことは困難である．

次に図2-2-4は，配偶者がいないケースについて，同様の集計を行ったものである．この場合も，所得が低いほど平均点が高いという傾向がみられる．

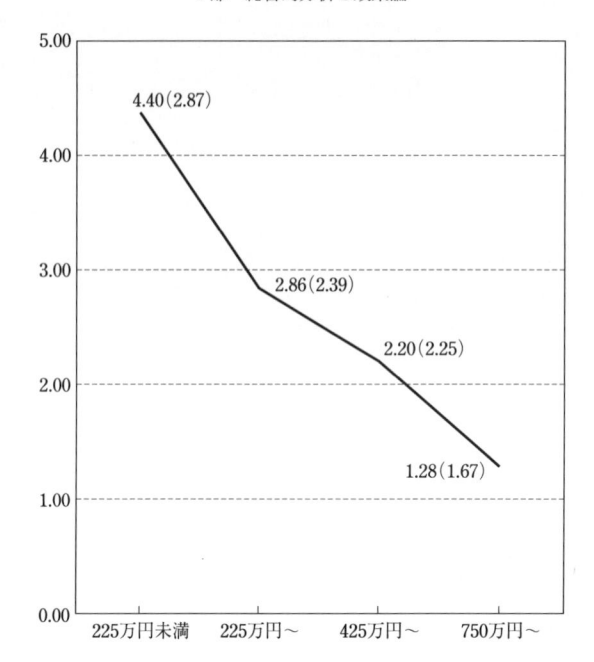

図 2-2-3 所得階層別相対的剝奪指標平均得点（有配偶者）
注：（ ）内は，標準偏差．

ただし，175万円未満で特に高くなっているとはいえない．

さて，続いて，剝奪指標得点と所得の間の回帰分析を行うことにしたい．

ここでの従属変数は，剝奪指標を自然対数に変換したものである．独立変数は，一人あたりの所得（年収）を自然対数に変換したものを用いている．ここでいう一人当たりの所得とは，配偶者がいないケースについては，個人所得（質問としては，夫婦の年収を尋ねている）をそのまま用い，配偶者がいるケースについては，夫婦の年収を1.4（配偶者の消費単位を0.4と想定）で割って算出したものである．

その結果は，次に示す通りである．

$$\text{LOGe}(DI+1) = 2.241 - 0.246 \text{ LOGe}(INCOME)$$
$$(0.193) \quad (-0.034)$$

$R=0.335$　$F=51.623$　$p=0.000$　$N=411$

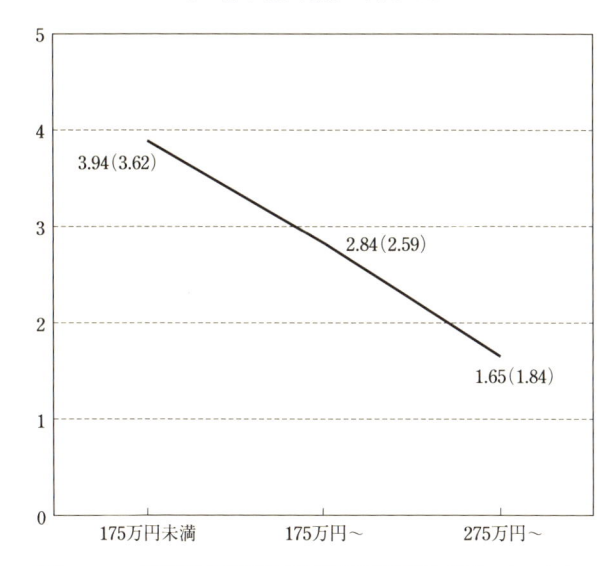

2章　相対的剥奪指標の開発と適用

図 2-2-4　所得階層別相対的剥奪指標平均得点（無配偶者）
注：（　）内は標準偏差．

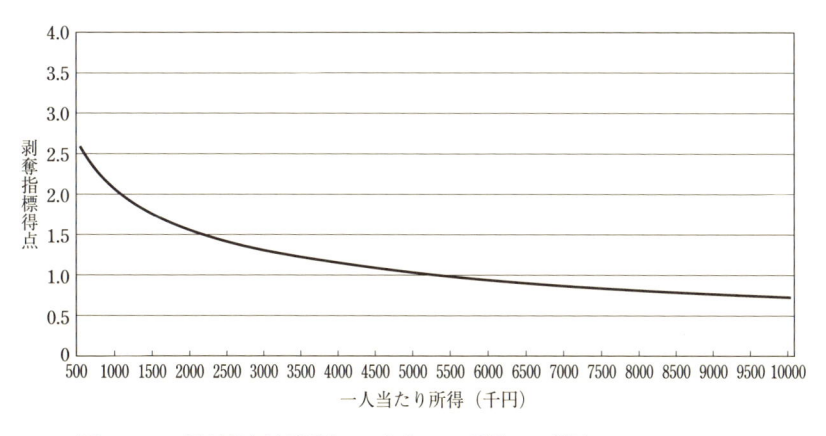

図 2-2-5　相対的剥奪指標と一人当たり所得との関連（回帰分析の結果）

（　）内は，標準誤差．DI は，剥奪指標得点．INCOME は，一人当たり所得．

この回帰線を，図 2-2-5 に示しておいた．この回帰分析の結果から，一人当たりの年収が 250 万円から 200 万円に下がると指標得点の 0.13 点の増加，200 万円から 150 万円に下がると指標得点の 0.19 点の増加，150 万円から 100 万円に下がると指標得点の 0.48 点の増加が予想されるということになる．

5. 相対的剥奪指標を用いた分析(2)――ライフコース要因と相対的剥奪指標との関連の分析

次に，高齢期にいたる前のライフステージにおける学歴，職業，社会階層などの要因と相対的剥奪指標との関連を分析する．なお，以下では，男女比を調整していない全ケースのデータ（N＝654）を用いている．

(1) ライフコース要因別の分析

表 2-2-2 には，男性と女性のそれぞれについて，婚姻状態，学歴，初職，50 歳時の（本人）職業，50 歳時の所属階層の各カテゴリー別に，相対的剥奪指標の平均得点，および指標得点が 4 点以上あるいは 7 点以上のケースの比率を示した．なお，（　）で囲んだ数値は，サンプルが 10 以下と少ないため，参考程度に示したものである．それぞれのライフコース要因別に，剥奪指標得点の分布と平均をみていこう．

婚姻状態　女性に関しては，離婚および未婚の場合に，既婚（現在配偶者がいる）・死別の場合よりも平均点が著しく高く，また 4 点以上，7 点以上の割合が特に高い．特に離婚・未婚の場合に，4 点以上の割合が約半数に達している点が注目される．

学　歴　男女とも学歴が低いほど平均得点が高く，また 4 点以上，7 点以上の割合が高いという一貫した傾向がみられる．

初　職　男性の場合，平均得点，4 点以上，7 点以上の割合のいずれをみても，マニュアル＞経営・自営＞ノン・マニュアルの順になっている．女性

表 2-2-2 ライフコース要因と相対的剥奪指標との関連

	剥奪指標:男性				剥奪指標:女性			
	平均	4点以上 (%)	7点以上 (%)	ケース数	平均	4点以上 (%)	7点以上 (%)	ケース数
婚姻状態								
既婚	2.8	30.6	7.9	216	2.5	26.3	11.3	133
離婚	(5.0)	(66.7)	(33.3)	3	4.9	53.3	20.0	15
死別	3.2	33.3	16.7	30	2.4	22.6	6.0	133
未婚	(8.7)	(100.0)	(57.1)	7	4.1	48.0	20.0	25
学歴								
義務教育程度	4.4	49.3	25.4	71	3.4	35.2	15.6	128
新制高校程度	2.8	32.9	5.3	76	2.2	22.8	6.7	149
新制短大・大学程度	2.2	22.9	4.6	109	1.8	20.7	3.5	29
初職								
ノン・マニュアル的職業	2.6	27.3	6.1	132	2.5	29.3	9.4	106
マニュアル的職業	3.8	42.0	20.3	69	4.0	39.3	17.9	56
経営者・自営業	3.0	35.3	7.8	51	2.5	26.5	10.3	68
職業経験なし	—	—	—	0	1.9	17.1	2.9	70
50歳時の本人の職業								
自営	3.0	35.3	11.8	68	2.6	28.0	9.3	75
経営者	1.8	16.7	0.0	30	(1.0)	(0.0)	(0.0)	4
中小企業ノン・マニュアル	2.7	30.6	6.1	49	3.0	30.8	11.5	26
大企業ノン・マニュアル	2.6	27.0	7.9	63	2.6	29.2	8.3	24
中小企業マニュアル	5.4	57.1	32.1	28	4.6	51.3	25.6	39
大企業マニュアル	3.2	37.5	6.3	16	(3.6)	(44.4)	(11.1)	9
無職	—	—	—	0	1.9	18.3	5.0	120
50歳時の所属階層								
自営	3.0	35.3	11.8	68	2.9	32.3	10.4	96
経営者	1.8	16.7	0.0	30	1.8	16.0	4.0	25
中小企業ノン・マニュアル	2.7	30.6	6.1	49	2.5	24.3	8.1	37
大企業ノン・マニュアル	2.6	27.0	7.9	63	1.8	18.0	3.3	61
中小企業マニュアル	5.4	57.1	32.1	28	4.4	53.1	21.9	32
大企業マニュアル	3.2	37.5	6.3	16	2.1	14.3	9.5	21
全　体	3.0	33.2	10.5	256	2.7	27.8	10.1	306

の場合には,ノン・マニュアルと経営・自営の関係が必ずしも一貫しないが,平均得点,4点以上,7点以上の割合のいずれも,マニュアルが最も高くなっている.また,職業経験なしの場合に,得点が低い傾向がみられるのも興味深い.

50歳時の本人の職業[3]　男性・女性とも，中小企業マニュアルの場合に，平均得点が特に高く，また4点以上，7点以上のケースの割合も高い．大企業マニュアルの場合は，中小企業マニュアルとはかなり得点・比率が異なっており，むしろ中小企業ノン・マニュアルに近い値をとっている．平均得点が最も低いのは男女とも（無職を除けば）経営者であり，大企業ノン・マニュアルなどがこれに続く．女性の場合，無職が最も平均得点が低く，4点以上，7点以上の割合も最も低い．これは，やはり，無職の場合，比較的生活のゆとりがあって働かなくても済んでいるというケースが多いためと考えられる．

50歳時の所属階層　50歳時の所属階層については，序章（18-19頁を参照）で示した方法による職業分類をもとに，企業規模（従業員数300人を基準に大企業と中小企業を分けた）を加味して6カテゴリーに分類している．この場合も，男女を問わず，中小企業マニュアルが，平均得点が特に高く，また4点以上，7点以上のケースの割合も高い．他の階層との差が大きいことに着目する必要がある．

まとめ　以上の結果を，どのような属性が相対的剥奪状態におちいるリスクを高めるのかという視点でまとめ直してみよう．

まず男性について，指標得点が7点以上のケースが20％以上（全体の中での比率の約2倍以上）を占めるカテゴリーを比率の高い順にあげると，次の通りになっている．

1位（同順位）：50歳時の所属階層＝中小企業マニュアル（32.1％）
1位（同順位）：50歳時の本人の職業＝中小企業マニュアル（32.1％）
3位：学歴＝義務教育程度（25.4％）
4位：初職＝マニュアル的職業（20.3％）

次に女性について，同様に，指標得点が7点以上が20％以上を占めるカテゴリーを比率の高い順にあげると，次の通りになっている．

1位：50歳時の本人の職業＝中小企業マニュアル（25.6％）
2位：50歳時の所属階層＝中小企業マニュアル（21.9％）
3位（同順位）：婚姻状態＝離婚（20.0％）
3位（同順位）：婚姻状態＝未婚（20.0％）

表 2-2-3 相対的剝奪指標の得点が高い層の属性　　(%)

	男　性		女　性	
	剝奪指標：7点以上	全体	剝奪指標：7点以上	全体
学歴				
義務教育程度	66.7	27.7	64.5	41.8
新制高校程度	14.8	29.7	32.3	48.7
新制短大・大学程度	18.5	42.6	3.2	9.5
計	100.0	100.0	100.0	100.0
	(N=27)	(N=256)	(N=31)	(N=306)
50歳時の所属階層				
自営	30.8	26.8	40.0	35.3
経営者	―	11.8	4.0	9.2
中小企業ノン・マニュアル	11.5	19.3	12.0	13.6
大企業ノン・マニュアル	19.2	24.8	8.0	22.4
中小企業マニュアル	34.6	11.0	28.0	11.8
大企業マニュアル	3.8	6.3	8.0	7.7
計	100.0	100.0	100.0	100.0
	(N=26)	(N=254)	(N=25)	(N=272)

以上みてきたところでは，高齢期における相対的剝奪にむすびつくライフコース要因に関しては，低学歴→中小企業のマニュアル的職業→高齢期における低所得という要因連関が基本的なものであり，さらに女性の場合には，未婚・離婚という家族形成上の要因が関連してくるということになろう．

(2) 剝奪指標得点の高い層の属性

次に，やや角度を変えて，高齢者のなかで相対的剝奪の状況におかれている層がどういう特徴をもっているのかという点を，表2-2-3をもとに検討してみたい．

この表は，相対的剝奪指標の得点が7点以上の高齢者の学歴および50歳時の所属階層の分布を，サンプル全体のなかでの比率と合わせて示したものである．

まず学歴についてみると，男性，女性とも，剝奪指標得点が7点以上の層では，義務教育程度の学歴のケースが約3分の2を占めていることが注目される．50歳時の所属階層に関しては，剝奪指標得点が7点以上の層では，

サンプル全体の場合に比べて，中小企業マニュアルのケースが著しく多いのが特徴的である．男性の場合には，中小企業マニュアルの比率は，全体では11.0%に過ぎないのに対して，この層では34.6%を占めている．女性の場合にもほぼ同様の傾向がみられる．

以上のかんたんな分析からでも，このような学歴の低さや中小企業ノンマニュアルという高齢期より前のライフステージにおける不利な条件が，高齢期における相対的剥奪と結びつきやすいという要因連関が確認できる．

6. 相対的剥奪指標を用いた分析(3)——ロジスティック回帰分析

以上の分析は，2変数間の関係に関する分析（単相関，単回帰など）であるが，高齢期における相対的剥奪へのライフコース要因の影響をより的確に分析するためには，多変量解析の手法を用いた分析が必要である．

ここで従属変数とするのは，相対的剥奪指標であるが，この指標の得点の分布が，得点の低いほうに著しく偏っていることから，相対的剥奪指標をカテゴリー変数（1＝4点以上，0＝0〜3点）に変換し，ロジスティック回帰分析の手法を用いて分析を行うこととした．

ロジスティック回帰で独立変数としたのは，年齢，教育年数，50歳時の所属階層，婚姻状態である．教育年数は，最終学歴についての回答をもとに，学校教育を受けた期間を推定したもので，最小値は6，最大値は18である．50歳時の所属階層は，6カテゴリーなので，「大企業マニュアル」を基準カテゴリーとして，5つのダミー変数を用いることとした．婚姻状態は，既婚（現在配偶者がいる）・離婚・死別・未婚の4カテゴリーであるが，男性の場合は，離婚と未婚のケース数が少ないので，両者を併合して，3カテゴリーとした．

分析は，全ケースを用い，男性と女性に分割して行った．変数投入法は強制投入法を用いたが，変数の投入は2つのステップに分けて行い，第1ステップでは年齢と教育年数のみを投入し，第2ステップでこれに50歳時の所属階層と婚姻状態を追加した[4]．

分析結果は，表2-2-4と表2-2-5に示した通りである．

2章 相対的剥奪指標の開発と適用

表 2-2-4 相対的剥奪指標へのライフコース要因の影響：ロジスティック回帰分析の結果（男性）

		第1式		第2式	
		回帰係数	オッズ比	回帰係数	オッズ比
年齢		0.0349	1.0355	0.0555	1.0571
教育年数		−0.3271***	0.7210	−0.2873**	0.7503
50歳時の所属階層					
自営	(→大企業マニュアル)			1.2504	3.4916
経営者	(→大企業マニュアル)			−4.9389	0.0072
中小企業ノン・マニュアル	(→大企業マニュアル)			1.1711	3.2450
大企業ノン・マニュアル	(→大企業マニュアル)			1.9395	6.9553
中小企業マニュアル	(→大企業マニュアル)			2.2427	9.4189
婚姻状態					
離婚・未婚	(→既婚)			1.8331*	6.2529
死別	(→既婚)			0.4653	1.5925
定数		−1.2616		−4.8139	
モデル χ^2		22.810***		39.776***	
		(2 df)		(9 df)	

注：1）従属変数は，相対的剥奪指標（1=4点以上，0=3点以下）．サンプル数は，253．
　　2）（　）内の→の右は，基準カテゴリー．
　　3）***は，$p<.001$，**は，$p<.01$，*は，$p<.05$を示す．

　モデル全体の有意性の検定の結果は，表の最下段に示した通りであり，男性・女性とも，第1式（第1ステップ）・第2式（第2ステップ）の双方で0.1％水準で有意であった．

　まず男性の場合の回帰係数についてみると，第1式では，教育年数のみが有意であり，教育年数が長いほど，相対的剥奪の状態に陥るリスクが少ないという結果となった．教育年数の回帰係数は，第2式においても有意であったが，第2式では，「離婚・未婚」ダミーも有意となった．オッズ比は6.2529と高く，離婚・未婚のケースは，既婚のケースと比べて，相対的剥奪の状態に陥る確率が相当に高いということが明らかになっている．

　女性の第1式をみると，教育年数の回帰係数がマイナスであって，有意であるという点は，男性と同様であるが，年齢も回帰係数がマイナスで有意になっている．

　第2式においては，年齢の回帰係数は有意でなくなっているが，「既婚」

表 2-2-5 相対的剥奪指標へのライフコース要因の影響：ロジスティック回帰分析の結果（女性）

		第1式		第2式	
		回帰係数	オッズ比	回帰係数	オッズ比
年齢		−0.0549*	0.9466	−0.0480	0.9532
教育年数		−0.2013**	0.8177	−0.1536*	0.8576
50歳時の所属階層					
自営	（→大企業マニュアル）			1.1524	3.1658
経営者	（→大企業マニュアル）			0.5827	1.7909
中小企業ノン・マニュアル	（→大企業マニュアル）			0.8476	2.3340
大企業ノン・マニュアル	（→大企業マニュアル）			0.5930	1.8095
中小企業マニュアル	（→大企業マニュアル）			1.7279*	5.6286
婚姻状態					
既婚	（→未婚）			−1.1241*	0.3249
離婚	（→未婚）			0.3867	1.4721
死別	（→未婚）			−1.1560*	0.3147
定数		4.9720*		4.0019	
モデル χ^2		12.310**		33.792***	
		(2 df)		(10 df)	

注：1）従属変数は，相対的剥奪指標（1=4点以上，0=3点以下）．サンプル数は，271．
　　2）（　）内の→の右は，基準カテゴリー．
　　3）***は，p<.001，**は，p<.01，*は，p<.05を示す．

ダミーと「死別」ダミーと「中小企業マニュアル」ダミーが有意になっている．未婚のケースに比べて，既婚や死別のケースは，相対的剥奪の状況に陥る確率が有意に低く，50歳時の所属階層が「中小企業マニュアル」であったケースは，「大企業マニュアル」であったケースに比べて，相対的剥奪の状況に陥る確率が有意に高いという結果となっている．

以上の分析結果は，二変数間の関連の分析から推定した高齢期における相対的剥奪とライフコース要因の間の要因連関と整合的な結果であるが，男性・女性とも婚姻状態に関する変数が有意となっており，未婚や離婚が相対的剥奪に結びつきやすいという結果となっている点が注目される．

ただし，未婚や離婚の影響に関する分析結果の解釈には注意が必要であろう．社会階層とライフコースの関連に関するこれまでの研究が示すところでは，階層的な地位の低さは，標準的なライフコースからの逸脱を引き起こし，家庭生活を不安定化する傾向があるが，そのような逸脱や不安定は，階層的

な地位の達成において不利な条件として作用する．その意味では，一般的には，社会階層と婚姻状態の間には相互作用があると考えられる．

高齢期というライフステージでは，生活の不安定が離婚に結びついたり，未婚者の結婚を困難にするという事態はあまり生じないと考えてよいだろうが，現時点での「未婚」や「離婚」は，過去における職歴や生活の不安定などの社会的不利の結果といえる場合も少なくないであろう．その意味では，現在の婚姻状態は，高齢期より前のライフステージにおいて累積された社会的不利の代理指標とみなすこともできるであろう．

7. まとめ

以上，本章では，われわれの調査データに含まれていた調査項目を用いて相対的剥奪指標を構築し，東京都23区の高齢者のなかでの相対的剥奪の程度，分布と，そのライフコース要因との関連を分析してきた．

以上の分析から，相対的剥奪の概念を用い，P. タウンゼントが用いたものと類似の方法を活用して貧困と不平等の分析を行うことが，現代日本においても一定の有効性を発揮することが確認されたといってよいだろう．

しかしながら，本章での分析には次に述べるようにいくつかの点で限界があり，今後さらに研究を積み重ねていくことが必要と考えられる．

第1に，ライフコース要因と相対的剥奪の関連についての本章の分析は，限定的な性格のものであり，さらにきめこまかな分析を行うことが必要と考えられる．ライフコースにおける有利と不利の累積のメカニズムの解明という研究課題の性格からすると，縦断的なデザインによる調査データの活用が有効性を発揮するものと考えられる．実際，諸外国では，そうしたデータが蓄積され，多くの研究成果が生まれている（O'Rand, 1996；Crystal and Shea, 1990；Holland, et al., 2000）．日本においても，そのような調査データの収集と蓄積が課題といえよう．

第2に，ここで構築された相対的剥奪指標は，必ずしもその目的のために設計されたのではない調査データにたまたま含まれていた項目を用いて構築したものであるから，必ずしも普遍的な適用可能性をもつものではない[5]．

相対的剥奪指標の構築を目的として設計された調査のデータを用いて，普遍的な適用可能性をもつ指標を開発し，それを利用して研究を蓄積していくことが望ましいことは確かであろう．

しかし，今回構築した指標を構成する項目の多くは，高齢者の生活実態調査に含められることが多い項目である．このことは，既存の生活実態調査データを利用し，その調査の対象集団において有効性を発揮する相対的剥奪指標を構築して分析に活用することにより，その集団における相対的剥奪の状況が有効に分析しうる可能性があることを示唆している．

第3に，本研究で用いた社会階層の分類方式自体が，今後なお改善の余地があるものであると考えられる．本章の分析では，中小企業マニュアル階層が，高齢期における相対的剥奪に直面するリスクが際だって高いことが明らかになったのであるが，中小企業マニュアルといっても，そこには多様な職種が含まれており，技能水準や労働条件，雇用の安定度などもさまざまであるものと推測される．自営業層についても，同様な問題があると考えられる．その点からみると，経済学・社会政策学の貧困研究・社会階層研究で開発されてきた社会階層の分類図式（特に不安定階層の分類方式）を踏まえながら，現代日本社会の状況に適した分類図式の開発を試みることも必要であろう．

1) 本書2部1章のほか，小沼（1981），藤村（1997），福島（1983，pp. 19-46）などを参照．
2) 72歳の夫と67歳の妻のケースを想定している．また，住宅扶助については，6万6700円という東京都の特別基準を想定している．その場合の，年額は239万円である．
3) 従業員数300人を基準に大企業と中小企業を分けた．
4) 統計パッケージは，SPSS for Windows Release 7.5.1 J を用いて分析を行なった．
5) 本研究と同様に既存の調査データを活用して剥奪指標を構築して分析を試みている研究として（Hutton, 1991）がある．

文献

Crystal, Stephen and Dennis Shea, 1990, "Cumulative Advantage, Cumulative Disadvantage, and Inequality among Elderly People," *The Gerontologist*, 30-

4, pp. 437-443.

藤村正之，1997，「貧困・剥奪・不平等の論理構造」庄司洋子・杉村宏・藤村正之『貧困・不平等と社会福祉』有斐閣，19-36頁．

福島勝彦，1983，『イギリスの社会保障政策――〈戦後の展開〉』同文館．

平岡公一，1980，『貧困と相対的不満の社会学的分析』東京大学大学院社会学研究科修士論文（未公刊）．

Holland, P. L., Berney, D. Blane, et al., 2000, "Life Course Accumulation of Disadvantage: Childhood Health and Hazard Exposure during Adulthood," Social Science and Medicine, 50, pp. 1285-1295.

Hutton, Sandra, 1991, "Measuring Living Standards Using Existing National Data Sets," Journal of Social Policy, 20-2, pp. 237-257.

小沼正，1981，「貧困測定における新しい手法――P. Townsend の '68年貧困調査」『季刊社会保障研究』16巻3号，42-52頁．

O'Rand, Angela M., 1996, "The Precious and Precocious: Understanding Cumulative Disadvantage and Cumulative Advantage over the Life Course," The Gerontologist, 36-2, pp. 230-238.

柴田謙治，1997，「イギリスにおける貧困問題の動向――『貧困概念の拡大』と貧困の『基準』をめぐって」『海外社会保障情報』118号，国立社会保障・人口問題研究所，4-17頁．

Townsend, Peter, 1974, "Poverty as Relative Deprivation: Resources and Styles of Living," in Wedderburn, D. ed., Poverty, Inequality and Class Structure, Cambridge University Press.（高山武志訳，1977，「相対的剥奪としての貧困」『イギリスにおける貧困の論理』光生館，19-54頁）．

Townsend, Peter, 1979, Poverty in the United Kingdom: A Survey of Household Resources and Standards of Living, Penguin.

（付記）　本章の**3～5**は，国際社会学会第19研究委員会の2000年年次大会（2000年8月24日～27日にオランダ・ティルブルフで開催）に提出したペーパー "Social Inequalities and Deprivation among the Elderly in Tokyo" を大幅に書き改めたものである．

3章　高齢期における社会的不平等と社会的公正

藤村　正之

　本章の課題は，高齢期における社会的不平等と社会的公正というテーマを検討するための諸論点を提示し，それらを一定の分析視点の下に整理してみることである．そのための作業として，まず，1と2では，社会的不利をめぐる諸概念とそれら相互の基本的な関係について一般的な整理をおこなう．つづく，3と4では，先の諸概念をめぐる整理を援用しながら，高齢期における社会的不利を，高齢者世代内部の問題として，また，高齢者世代と若年世代との比較の問題として各々論じていくことにする．

1. 社会的不利をめぐる諸概念(1)――貧困と不平等

　これまでの長い歴史を通じて，私たちは社会問題への社会的認識の1方法として，ある状態にある人々の社会的不利をいくつかの概念群の提唱によって措定してきた．古来から現代までのそのような概念群の主なものをあげれば，貧困・不平等・不公正・リスクなどがそれに該当しよう．しいてあげれば，前2者は人間社会の基本的な問題として長らく論じられてきた論点であるのに対し，後2者は前2者の問題がある程度解決されてきた段階で，社会問題の変質と認識レベルの細密化によって措定されるようになってきた論点であるといえよう．
　これらの諸概念の背後には，膨大で綿密な哲学的・倫理学的議論，その測定・計量の開発に向けられた数え切れないほどの社会科学的努力が山積している．そのため，それら自身の理解と展開の確認のためにさえ複数の書物を要するほどであるが，そのような紙幅も許されていない以上，ここでの作業

はこれらの概念間の位置関係を検討するためのラフ・スケッチの提示にとどまることになる．したがって，以下でなされる記述は，それらの概念の成立や展開を学史的に綿密に追究したり，計量上の工夫や精度を問うという論考としてではなく，高齢期における社会的不利の諸問題の考察に必要と考えられる，それらの概念同士の問題関心の位置関係を確認するための覚書として理解していただきたい．

　まず，「貧困（poverty）」からふれていくことにしよう．貧困とは主に経済的な基準からみて生活水準が劣った状態としてひとまず定義できるが，さらに概念的にはその中を絶対的なものと相対的なものに分けることができる．絶対的な貧困とはその個人や世帯の生存そのものがおびやかされるような状態のことであり，相対的な貧困とは生存がおびやかされるほどではないが，当該社会において満たされるべき経済的あるいは文化的規準に達していない状態ということができる．前者の絶対的な基準としては，B. S. ラウントリー（B. S. Rowntree）の「第1次貧困」の問題提起以降の最低生活費研究の蓄積が該当しよう．当初，自らを絶対的な基準の提起と意識していなかったであろうそれらの諸研究は，研究期間の長さにともなう社会の大きな変化によって基準が相対化されざるをえず，逆に自らを絶対的な基準と主張していかざるをえなくなったといえる．

　他方，後者の相対的な基準では，若干視点を異にするが，ロウントリーの「第2次貧困」，近くはP. タウンゼンド（P. Townsend）による「相対的剥奪（relative deprivation）」などが該当しよう（Wedderburn, 1974=1977）．すべての人や世帯がすべての物的資源や生活様式を共通に持っているわけではない以上，相対的剥奪の概念は結果的にはどのような状態にでも適用することが可能ではある．しかし，相対的剥奪の主唱者であるP. タウンゼンド自身は，すべてを相対化の中の程度の問題として把握するのではなく，剥奪状態が多くの側面で急激に進行する絶対的な臨界点が存在することを指摘していることを確認しておきたい．その認識は，相対的貧困を財の保有と「能力（capability）」をめぐって論争するタウンゼンドとA. セン（A. Sen）の争点の中にもあらわれている（山森，2000a）[1]．

　社会にとって，貧困の問題が社会問題として成立するためには，貧困が社

会的に一定程度以上の分布をしめしていることが必要になる．その場合，ブースやロウントリーの「貧困線（poverty line）」に代表されるように，ある基準が設定されて，それが満たされていない人口数や世帯数を計って貧困者（貧困世帯）比率を出す「ヘッド・カウント法」が使用されることもあれば，すべての貧困者の実質所得を貧困線まで引き上げるために必要な費用を社会の総所得で割出し標準化する「貧困ギャップ法」が使われることもある（Mitchel, 1991=1993）．ヘッド・カウント法は貧困者の社会的分布の広さを，貧困ギャップ法は貧困度合いの社会的深さをしめすのに有効であると考えられる．

　先進諸国を中心とする「豊かな社会」の成立は，絶対的貧困に該当する問題を次第に量的には解消してきたが，そのような状態にいる人を完全に根絶しえるわけではない．ガルブレイスが「島の貧困（insular poverty）」と称したように，社会のところどころに点在する絶対的貧困はなくならないし，逆に「皆が貧しい」という状態ではないために，貧困者への排除や差別，スティグマや疎外感の問題は「豊かな社会」ほどいっそう深刻になると想定される．そのような段階においては，G. ジンメル（G. Simmel）が指摘するように，貧困を生活水準の貧しさの問題としてだけみるのではなく，貧者が措定される政策対象者と政策執行者の社会関係のプロセスの中にみることも重要になってくるであろう（Simmel, 1908=1994）．

　次に，「不平等（inequality）」の概念について簡潔に検討しておこう．上記で対比された絶対的な貧困と相対的な貧困とは，それ自身が貧困と不平等という概念におきなおすことも可能である．不平等概念の提起には，先進諸国での「豊かな社会」の成立によって，多くの人々がひとまず飲まず食わずの生活から脱却できたことで，絶対的な貧困水準を問うだけでは社会問題措定の先鋭性を喪失するようになってきたことが影響している．そのため，貧困をもその一形態として含みうる不平等概念が，先進社会での社会問題のリアリティをしめす言葉となってきた．しかし，人間の何が平等にあつかわれるべきか，また何が判定基準に用いられるべきかについて完全な共通理解があるわけではない（稲上，1989）．そこに，平等概念の枝分かれが発生してくることになる．

不平等には，(1)相対的な貧困に代表されるような当該の二者をある観点から対照することで等しくないと判定される場合と，(2)全体的な位置関係の中である資源が適切に配分されていないと評価される場合がある．前者(1)での不平等概念の適用にあたっては，それを大きくは3つの考え方に分けることができる．第1は数量的・絶対的平等，第2は「貢献」を基準とした比例的平等，第3は「必要」を基準とした比例的平等である（武川，1984）．数量的・絶対的平等は各人の多様性の背後に抽象的な人格を想定して，その等質性により配分を根拠づけるものである．しかし，この平等を現実に実行した場合，諸個人に対して絶対平等に同量だけ資源を配分することになるが，逆にそれは第2・第3の比例的平等からみればけっして望ましい配分原理とはいえなくなる．第2・第3の比例的平等は各人のなんらかの特性をもっとも重視し，それ以外の特性にはいっさいかかわらず，その点においてのみすべてを等しくあつかうことを意味する．その中で，判断の根拠となる特性として，個人の努力や業績を重視すれば第2の貢献に基づく比例的平等に，個人の存在性とその要請を重視すれば第3の必要に基づく比例的平等となる．前者を行為とその結果に基づく判定基準，後者を存在に基づく判定基準といってもよいかもしれない．

不平等に焦点をあてた場合，世の中のすべての現象には不平等が内在化しているともいえるし，他方で不平等を判定する根拠そのものをまったく同一にして比較することも不可能であるといわざるをえない．例えば，世帯収入を比較するということであっても，世帯人数が異なれば収入が異なるのは当然であり，一人当り世帯収入の計算によってひとまずの比較が可能となる．しかし，そこでも，世帯構成や稼得者の人数・性別・年齢による差異をどう評価するかという問題が潜在している．したがって，評価基準に多面性を持たせようとする限り，すべての社会現象は不平等を内包しており，完全な平等はやはりありえないといわざるをえない．不平等がなくならないとするならば，資源の不均等な配分があらゆる層において多様に展開されることが，逆に不平等解消のひとつの現実態であるととらえる考え方がありえる．社会階層論的には，「地位の非一貫性（status inconsistency）」と呼ばれる現象がそのような状態として想定されている．資産獲得や学歴，職業威信などの

各資源配分に関する相関度が相互に低く，各々が異なる配分原理にしたがっていたり，配分結果が異なっていたりして，資源の独占状態がおこらないことをしめしている．

先の後者(2)の全体的な位置関係の測定のための指標としては，ローレンツ曲線とジニ係数が代表的なものである．ともに一定集団内の分配の不平等度を測定する指標である．ローレンツ曲線は，所得や資産の少ない人順にならべたうえで，ある順番までの人が全体所得の何％をえているかという累積相対所得をとって描いた曲線である．完全平等であるなら，この曲線は原点を通る45度の直線となり，不平等になるにつれて凸型の曲線になる．ローレンツ曲線によって一定程度の不平等度は判明するが，曲線が交差したときなどに判定が困難となる．そこで，45度線とローレンツ曲線によって囲まれた弓形の面積が45度線下の三角形の面積に対する比率がどれくらいかを求めることで，その問題を解決しようとしたのが，ジニ係数である．ジニ係数は完全平等すなわちローレンツ曲線が45度線そのもののとき0となり，1人だけが独占的に資源を有しているとき1となる．

これらの計量測定の工夫は，あらゆる2つ以上の現象に可能ともいえる不平等という措定を越えて，全体分布の中で問題の程度を競うという客観性を有している．他方で，その客観性ゆえに，特定の現象間にみられる不平等のリアリティや困難性，苦難を把握しきれないという側面も有している．あらゆる視点から見て完成された指標というものがありえない以上，その限界をふまえたうえで，指標の併用を試みていくことが有用であると考えられる．

2. 社会的不利をめぐる諸概念(2)——不公正とリスク

社会的不利をめぐる概念として，ながらく貧困と不平等が着目されてきた．しかし，近年は，問題を再度先鋭化してとらえる必要性と問題そのものの質の変容によって，不公正とリスクという概念が注目されるようになってきた．ここでは，それらについてふれていこう．

不平等概念には，そこに含まれる相対的な特性によって，ある種の無限後退的な性質が内包されている．ありとあらゆる現象に不平等を見つけだすこ

とは可能だということになり，追究すべき問題がどこにでも遍在化することにより，逆に問題提起の先鋭性が失われてくる．そのような無限後退的な性質にいったん歯止めをかけるのが，「公正（fairness）」の概念である．これは，不平等状態があるとしてもそれを評価する規準そのものにてらして，それが妥当な範囲にとどまる差異であるかどうかを判定したり，逆に平等に近いと判定される状態であったともしても，それがある規準にてらして妥当でないと判断されるような場合があることをしめしている．理由が薄弱なのに皆が数量的平等を獲得していることへの批判としての悪平等，ある集団やカテゴリーが負う差別現象を解決するための対策が逆に他の集団やカテゴリーで同等基準にある人たちの権利や機会を奪ってしまう逆差別などが，公正を問いかける問題として提起される．公正を問おうとする感覚には，状態についての認識とその論理的妥当性を設定する規準との相関関係において，事象を判定しようとする志向が内包されている[2]．

　例えば，公正観の国際比較調査において，日本人は絶対的・数量的な平等配分を公正とみる傾向があるが，アメリカ人はそのような平等配分はむしろ不公正であり，貢献した人へ多く配分する原理こそ公正だと考える傾向があると指摘されている（宮野，1997，p. 115）．このように，評価基準を陰で支える配分原理の価値を吟味することで，不平等概念がおびている相対性から逃れ，判断規準を再び絶対性のもとによびもどそうとする志向が公正概念の提起には潜んでいる．そのため，公正の概念は，「正義（justice）」や「衡平（equity）」という概念とも隣接しているのである（斉藤，1998）．

　他方，近年社会的不利を把握するために新たに提起されているのが，「リスク（risk）」概念である．こちらは社会的不利を，"起こりうる可能性"としても措定するという考え方をふくむ論点である．端的には，環境問題や核問題あるいは自然災害や健康破壊に代表される生死に関わる危険性として，リスクを例示することができる．それらの被害を被ることによって，人は生存をおびやかされるが，その可能性は個人の感覚や肉眼では確認できないため，論証の努力が必要とされる．かつて，ジンメルが比喩的に「社会問題とはにおいの問題である」と指摘したことがあるが，そのことと対比すれば，リスクはにおいも痕跡もない「可能性としての社会問題」なのである．しか

し，リスクが現実に生じた場合，実際には事後の処理が不可能な規模の破壊がなされると想定されるため，それが予測されている段階で将来のリスクをくいとめることが重要となってくるのである（Beck, 1986=1998, p. 47）．

富が配分の対象となるのと同様，リスクも配分の対象となりうる．貧困が階層的底辺に集中してあらわれる現象だとするなら，リスクは原則的にはあらゆる階層にその危険性を有する現象だという特徴がある．しかし，いまだ起こっていないリスクとはいえ，そのリスク分布には再び階層的差異が存在するという指摘があることはいうまでもない．実証的な例としても，1995年の阪神・淡路大震災の被害にあった人たちの地域性は階層性と強く連結した状態であることがあきらかにされており（宮原・森，1998），地震という自然災害は共通に被るとしても，それが死や生活困窮に直結するリスクはやはり低階層とその居住地域に強く結びついていることがしめされている．やはり，富は上方に集中し，リスクは下方に集中するのである．

しかし，そのような事実が確かに確認されるとしても，リスク概念の本来的重要性は，確かにその背後で強く機能しているかもしれない階層・階級に問題を還元しようとするのではない．むしろ，中階層・高階層であっても逃げられない生存の危険性を被っている現代社会の特質を問題喚起することにあると考えるべきだろう．富める者も権力を持つ者もリスクの前に安全ではありえず，自らが飛ばしたブーメランのように問題は回帰してくるのである．貧困は階級的だが，スモッグは民主的であると揶揄される理由もそこにある．富の所有が問題となる産業社会に対して，リスク社会はリスクに曝されることが問題であり，リスク認識が重要という意味では，「存在が意識を規定する」のではなく，「意識が存在を規定する」のがリスク社会なのでもある（Beck, 1986=1998, pp. 29-30）．貧困や不平等をも越えようとする公正は社会変革の価値を担った目標であるのに，リスクの対である安全は消極的・防御的な目標であるにとどまる．自己利益をめざす競争が問題の中心なのではなく，リスクが可能性にとどまるため対抗すべき社会集団形成にいたりえない漠然たる不安が問題なのである．

以上，社会的不利の概念群として，貧困・不平等・不公正・リスクの4つを検討してきた．これらの概念の位置関係を，規準の絶対性－相対性，問題

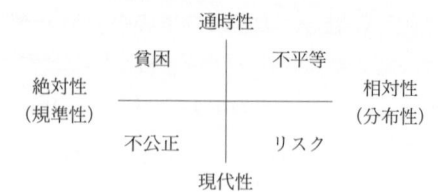

```
              通時性
        貧困  │  不平等
 絶対性        │        相対性
(規準性) ──────┼────── (分布性)
        不公正 │  リスク
              現代性
```

図 2-3-1 社会的不利の諸概念の位置関係

の通時性－現代性という2軸を交差させることで，図2-3-1のように確認することもできるだろう．貧困や不平等という聞き慣れた問題指摘にとどまらず，不公正やリスクという新たな概念の提起によって問題の規準をより自覚化し多角的にとらえようとする方向性がそこには確認される．また，貧困や不公正が絶対的な性格のもとで社会への強い価値判断をともなった問題提起を志向するのに対し[3]，不平等やリスクは社会問題が局所的なものでなく遍在的なものであることをうったえ，漸次的な改善の試みを志向するというふうにいえるかもしれない．

3. 高齢者世代内部での社会的不平等と社会的公正

以上のような社会的不利をめぐる概念間の位置関係を理解したうえで，高齢者の社会的不平等と社会的公正に論題をうつしていく．一般理論的な枠組に対して，高齢者という要因を挿入することによって，どのような論点が限定を受けたり，深まりを見せるのかを簡潔に確認することにしよう．それらの論点の整理に向けて，ここでは2軸を設定してみる．第1の軸は，問題を何と比較対象させるかであり，高齢者世代内部の問題として議論するか，高齢者世代と若年世代との問題として議論するかである．第2の軸は，その対象を1時点のものとして把握するか，異なる時点間のものとして把握するかである．前者では主にその差異の現象に着目するのに対し，後者では主にその差異の理由に着目するとも考えられる．差異の現象への着目は私たちに不平等の問題を自覚させ，差異の理由への着目は公正の問題を自覚させるともいえるだろう．

まず，高齢者世代内部の問題として考えてみよう．1時点のものとして考えるならば，現在の生活の諸状態や生活機会において，高齢者間にどのような差異が存在しているかという認識が問題となってくる．そこに明確な差異が存在していれば，高齢期における不平等として措定されうるし，その状態が生存や人権の観点から限界を超えて低い生活水準となっているならば貧困と規定されるだろう．

　高齢者世代の内部に存在する重要な差異として，所得や健康などがあげられる．所得をめぐる基本的議論としては，近年，高齢者＝社会的弱者論が否定され，彼らの平均所得の現状が取り上げられ，それが一般世帯と比べても遜色のないものであることが指摘されることがある．しかし，そのような認識に対して，高額の収入をえる高齢者がいることによって平均所得の数値が上方にあげられてしまいがちであり，多くの高齢者の所得は低く，平均値に遠くおよばないという批判がなされる．一連の過程では，高齢者＝社会的弱者という一般的イメージへの対抗イメージとしていったん平均像が対置されるわけだが，さらにその平均像が分布形態の不平等という観点から再批判されることになる[4]．

　高齢者が一般に健康が弱まることも事実だが，高齢者世代内部に個人差も含めて健康度に大きな相違があることも事実である．その中で，寝たきりや痴呆で相当程度の介護を必要とする状態にいたるということは，現代の高齢期における社会的リスクと言えるだろう．基準の範域による違いはあるが，65歳以上の人たちの平均で算出すれば，寝たきりにいたる確率は5％程度のことであっても，誰かとその家族は確実にその問題をかかえるわけであり，80歳以上になればねたきりに該当する比率も4人に1人程度まで上昇するのである．日本においても，介護保険制度が成立したことによって，要介護状態にいたることが，健康に恵まれず家族介護を受けられない不運な人たちのレア・ケースという考え方から，誰でもがそういう状態になるリスクを有しており，だからこそ対策が必要とされるという社会的認識の変化を確認することもできる．

　以上のような，高齢者世代内部での諸状態の差異の存在に関して，そのような差異の発生理由をどのように理解するかという問題がある．ひとつは，

年齢の大きな相違に理由を求めることもありえよう．もともと，定年退職あるいは年金支給開始，老年人口比率の算出基準などとして，65歳が高齢期のひとつの規準とされている．しかし，その範囲には100歳を超える者も含まれるわけで，65歳以降の30年以上の年齢層を一括してくくることにある種の無理があるわけでもある．その一端は，前期高齢層（65～74歳）と後期高齢層（75歳以上）という区分において，本人の諸状況や社会的課題の違いとして指摘されていることでもある．

他方で，高齢者世代内部の差異の原因を，異なる時点間で発生した問題として，すなわち，ライフコース上の累積によっておこってくる「経路依存的（path dependent）」なものとする考え方がある．ライフコース上の累積による差異と考えた場合，その時々の差異そのものが社会的不利の帰結であり，それが拡大再生産されたものとして老後生活を理解するのか，そのときどきの差異自身は各人の業績・努力の結果の帰結として正当性をもつものだとする評価もありうる．これらの認識の違いは，公正観の日米の相違として先に一般論としてふれた現象と類似の構造をもっている．後者のように各人の業績・努力の結果の帰結という観点を重視する場合，業績主義社会の価値観においては，高齢期の生活における差異それ自身が完全に否定的に受け止められることはないといえる[5]．しかし，その認識をふまえても，高齢期における社会的不利が生存権を剥奪されるあるいは人権侵害に該当するような絶対的な状態にある場合，不平等の存在そのものはいたしかたないが，その差異をなだらかでゆるやかなものにするべく，なんらかの再分配的な連帯政策や権利確保の承認政策がおこなわれるべきだという考え方は存在しうるだろう（山森，2000b）．

ライフコース上の累積的差異の問題として，近年階層格差だけでなく議論が深まってきているのが，ライフコースの背後にひそむジェンダー差異の累積の問題である．それは，「男性稼ぎ手モデル（bread winner model）」といわれる前提にしたがって論理構成がなされる社会制度では，不利益な立場に立たされがちな女性がその不利益な状態を脱しにくいシステムとして社会政策が構築されているという批判である（平岡，2000）．他方で，そのような問題を考慮して，従来年金給付が世帯単位的に施行されてきた方向から，

離婚などの際に不利となっていた専業主婦の不利益を解消するため個人単位的制度への移行が果たされた．しかし，そのような制度改変が，今度は共働き世帯での影の保険料負担をよびおこし，逆に専業主婦優遇へと反転してしまうという批判もおきている．男女というジェンダー間の問題に加えて，それが遠因となって生み出される同一ジェンダー内の問題も議論をよぶようになってきている．

4. 高齢者世代と若年世代での社会的不平等と社会的公正

　高齢者世代が社会的に不平等な状態におかれているかどうかは，高齢者世代内部に比較準拠を求めるばかりでなく，若年世代に比較準拠を求めて議論される場合もある．ここでいう若年世代とは高齢者と比較しての相対的なものであり，必ずしも若者のみを意味するわけではない．一般的に，一時点間の比較として高齢者世代と一般世帯を比べ，高齢者世代のほうが生活困難な劣位な状態にあるという対照がなされることが多い．一般世帯の多くが若年世代であることから，そのような作業は異世代間の比較となる．貧困層における高齢者世帯の多さ（生活保護受給者やホームレスなど）の指摘は，そのような手法の比較に該当する．他方で，所得の高低を異世代間で比較すると，高齢者世代の世帯構成において人数そのものが減少していたり，子育ての終了にともなう教育費負担の減少や住宅ローンの返済終了などがあり，差異が存在しても，それが直接的な不平等を意味しない場合もありうる．

　したがって，高齢者世代と若年世代では，そこにまったく同じ平等を求めるというのではなく，社会的公正という規準を満たすかどうかが問われることになる．両世代をめぐる論点のひとつに，世代間公平という考え方がある．例示的には，年金保険料負担の問題があげられる．それは，政府によって運営される社会保障が若年世代から高齢世代への税金・社会保険料拠出を通じておこなわれる世代間扶養であり，従来家族内でおこなわれていた老親扶養の一部を代替するものであるという考え方に基づいている．そのような世代間扶養は1家族の老親扶養を超えて社会的レベルでおこなわれるため，当該時代の人口構造の構成割合の影響を大きく受ける．そのため，公平や公正を

めぐる議論として，年金保険の保険料と給付額の世代間の差異をめぐっての問題が取り上げられることが多い．そこでは，保険料として納付した金額が年金給付で充分戻ってくるコーホート集団と逆に払い過ぎとなってしまうコーホート集団が対照される．これは，公的な年金保険が積立方式から賦課方式の性格を色濃く増加させ，他方で人口構造の老年人口と生産年齢人口の比率が変動することによって起こる現象と言える．同様のことは，医療保険をめぐってもあり，老人保健法においておこなわれている各保険者間の財政調整は，各保険間の高齢者加入率の相違による負担割合を均等にしていこうとする性格を有するものでもある．少子高齢化が進む現代社会において，人口のより少ない若年世代に対しての公平性の確保，現実には予想される保険料負担の増加率を受忍限度でおさえることができるかどうかが政策課題として提起される．

　このような議論に対して，宮島洋は個別の社会制度における世代間公平の問題にのみ焦点をあてるのではなく，その他の親世代から子ども世代への資源移転も視野におさめるべきことを指摘している．代表的には，大学生の教育費・生活費負担，結婚費用の援助，相続・贈与財産の問題があげられ，これらは親世代から子ども世代への援助金であると考えられる．おおまかな試算では，これらの親世代から子ども世代への資源移転の合計金額26兆5000億円と，子ども世代から親世代への年金保険料拠出25兆5000億円（1992年度数値）はほぼ拮抗すると把握される（宮島，1997，pp. 52-55）．ここには，公平や公正の問題を多元的な側面で把握すること，親世代―子ども世代，子ども世代―孫世代という縦系列の一方向の資源の流れの妥当性としてのみ考えるのではなく，親世代―子ども世代の相互関係においても把握することの重要性がしめされている．現在の社会状況であれば，山田昌弘の主張する，住宅費・家事負担を親に依存し，収入を自分の好きなことに自由に使う未婚・親同居者である「パラサイト・シングル」問題も，隠れた親負担現象として取りあげることができるだろう（山田，1999）．そのような老親から見ての公平・公正問題だけでなく，逆に社会的リスクといえる家族介護に直面するかどうかについて，老親が倒れず介護が可能性にとどまるものと，老親が倒れて介護が現実化してしまうものとで，子ども世代の間での公平・公正

問題を指摘する声もある．

　異なる世代間での資源移転では，それを測る妥当性規準が複雑になってくる．そのひとつは遺産相続であるのだが，それゆえに獲得した資産を自分たち世代内で完結させて活用していこうとする試みも存在する．住宅資産を子どもたちに相続させることを主目的にするのではなく，現在時点の自分たちの所得維持，医療・介護保障の一助に用いようとするのが，「リバース・モーゲージ（逆抵当融資）制度」である．これは，住み続ける住宅を担保に融資を受け，死亡時に担保住宅を処分して一括返済するという不動産の活用制度として構想されている．しかし，必ずしも制度普及がめざましく進んでいるわけではない．その理由は，長生きをすることによって融資金額が住宅担保価値を上回る担保切れの危険性があること，親子ともに土地と住宅についての相続意識が結局は強く，子ども世代が死亡時に不動産活用による借入金を返済してしまうためであると言われている．

5. むすびにかえて

　高齢社会の到来を，本格的な消費者の登場ととらえる向きがある．サラリーマンは基本的に被雇用者かつ消費者であるのに対して，退職によって雇用から離れた高齢者は公的年金や預貯金利子に頼るわけで，消費者としてのみ現代社会を生きる存在とも言えるからである．ミチェロンのいう，高齢者に対する「ニュー・レジャー・クラス」という形容もそこに由来している（藤村，1995）．もちろん，彼らの存在は，年金財源の多くが現役被雇用者の社会保険料拠出によって支えられている以上，自分が被雇用者ではないとしても，社会全体の被雇用者問題から完全に独立した存在になるわけでもない（宮島，1997，pp. 154-157）．そこに，高齢者＝社会的弱者論を超えて，理解・政策認識をおこなっていくべき問題が存在しているし，さらに社会全体の中で影響関係を考えるべき理由もある．

　若者たちが〈現代〉を考える存在だとするなら，高齢者たちは〈歴史〉を考える存在と位置づけることができる．若者たちは当該時代の色だけに染まって成長してくるのに対して，高齢者たちは当該時代の色の影響を受けても

全体の色合いが変化しない過去をもっているからである（藤村，1999）．そのことは，異なる世代間の比較に基づいて，高齢者世代の社会的不平等を理解することがそう簡単ではないことをしめしていよう．何を比較することによって，不平等に該当しうる数値的差異を算出してくるのか，そこにある差異を本人の努力・業績の結果と結びつけられる場合，また異なる世代間における複数チャンネルでの資源移転の中で考えた場合，差異の存在があっても，それを不公正と断定しきれるものなのか．そして，若年世代の状況が社会的公平の観点から先行世代と比較して不利を被っているのかどうかも，彼らが数十年を経て高齢者世代となるまで本当の意味ではわからない．そのため，それは常に可能性としての議論にとどまるものでしかないともいえる（佐藤，2000）．私たちが高齢期の社会的不平等と社会的公正をめぐって明細化すべき諸論点は，まだまだ多いと言わざるをえないだろう．

1) センの capability の概念をめぐって，ひとまずここでは「能力」としたが，さまざまな訳語が試みられていることは確認しておきたい．
2) ここでは状態と基準という一般的な区分法にしたがった言い方をしているが，構築主義的な認識も浸透しつつある現段階では，公正概念をめぐっても，そのような区分の成立そのものが問い直される必要があるかもしれない．
3) これらの絶対性をさらに背後で支える価値規範として人権や市民権を想定することができる（伊藤，1996）．
4) 高齢者のイメージをラベリング論の視点から分析した近年の研究として，辻（2000）があげられる．
5) 老人福祉法における過去の功績に報いるための法制度という趣旨（「多年にわたり社会の進展に寄与してきた者として」）は，業績主義社会の価値観の一端をしめしており，功績のない老人は保護に価しないのかという形で，それに対する批判も存在する．

文献

Beck, U., 1986, *Risikogesellschaft*, Suhrkamp Verlag.（＝1998，東廉・伊藤美登里訳『危険社会』法政大学出版局）．
藤村正之，1995，「overview 仕事と遊びの社会学」『岩波講座・現代社会学 20　仕事と遊びの社会学』岩波書店，179-202 頁．
藤村正之，1997，「貧困・剝奪・不平等の論理構造」庄司洋子・杉村宏・藤村正之

編『貧困・不平等と社会福祉』有斐閣, 19-37頁.
藤村正之, 1999, 「通過駅でも永住地でもなく——世代文化としての青年文化」富田英典・藤村正之編『〈みんなぼっち〉の世界』恒星社厚生閣, 101-110頁.
平岡公一, 2000, 「福祉国家研究における社会学的アプローチ」三重野卓・平岡公一編『福祉政策の理論と実際』東信堂, 187-211頁.
稲上 毅, 1989, 『転換期の労働世界』有信堂.
伊藤周平, 1996, 『福祉国家と市民権』法政大学出版局.
Mitchel, D., 1991, *Income Transfers in Ten Welfare States*, Avebury. (=1993, 埋橋孝文・三宅洋一・伊藤忠通・北明美・伊田広行訳『福祉国家の国際比較研究』啓文社).
宮原浩二郎・森真一, 1998, 「震度7の社会空間」『社会学評論』49-1, 日本社会学会, 2-20頁.
宮野 勝, 1997, 「価値観」苅谷剛彦編『比較社会・入門』有斐閣, 103-121頁.
宮島 洋, 1997, 『高齢社会へのメッセージ』丸善ライブラリー.
斎藤友里子, 1998, 「ジャスティスの社会学」髙坂健次・厚東洋輔編『講座社会学1 理論と方法』東京大学出版会, 165-198頁.
佐藤俊樹, 2000, 『不平等社会日本』中公新書.
Sen, A., 1992, *Inequality Reexamined*, Russel Sage Foundation. (=1999, 池本幸生・野上裕生・佐藤仁訳『不平等の再検討』岩波書店).
Simmel, G., 1908, *Soziologie*. (=1994, 居安正訳『社会学(下)』白水社).
武川正吾, 1984, 「社会政策と社会的価値」『季刊社会保障研究』19-4, 社会保障研究所, 457-466頁.
竹内章郎, 1999, 『現代平等論ガイド』青木書店.
辻 正二, 2000, 『高齢者ラベリングの社会学』恒星社厚生閣.
Wedderburn, D., 1974, *Poverty, Inquality and Class Structure*, Cambridge University Press. (=1977, 高山武志訳『イギリスにおける貧困の論理』光生館).
山田昌弘, 1999, 『パラサイトシングルの時代』ちくま新書.
山森 亮, 2000a, 「貧困・社会政策・絶対性」川本隆史・高橋久一郎編『応用倫理学の転換』ナカニシヤ出版, 140-162頁.
山森 亮, 2000b, 「福祉国家の規範理論」大山博・炭谷茂・武川正吾・平岡公一編『福祉国家への視座』ミネルヴァ書房, 99-118頁.

終章　結論と展望

平岡　公一

　この終章は，本研究全体の結論の記述と，研究および政策の両方の側面に関する今後の展望の検討にあてられる．

　以下では，まず1において，本研究の主要な知見を，あらかじめ設定した4つの主要な研究主題との関連で検討する．2では，それをふまえて，今後の研究課題を整理し，いくつかの問題提起を行ってみたい．続く3では，本研究で得られた知見と，そこから明らかになってきた今後の研究課題が，日本における高齢期に関する社会科学的研究（社会老年学）にとってもつ意義を考えてみたい．そして，最後に4において，本研究の政策的インプリケーションを検討することで，本書を締めくくることとしたい．

1. 本研究の主要な知見とその意義

　まず，本研究の主要な知見を，序章の2で説明した4つの研究主題のそれぞれに即してまとめ，若干の考察を行うことにしたい．

(1) 社会的不平等の実態の分析

　第1の研究主題である高齢期における社会的不平等の実態の分析という点に関しては，1部の各章の分析結果からみるかぎり，所得・資産のみならず，住環境，健康，社会参加，社会的ネットワーク，情報アクセスのそれぞれの領域に関して，高齢期より前のライフステージにおける所属階層（社会階層）による生活機会の系統的な格差が存在していることが明らかにされたといってよい．

ただし，その格差の程度は必ずしも一律ではなく，すべての生活機会の指標においてその統計的に有意な差が確認されたわけではないことには留意する必要がある．また，従来からよく知られていた事実が再確認された場合もあれば，新しい知見といえる場合もある．例えば，所得・資産の格差については，従来から繰り返し指摘されてきたことであるが，2部2章の分析で明らかにされた相対的剥奪の状態に陥るリスクの大きさの所属階層間の格差は，「平等社会日本」のイメージを覆すほどの規模のものであるともいえる．

1部2章で扱った健康度自己評価についても，日本では，ミクロデータを使ってこのような格差を系統的に分析している研究はこれまでほとんど行なわれてこなかっただけに，ここでの分析結果は，新しい発見といえる側面をもっている．他方では，1部1章の分析では，他の要因を統制したときに，高齢期より前のライフステージにおける所属階層や学歴がサポート・ネットワークに有意な影響を及ぼさないことが明らかになっている点にも注目する必要がある．

さまざまな生活領域のなかでは，所得・資産を別にすれば，住環境における格差が特に顕著であったことが注目される．これは，大都市（特に東京）の特徴ともいえることであるが，「木賃（木造賃貸）アパート」居住層が調査対象の高齢者のなかで約6%を占めており，この層に属する高齢者の住環境は，住空間の広さや施設・設備，採光・通風，安全性などのいずれの点でも問題を抱えており，全般に劣悪といってもよい状況にあることが明らかになっている．

(2) 格差の規定要因の分析

第2の研究主題である高齢期の生活機会の格差の関連要因・規定要因の分析は，1部の分析において特に重点がおかれた点である．そこでは，高齢期に至る前の所属階層という要因の重要性がおおむね確認されたといってよい．しかし，同時に，性別・年齢などの点でもデモグラフィックな要因を初めとして，多くの要因が関連していることが明らかにされていることも付け加えておきたい．

各生活領域の格差は，相互に関連しあい，また規定しあっている場合が多

終章　結論と展望

いとみられる点も重要である．1部1章の社会参加，社会的ネットワークと情報アクセスの分析に関して指摘されている「有利な境遇にあるものはより有利に，不利な境遇にいるものはより不利に」という点は，他の生活領域に関してもあてはまることが多い．社会的有利（social advantage）と社会的不利（social disadvantage）の累積のメカニズムがそこに作用しているとみることができるのである．

そのメカニズムの分析は，本書では必ずしも十分に行えなかった面もあるが，いくつかの点では，先行研究にはみられない新たな視点・方法に依拠した分析も試みている．例えば，1部6章での職業経歴と高齢期の生活機会の格差とを関連づけた分析は，社会学の社会移動の研究であるとか，社会老年学における退職や労働等に関する計量的な研究においては，従来ほとんど行われていなかったものである．この点に関する今回の分析結果は，序章でも述べた社会経済的地位の軌跡（trajectory）を，社会的有利の累積，および不利の累積という視点から分析することの有効性を示すものと考えられる．

その際に，住宅という要因を重視する必要があることが，1部5章の分析結果から示唆されている．民間賃貸住宅居住層，特に「木賃アパート」居住層が，友人・知人の数なども少なく，社会的に疎外された状況におかれている点は，政策論的に見ても重要な知見といえる．

(3)　貧困・低所得をとらえる枠組みの再検討

さて，第3の研究主題である貧困・低所得をとらえる枠組みの再検討という点に関しては，1部3章において貧困層の規模の推定，その形成要因の分析と年金の最低生活保障機能の評価を行い，1部4章と2部1章では，消費社会における貧困の特質に着目して，「潜在的不安定性」の概念を中核とする新たな貧困分析の枠組みの検討を行い，さらに，2部2章では，タウンゼントが提唱した相対的剥奪の概念と測定方法の有効性の検討を行った．

この点に関する分析結果でまず注目すべき点は，大都市の高齢者における貧困・低所得問題が依然として相当な広がりを見せているという点である．本研究には，データの制約のために（一般に，資産額を尋ねた質問については，プライバシーの侵害をおそれる意識が強く，所得の場合より回答拒否が

多いが，今回の調査でもその割合は約半数にのぼった），資産に関する分析が十分にできていないという限界があるものの，資産の格差は，所得の格差よりも顕著であるということに着目する必要がある．このことは，どちらかといえば，高齢者の生活の「豊かさ」を強調しているともみられる平成12年度の『厚生白書』でも指摘されている点である（厚生省，2000, pp. 50-53）．

タウンゼントの剝奪指標に関しては，すでに20年ほど前から日本にも紹介されており，相対的剝奪という視点から貧困をとらえることの必要性については，さかんに論じられてきたが，その日本版を作成し，実際のデータ分析に体系的に適用する試みはこれまで行われてこなかった．1部4章で指摘されているとおり，タウンゼントのアプローチの有効性自体，イギリスなどの貧困研究のなかでもなお評価が定まっておらず，2部2章で報告している本研究における剝奪指標の開発と適用も試行段階にとどまるものであるが，この方向での研究をさらに進めることの必要性は明らかになったのではないかと考える．

(4) 高齢期における平等・公正についての規範理論の検討

第4の研究主題である高齢期における平等・公正についての規範理論の検討については，2部3章において，高齢期における平等・公正を検討するための基本的な諸論点が提示され，多角的な分析が行われた．そこでは，特に高齢期における社会的不利を，高齢者世代内部の問題としてとらえるとともに，高齢者世代と若年世代との相対的な有利さと不利さの問題として論じることの必要性が指摘された．

本研究は，主としてこの2つの問題のうち第1の問題（高齢者世代内部の問題）に焦点をあてているといってよい．高齢者間の生活機会の格差の程度や，それが形成されてきた過程が分析の主題となっているのである．しかしながら，その問題は，若年層や中年層内部の格差と同一の規範的な議論の枠組みで取り扱うことができるとは必ずしも言えないというのが本研究の前提である．このことは，加齢に伴う有利・不利の累積を，公正についての規範理論でどう扱うかという問題と関連している．

第2の問題である高齢者世代と若年世代の有利さと不利さの問題は，高齢社会における年金や医療保険などの社会保障制度の費用負担のあり方についての政策課題や政策的な争点とも関連するアクチュアルな問題である．特に，社会保険制度を中心として，現状の枠組みの中で，高齢化の進展による年金財政問題の解決を図ろうとするなら，高齢者世代と若年世代の間での負担の再配分ということが問題にならざるを得ない．それだけに，社会科学の立場で，この問題を分析する視点なり，検討すべき論点をきちんと整理して提示することが求められる状況になってきているといってよい．

ただし，この問題を扱う際には，そこに，出生コーホートという点からみた異世代間の公平や平等の問題と，年齢階層間の公平や平等の問題の双方が含まれていることに注意する必要がある．2部3章では，そのことを踏まえて，年金，遺産，介護等をめぐる現実の問題状況に即して，この問題をめぐる論点の整理が行われた．

こうした論点に関しては，さらに立ち入った検討を行うべき点が多いものの，とりあえずは，この主題をめぐる問題の所在を明らかにし，今後の研究の展開の方向を一応は示せたのではないかと考える．

2. 今後の研究課題

つづいて，本研究の主題に沿ってさらに研究を進めていく場合の研究課題を整理しておきたい．

(1) 生活機会の格差形成のメカニズムの分析

まず，第1に，本研究では，引退までの職業経歴の要因を分析に組み込むことで，高齢期の生活諸領域における生活機会の格差の形成メカニズムを従来の研究よりもきめ細かく分析したといえるものの，まだその分析は十分とはいえない面がある．

その原因の1つは，クロスセクショナルなデータを用いた分析のみでは，諸要因の間の相関関係は明らかにできても，因果関係を確定することが困難な場合があるという点にあった．今後，適切な設計に基づくパネル調査を実

施し，データを蓄積していくことが必要と考えられる．すでに欧米諸国においては，公的機関などが中心になって実施したかなり長期にわたる縦断的調査のデータが，データ・アーカイブなどを介して，広く研究者の利用に供され，研究成果を収めている例もある．

しかし，大規模なパネルデータを使った分析を行うことですべてこうした問題が解決するとは考えられない．例えば，劣悪な住環境が社会的孤立にむすびつく過程でどのような要因が作用しているのかを解明するためには，インテンシブな事例調査を含めたきめ細かな分析が必要と考えられる．また，低所得が不健康を引き起こすメカニズムを解明するためには，労働環境，生活習慣，社会的支援などの要因を取り入れた分析が求められるであろう．

(2) 主体的要因への着目

第2に，「不利な境遇にいるものをより不利」な状況へと追いやるメカニズムが働いているとしても，それを修正あるいは阻止するのは，社会政策ばかりでない．困難な状況への対処という個人の側の主体的な取り組みという要因が作用する場合もあろう．例えば，社会的支援網（ソーシャル・サポート・ネットワーク）に関して1部1章で指摘されているように，生活が困難の状況におかれた場合に生活維持の必要性から支援網が意図的に構築される可能性があるという側面も見落とせないのである．

困難な状況に対する個人の対応という点に関する研究の例としては，アメリカや日本の社会老年学において，介護の負担に対する対処（coping）の構造や規定要因を分析する研究が積み重ねられており（Lazarus and Folkman, 1984；藤崎，1989；和気ほか，1994），介護研究のなかでは研究蓄積の多い分野となっている．

また，筆者は，かつて，高齢者の社会的ネットワークに関して，老後問題への対処行動としての社会的ネットワークの形成という観点から，高齢者の老後に向けての準備行動を分析したことがある（平岡，1991）．これらの研究の成果をふまえて，社会的不利が累積されようとしている状況への個人の対処のあり方を分析することも，今後の研究課題の1つである．

(3) 住宅の役割の再検討

　第3に，すでに指摘した高齢期における社会的不平等の形成にあたっての住宅という要因の重要性を考えると，住宅という要因に焦点をあてた分析も今後の研究課題と考えられる．特に，日本の場合には，高齢者の持ち家率も比較的高く，低所得層の多くが公営・民間賃貸住宅居住者であるのが一般的な欧州諸国の場合とは，住宅が社会的不平等の形成に果たす役割も異なると考えられる．東京の場合，他の先進諸国の大都市と比較して，居住地域と階級・階層の結びつきは比較的弱いといえるであろう．こうした高齢期の日本的な特性をふまえた分析が必要であり，日本の住宅事情に対応させて住宅階級の概念を再定義すること（1部5章の注3を参照）などが第1の研究課題と考えられる[1]．

(4) 貧困分析の方法の検討

　貧困分析に関して，今回の研究では，データ分析としては，相対的剥奪の指標を試行的に構築し，その分布や関連要因・規定要因を分析するにとどまった．もし，この指標の開発に本格的に取り組むのであれば，その目的のために設計された調査票を用いて調査を行う必要がある．すなわち，さまざまな生活領域ごとに剥奪状態と関連すると考えられる指標項目を選択し，それぞれについての質問を調査票に含めるということが必要である．また，そのためには，指標選択や尺度構成のための予備調査を行うということも必要かも知れない．大規模な調査の実施の前に，そうした予備調査によって，候補となる調査項目を絞り込んでおくのが望ましいだろう．

　また，タウンゼント自身が，最初にこの指標を使った大規模な調査を実施して以降，その調査方法を繰り返し用いるのではなく，新たな方法を用いた貧困分析に取り組んでいることにも留意する必要がある（Townsend, 1979；1993）．

　さらにまた，1980年代以降，相対的剥奪指標以外にも，多くの研究者により，さまざまな貧困測定の方法の開発が試みられている．こうした研究の成果の一部は紹介されているものの[2]，そうした方法を日本での貧困の分析に適用する試みは全くといってよいほど行われていないのが現状である．こ

れらの研究成果を，戦後日本における社会階層論・生活構造論などの枠組みに基づく貧困研究[3]の成果と関連づけて貧困分析の方法を検討することは，今後の有望な研究主題と考えられる．本章の2部1章で行った「潜在的不安定性」を鍵概念とする貧困分析の方法の可能性の検討は，その方向での研究の展開の第一歩ともいえる性格のものである．

(5) 大規模調査の企画

第5に，相対的剝奪指標の開発であるとか，貧困層の規模の推定といったテーマでの計量的研究を行うためには，数千以上の大規模サンプルを用いた研究が必要である．そもそも貧困の出現比率は，おおめにみても10-20%なのであるから，数百サンプルの貧困ケースのデータを得るためには，最低限，5,000から10,000程度のサンプル数が必要になってくるわけである．

このような規模の調査を実施するために必要な研究費の額は相当なものになる．現状での研究費用の制約を考えたとき，まずは，国や地方自治体が実施した調査データへの研究者のアクセスが改善されることが望まれる．

しかしながら，そうした調査は，行政目的のために設計され実施されたもので，研究の目的にとって必要な項目が含まれているとは限らない．その問題を解決するためには，研究者が共同で企画，実施する大規模調査が必要であり，質のよいデータが多くの研究者に公開されることが研究の発展のためには重要と考えられる．筆者としては，できるだけ早い時期に，そのための組織的な取り組みに取りかかりたいと考えている．

3. 社会老年学研究にとってのインプリケーション

次に，本研究の成果やそこで明らかにされた研究課題が，高齢期に関する日本の社会科学的研究にどのような課題を提起しているのかという点について，若干の考察を行うことにしたい．そして，その際には，社会学的研究に限らず，広く社会老年学[4]の研究全般を視野に入れておきたい．

終章　結論と展望

(1) 社会階層，不平等・貧困研究の分析枠組みの再構成の必要性

まず，第1に，本研究に限らず，高齢期の社会階層や貧困に関するこれまでの研究の結果が，社会階層論的視点，あるいは社会的不平等論・貧困論の視点の復権の必要性を示唆しているということを指摘しておきたい．

ただし，注意すべき点は，こうした視点からの研究の伝統が，日本になかったわけではないということである．日本における高齢者研究の歴史を振り返ってみれば，その初期の段階においては，社会政策や社会福祉の研究者は，高齢者問題をまず貧困問題ととらえる視点を重視した．

また，社会老年学の専門雑誌である『社会老年学』の比較的初期の段階では，そうした視点からの研究論文が，一定数は掲載されていた．1970年後半までの社会老年学の研究成果を集大成したものともいえる『講座老年社会学（全3巻）』（副田編, 1981）においても高齢期における社会階層や貧困は，主要な研究主題の1つとなっていた（平岡, 1986）．こうしたアプローチによる研究が低調になってきたことも，高齢期の家族関係であるとか，家族介護の負担，あるいは高齢者の生きがいを高める要因といったテーマの研究への社会的要請が高まってきたこと，社会老年学の専門雑誌の掲載論文のなかで行動科学，もしくは医療・看護分野の研究論文が大半を占めるようになったことからすると理解できないことではない．しかし，社会的不平等や貧困が存在する現実は変わったわけではなく，序章でも指摘したように，諸外国においても多くの研究が，比較的近年になっても積み重ねられているのである．

こうした状況をみた時に，今日の日本の社会老年学研究の主要な課題の1つに，高齢期の社会的不平等と貧困に関する諸外国での研究成果を取り入れ，現実の社会状況の変化を踏まえて，社会的不平等や貧困に関する研究の枠組みを再構成するという課題があると筆者は考える．本研究は，そのような試みの1つとして位置づけられるものである．

(2) 関連領域の研究への社会階層論の視点の導入

第2に，そのようにして，社会的不平等や貧困の分析枠組みが再構成されるとしたら，その適用範囲は，生活機会の格差の研究にとどまるものではな

く，家族の構造と機能，家族介護の負担や介護者へのソーシャル・サポート，健康と保健行動，社会的孤立と孤独感といった主題の研究にも広がっていくものと考えられる．

このことは，もちろん，社会階層であるとか収入といった経済的要因が，これらの問題を規定する要因として常に重要であると主張するものではない．当然，経済的要因が影響を及ばさない現象もあり得るわけである．しかしながら，社会階層的要因の重要性を確認した本研究における分析結果は，ライフスタイルや価値意識などの個人的要因を重視したり，行動科学的アプローチの研究の枠組みを受け入れることにより，社会階層に関する要因を重要な説明変数として分析枠組みのなかに位置づけることが少なくなってきた上記の諸分野の研究のあり方に対する1つの問題提起としての意味をもっていると考えられる．

この点に関しては，階層的要因の重要性が見落とされがちであったのは，高齢者の階層的地位や経済状況に関する概念の測定方法が適切でなかったためではないかという点の検討も必要である．例えば，世帯収入や現在の職業という指標のみによって高齢者の階層的地位や経済状況を測定することが不適切であることは明らかであり，そのような指標が統計的に有意な効果をもたないことを根拠に，階層的要因あるいは経済的要因が影響を及ぼしていないと結論づけるのは誤りである．高齢者の階層的地位や経済状況に関する概念の測定方法については，本研究での検討も必ずしも十分とはいえず，今後，さらに研究を積み重ねる必要があるものと考えている．

(3) 新たな研究領域の開拓

第3に，社会階層論的な視点を取り入れ，社会階層，あるいは社会的不平等，貧困に関わるこれまでの研究の成果に着目することにより，社会老年学の研究において，新たな研究テーマが発見され，新しい研究領域が開拓されるということも期待できる．

例えば，相対的剥奪論は，何らかの標準的な生活様式が社会において存在していることや，低所得の状態になると何らかの社会的な疎外や排除のメカニズムが働くことなどを前提にしているといってよい．こうした前提の妥当

性については批判もないわけではないが，その点に関する検討をさらに深めていけば，高齢期における社会階層・貧困に関する研究と，ライフスタイルや社会的ネットワーク，あるいは差別とスティグマ，もしくは権力関係といったテーマに関する社会科学的な研究との接点が見いだせる可能性がある．

また，本研究においては社会的有利と不利の再生産において住宅が果たす役割の重要性が改めて確認され，住宅階級の概念の有効性が示唆されているが（1部5章を参照），高齢者にとっての住宅のもつ意味を検討していけば，住宅が果たす機能は，単なる経済的機能ばかりでなく，社会的・社会心理的な機能も無視できないことが明らかになり，高齢期における住宅のもつ意味の社会学的分析という新たな研究テーマが出現することにもなるであろう．

このように，社会階層論的視点を重視するということは，単に，これまで分析モデルに含まれなかった1つもしくは少数の変数を新たに付け加え，もう一度分析をやり直すということを意味するのではない．そうした視点なり視角に立って，さまざまな主題に関する研究の枠組みを再構成することを意味するのであり，そのことによる新たな研究領域の開拓の可能性を探ることを意味するのである．

4. 政策的インプリケーション

最後に，本研究の結果の政策的インプリケーションについて，若干の検討を加えてみたい．

まず第1に，本研究で得られた高齢期における社会的不平等と貧困に関するさまざまな知見は，高齢者のための社会政策をめぐる論議に，社会階層論的視点，あるいは社会的不平等論や貧困論の視角をあらためて導入することの必要性を示唆しているということを指摘しておきたい．

このことは，社会政策のそれぞれの領域に即して，具体的な制度分析や政策評価にもとづいて論じられる必要があるが，さしあたり，所得保障・医療保障・介護保障・住宅政策の領域に関して以下の論点をあげておきたい．

まず，所得保障の領域に関しては，生活保護基準で示されるような最低生活水準以下の所得で生活している高齢者の存在に，さらに注意が向けられる

必要がある[5]．本書1部3章および4章の分析においても，年金の最低生活保障機能が不十分であることが明らかにされており，このことを踏まえて，生活保護制度の機能の有効性の分析・評価も進められるべきであろう．

また，年金の支給開始年齢の引き上げの是非をめぐる論議においては，健康・心身機能と社会階層の関連に関するこれまでの研究の結果が参照されるべきであろう．もし健康の不平等に関する研究の結果が示唆しているように，健康や心身機能に階層性がみられるとしたら，年金の支給開始年齢を引き上げることが，特定の階層には有利に，特定の階層には不利に働くことがないのかどうかということが検討されるべきであろう．

日本では，これまで，年金支給年齢の引き上げに関する論議で，この問題がほとんど取り上げられなかったのであるが，欧州諸国での年金制度には，こうした点への一定の配慮がみられる場合がある．この問題に関しては，年金制度の制度設計のあり方，高齢労働者の労働条件・労働環境，労働市場における高齢者の位置などの分析を踏まえて，研究者からも積極的に課題を提起していく必要があるのではないかと考える．

年金制度に関わるもう1つの論点としては，所得比例型の年金給付と高齢期における社会的不平等との関わりをどうみるかという点がある．

エスピン‐アンデルセンの福祉国家レジームの3類型（Esping-Andersen, 1990）のうちの1つとしての保守主義的・コーポラティスト的福祉国家レジームを特徴づける所得比例型の年金制度は，現役勤労者時代の生活水準を退職後も保障し，異なる地位の人々の間の生活水準の格差を維持するという点で，地位維持の機能をもつといわれている．

しかし，本研究で問題にした所得を起点とする社会的不利の再生産のメカニズムが実際に作用しているとすると，地位維持の機能は，むしろ格差の拡大にむけて作用することになる．地位維持機能と考えられてきたものが，実際には，格差拡大機能をもつということもありうるということである．

もちろん，このことは，所得比例型の制度の意義を直ちに否定することにはつながらない．所得比例型の制度には，地位維持に限らないさまざまな目的と，実際上のメリットもある．だからこそ，均一給付均一拠出型の年金制度を当初導入した国も，追加的に所得比例部分を後から導入するようになっ

終章　結論と展望

たのである．しかし，そのことは認めるとしても，所得比例型の年金給付が，高齢期における社会的不平等の拡大もしくは縮小に果たす役割については，今後，税制との関連を含めて，さらに検討が進められるべきであろう．

　医療保障の領域に関しては，健康の不平等という問題[6]に，高齢者の医療保障制度がどう対応できるのかという点が，高齢者医療の改革をめぐる政策論議で正当な位置づけを与えられる必要がある．そもそも，日本の医療保障制度では制度間格差が問題とされてきたが，現在の老人医療のしくみは，比較的平等な条件で高齢者に医療を保障する仕組みになっているといえる．その改革のあり方を論じる場合には，高齢者の医療における平等がいっそう実現するのか，あるいは，制度間格差が高齢者医療にも持ち込まれるのか，といった点を看過することはできないと考える．

　介護保障の領域に関しては，低所得層からも相当額の保険料を徴収し，幅広い階層に定率の利用者負担（利用料金）を課す介護保険制度がスタートしたことにより，低所得高齢者問題の存在がクローズアップされるという状況が生じている[7]．現時点では，国レベルでも，自治体レベルでも，低所得対策が，介護保険をめぐる主要な政治的争点の１つとなっている．

　もっとも，この問題は，医療保険においても基本的な問題の構造は同一であり，差額ベッドや「お世話料」の徴収の問題などを考えると，介護保険制度導入以前には，より深刻な問題が発生していたとみることもできるだろう．しかし，実際には，医療保険と社会福祉制度で利用者負担のしくみが異なり，社会福祉制度では扶養義務者の負担も求められるなど，全体に制度が複雑であったため，所得階層間のサービス利用条件（アクセス）の格差が，あまり注目を集めなかったという面もあったことは確かであろう．

　住宅政策の領域に関しては，大都市における「木質アパート」などに見られがちな劣悪な住居環境が，健康に影響を及ぼしたり，在宅介護を困難にするにとどまらず，ひとり暮らし高齢者等の社会関係の縮小を引き起こしたり，社会参加や社会的ネットワーク形成の阻害要因になるという点は，従来からしばしば指摘されてきたことである．高齢期において劣悪な環境の住居で生活せざるを得ない状況は，ライフコースにおける社会的不利の累積の結果ということができるが，それだけに，高齢者のための住宅政策は，社会的不利

の再生産を防止し，社会的孤立を防止することや，家庭介護の条件を改善することも目標として位置づけて展開される必要があるだろう．

1) 高齢期の生活と住宅をめぐる問題については，社会保障研究所（1990），野村（1997），早川・岡本（1993），田端（1990）などを参照．
2) こうした研究の動向については，樫原（1988, pp. 350, 434）柴田（1997）が詳しい．
3) 代表的なものとしては，篭山（1970）および江口（1979-80）がある．
4) 序章の注8（21頁）で触れたように，日本における老年社会学の分野の学会としては日本老年社会科学会があるが，ここでは，この学会の会員の研究業績ばかりでなく，広く，高齢期に関する社会科学的研究の全体を指す言葉として，社会老年学（social gerontology）という用語を用いている．
5) この点については，奥山・佐藤（1979），星野（1995），岩田（1995；1996）および杉村（1997）における貧困層の分析を参照．
6) 健康の不平等の問題に関しては，膨大な研究が欧米諸国で蓄積されているが，そのレビュー論文としては，さしあたり（Feinstein, 1993）を参照．
7) この問題の背景については，平岡（1998）および Hiraoka（2001）を参照．

文献

Crystal, Stephen and Dennis Shea, 1990, "Cumulative Advantage, Cumulative Disadvantage, and Inequality among Elderly People," *The Gerontologist*, 30-4, pp. 437-443.

江口英一，1979-80，『現代の「低所得層」』全3巻，未來社．

Esping-Andersen, G., 1990, *The Three Worlds of Welfare Capitalism*, Basil Blackwell.（岡沢憲芙・宮本太郎監訳，2001，『福祉資本主義の三つの世界』ミネルヴァ書房）．

Feinstein, Jonathan, 1993, "The Relationship between Socioeconomic Status and Health : A Review of Literature," *The Milbank Quarterly*, Vol. 72, No. 2, pp. 279-322.

藤崎宏子，1989，「対処概念に関する理論上，実証上の諸問題」石原邦雄編『家族生活とストレス』垣内出版，363-387頁．

早川和男・岡本祥浩，1993，『居住福祉の論理』東京大学出版会．

平岡公一，1986，「社会学における老年研究の動向と課題」『社会学評論』37巻1号，日本社会学会，79-87頁．

平岡公一，1988，「ニード論の視点から」京極高宣・小林良二・高橋紘士・和田敏明編『福祉政策学の構築』全国社会福祉協議会，6-20頁．

平岡公一, 1991, 「老後生活に向けての準備行動における高齢者の主体性——東京都港区夫婦のみ世帯高齢者調査からの検討」『明治学院論叢 社会学・社会福祉学研究』86号, 305-329頁.

平岡公一, 1998, 「介護保険制度の創設と福祉国家体制の再編」『社会学評論』49巻3号, 日本社会学会, 286-303頁.

Hiraoka, Koichi, 2001, "Long-term Care Insurance and Welfare Mix in Japan," 『お茶の水女子大学人文科学紀要』54号, 133-147頁.

星野信也, 1995, 「福祉国家中流階層化に取り残された社会福祉——全国消費実態調査のデータ分析(1)」『人文学報』261号, 東京都立大学, 23-85頁.

岩田正美, 1995, 「社会福祉における政策と『問題』量・分布の測定——全国消費実態のデータ分析(2)」『人文学報』261号, 東京都立大学, 87-114頁.

岩田正美, 1996, 「高齢者の『自立』と貧困・不平等の拡大」『大原社会問題研究所雑誌』447号, 15-25頁.

籠山京, 1970, 『低所得階層と被保護層』ミネルヴァ書房.

厚生省監修, 2000, 『平成12年版厚生白書』ぎょうせい.

樫原朗, 1988, 『イギリス社会保障の史的研究 III——戦後の社会保障のはじまりから1986年社会保障法へ』法律文化社.

Lazarus, R. S. and S. Folkman, 1984, *Stress, Appraisal and Coping*, Springer.

野村知子, 1997, 「高齢者の自立と生活環境」小笠原裕次・橋本泰子・浅野仁編『高齢者福祉』有斐閣, 73-93頁.

奥山正司・佐藤嘉夫, 1979, 「都市貧困老人の家族生活史の分析——続・不安低就業階層の老後問題」『社会老年学』10号, 23-35頁.

O'Rand, Angela M., 1996, "The Precious and Precocious: Understanding Cumulative Disadvantage and Cumulative Advantage over the Life Course," *The Gerontologist*, 36-2, pp. 230-238.

柴田謙治, 1997, 「イギリスにおける貧困問題の動向——『貧困概念の拡大』と貧困の『基準』をめぐって」国立社会保障・人口問題研究所『海外社会保障情報』118号, 4-17頁.

副田義也編, 1981, 『講座老年社会学』全3巻, 垣内出版.

杉村宏, 1997, 「わが国における低所得・高齢者問題」庄司洋子・杉村宏・藤村正之編『貧困・不平等と社会福祉』有斐閣, 67-83頁.

社会保障研究所編, 1990, 『住宅政策と社会保障』東京大学出版会.

田端光美, 1990, 「高齢世帯に対する家賃補助の福祉効果」『社会福祉』31号, 17-26頁, 日本女子大学社会福祉学科.

Townsend, Peter, 1974, "Poverty as Relative Deprivation: Resources and Styles of Living," in Dorothy Wedderburn (ed.), *Poverty, Inequality and Class*

Strueture, Cambridge University Press, pp. 15-41.

Townsend, Peter, 1979, *Poverty in the United Kingdom : A Survey of Household Resources and Standards of Living,* Penguin.

Townsend, Peter, 1993, *The International Analysis of Poverty,* Harvester Wheatsheaf.

和気純子・矢富直美・中谷陽明・冷水豊, 1994,「在宅障害老人の家族介護者の対処（コーピング）に関する研究(2)」『社会老年学』39号, 23-34頁.

付録
調　査　票

第5418号

中高年者の生活実態と老後意識に関するアンケート

１９９６年１２月
（調査実施）　（社）中央調査社

支局番号	地点番号	対象番号	調査員名	点検者名
0　0				

① ②　③ ④ ⑤　⑥ ⑦　　　　　　　　　　　⑧⑨＝1

調査員注：本調査は、原則として対象者本人に面接で行わなくてはいけないが、対象者本人が病気等の理由により回答ができない場合、代理回答でもかまわない。ただし、ふだんから対象者の生活を手助けしており、対象者のことをよくわかっている家族に依頼すること。

調査日　12月　□　日　　　所要時間　□□　分

【回答者】
　　1　対象者本人　　　　　2　代理　　　　　　　　　　　　　　　　⑩
　　└→（問1へ）

【本人が回答できない理由】（以下の理由の場合のみ代理回答を依頼する）
　　1　入院中・入所中　　　3　病気・ケガ　　　　　　　　　　　　　⑪
　　2　聴力・言語障害　　　4　痴呆・理解力なし

【代理回答者の続柄】（対象者からみた続柄）
　　1　配偶者　　　　　　5　娘の配偶者（婿）　　9　孫の配偶者（女性）
　　2　息子　　　　　　　6　孫（男性）　　　　10　その他の親族（男性）　⑫
　　3　娘　　　　　　　　7　孫（女性）　　　　11　その他の親族（女性）　⑬
　　4　息子の配偶者（嫁）　8　孫の配偶者（男性）　12　その他（　　　　）

問1．【対象者性別】（調査員確認）

　　　　　1　　　　　　　　　　　2
　　　　男性　　　　　　　　　女性　　　　　　　　　　　　　　　　　⑭

問2．【対象者年齢】あなた（○○さん）の年齢は、12月1日現在で満何歳ですか。

　　　　□□歳
　　　　⑮　⑯

付　録　調　査　票

問3．〔回答票1〕あなた（〇〇さん）は結婚していらっしゃいますか。

　　1　(ア) 結婚している ──────→付問．配偶者の方の年齢は、12月1日現在で満何歳ですか。
　　2　(イ) 離婚した
　　3　(ウ) 死別した　　　　　　　　　　┌──┬──┐
　　4　(エ) 一度も結婚したことがない　　│　│　│歳　99　わからない
　　　　　　　　　　　　　　⑰　　　　　└──┴──┘
　　　　　　　　　　　　　　　　　　　　　⑱　⑲

＜まずご家族のことについてうかがいます＞
問4．あなた（〇〇さん）にはお子さんがいらっしゃいますか。お子さんの配偶者（嫁、婿）は含みません。
　　（いる人に）何人いらっしゃいますか。

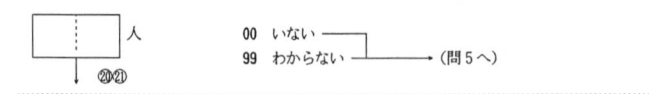

　　┌──┬──┐
　　│　│　│人　　　00　いない ──────┐
　　└──┴──┘　　99　わからない ────┼→（問5へ）
　　　⑳㉑

付問．お子さんの性別や年齢、同居・別居、仕事の有無などをおたずねします。まず、一番上のお子さん
　　は男性ですか、女性ですか。現在の年齢はおいくつですか。同居していますか。お仕事についておら
　　れますか。（以下、上で回答のあった人数分を年長者から順にたずねる。最大10人まで）
　　＜注意＞・同居とは、同じ家屋内に住み、生活を共にしていることをさす。
　　　　　　・自営業や家業の手伝い、パートタイム就労等も「就労」に含めてよい。ただし、学生のア
　　　　　　　ルバイトは除く。

	a（性別） 男　女　不 性　性　明	b（年齢） （不明は99）	c（同居） 同　別　不 居　居　明	d（就労） 就　不　不 　　就 労　労　明
(1) 1人目……	1　2　3 ㉒	歳 ㉓	1　2　3 ㉒	1　2　3
(2) 2人目……	1　2　3 ㉓	歳	1　2　3	1　2　3
(3) 3人目……	1　2　3 ㉔	歳	1　2　3	1　2　3
(4) 4人目……	1　2　3	歳	1　2　3	1　2　3
(5) 5人目……	1　2　3	歳	1　2　3	1　2　3
(6) 6人目……	1　2　3 ㉗	歳	1　2　3	1　2　3
(7) 7人目……	1　2　3 ㉘	歳	1　2　3	1　2　3
(8) 8人目……	1　2　3 ㉙	歳	1　2　3	1　2　3
(9) 9人目……	1　2　3 ㉚	歳	1　2　3	1　2　3
(10) 10人目……	1　2　3 ㉛	歳	1　2　3	1　2　3

問5．〔回答票2〕現在あなた（〇〇さん）と同居しておられるご家族はどなたですか。配偶者とお子さん以外
　　の同居者についておたずねします。（M．A．）

　　1　(ア) 子どもの配偶者　　4　(エ) 父　　　　7　(キ) その他（　　　　　　　　　）
　　2　(イ) 孫　　　　　　　　5　(オ) 母　　　　8　　　いない
　　3　(ウ) 孫の配偶者　　　　6　(カ) 兄弟姉妹　9　　　わからない

付 録 調 査 票

> 代理回答の場合は問7へ

＜続いて、健康に関することをおたずねします＞
問6．〔回答票3〕全般的にいって、あなたの健康状態はいかがですか。

　　1　(ｱ) よい　　　　　4　(ｴ) あまりよくない
　　2　(ｲ) まあよい　　　5　(ｵ) よくない
　　3　(ｳ) ふつう

【代理回答者にも聞く】
問7．〔回答票4〕あなた（○○さん）は、現在、病院や診療所などに通院（往診を含む）していますか。あてはまるものをすべてあげてください。（Ｍ．Ａ．）

　　┌1　(ｱ) 病院・診療所に通院中（歯科を除く）
　　│2　(ｲ) 歯科診療所・病院の歯科に通院中
　　│3　(ｳ) あんま・はり・きゅう・柔道整復師に通っている
　　│4　(ｴ) 通院も入院もしていない
　　└5　(ｵ) 入院している
　　　6　わからない

【病院や診療所に通院中または入院中と回答した人に】
付問1．〔回答票5〕どのような病気またはけがによるものですか。あてはまるものをすべてあげてください。

　　1　(ｱ) 高血圧
　　2　(ｲ) 脳卒中（脳出血・脳梗塞・くも膜下出血等）
　　3　(ｳ) 心臓病
　　4　(ｴ) 肝臓病
　　5　(ｵ) 腎臓病
　　6　(ｶ) 胃腸病
　　7　(ｷ) 呼吸器疾患
　　8　(ｸ) 糖尿病
　　9　(ｹ) 泌尿器疾患
　　10　(ｺ) けが・骨折
　　11　(ｻ) 眼疾患
　　12　(ｼ) 痴呆
　　13　(ｽ) その他（具体的に　　　　　）
　　14　わからない

代理回答の場合は問17へ

⑧⑨=02

問8．毎日の生活についてうかがいます。以下の質問のそれぞれについて、「はい」「いいえ」のいずれかでお答えください。質問が多くなっていますが、ご面倒でも全部の質問にお答えください。

(1) バスや電車を使って一人で外出できますか　…………	1　はい	2　いいえ	⑩
(2) 日用品の買い物ができますか　…………………………	1　はい	2　いいえ	⑪
(3) 自分で食事の用意ができますか　………………………	1　はい	2　いいえ	⑫
(4) 請求書の支払いができますか　…………………………	1　はい	2　いいえ	⑬
(5) 銀行預金・郵便貯金の出し入れが自分でできますか…	1　はい	2　いいえ	⑭
(6) 年金などの書類を自分で書けますか　…………………	1　はい	2　いいえ	⑮
(7) 新聞を読んでいますか　…………………………………	1　はい	2　いいえ	⑯
(8) 本や雑誌を読んでいますか　……………………………	1　はい	2　いいえ	⑰
(9) 健康についての記事や番組に関心がありますか　……	1　はい	2　いいえ	⑱
(10) 友達の家を訪ねることがありますか　…………………	1　はい	2　いいえ	⑲
(11) 家族や友だちの相談にのることがありますか　………	1　はい	2　いいえ	⑳
(12) 病人を見舞うことができますか　………………………	1　はい	2　いいえ	㉑
(13) 若い人に自分から話しかけることがありますか　……	1　はい	2　いいえ	㉒

問9．〔回答票6〕次にあげるようなことを、あなたは日ごろ実行していますか。あてはまるものをすべてあげてください。（M.A.）

　　1　(ｱ) 規則正しく朝・昼・夕の食事をとっている
　　2　(ｲ) バランスのとれた食事をしている
　　3　(ｳ) うす味のものを食べている
　　4　(ｴ) 腹八分目にしている　　　　　　　　　　　　　　　　　　　　　　　　　　㉓
　　5　(ｵ) 定期的に運動（スポーツ）をするか身体を動かしている
　　6　(ｶ) 気分転換やレクリエーションのための時間をとっている
　　7　(ｷ) 睡眠時間を充分とっている
　　8　(ｸ) いずれも実行していない

問10．〔回答票7〕これは万が一の場合の話ですが、あなた自身が将来、病気で長期にわたって入院することが必要になり、差額ベッド代などを負担しなければならなくなったとしたら、費用の心配はありませんか。

　　1　(ｱ) とても心配である
　　2　(ｲ) 少し心配である
　　3　(ｳ) あまり心配はない　　　　　　　　　　　　　　　　　　　　　　　　　　　㉔
　　4　(ｴ) ほとんど心配はない
　　5　　　わからない

付録調査票

<次に、あなたの毎日の過ごし方や各方面でのおつきあいなどについておたずねします>

問11. 〔回答票8〕あなたはここ1年ほどの間に、ここに示すような活動や行動、あるいは時間の過ごし方をしたことがありますか。あてはまるものをすべてあげてください。(M.A.)

1　(ｱ)　本・雑誌を読む
2　(ｲ)　親族や友人に手紙を書く
3　(ｳ)　園芸・庭いじり・盆栽をする
4　(ｴ)　家やその近くで散歩・体操・ジョギングをする
5　(ｵ)　運動場やスポーツ施設などでスポーツをする
6　(ｶ)　ドライブに出かけたり、乗せてもらったりする
7　(ｷ)　泊まりがけの旅行や温泉などに出かける
8　(ｸ)　町内会や老人会、婦人会などの活動をする
9　(ｹ)　ボランティアや社会奉仕の活動をする
10　(ｺ)　趣味やスポーツのサークルで活動をする
11　(ｻ)　繁華街で買い物をしたり、見て歩いたりする
12　(ｼ)　映画や芝居、音楽ショーやコンサートにでかける
13　(ｽ)　講演会や学習講座などにでかける
14　(ｾ)　レストランや日本料理屋などに食事に出かける（日常的な外食は除く）
15　(ｿ)　お墓参りや神社・お寺への参拝、教会への礼拝に出かける

問12. あなたの各方面でのおつきあいについてうかがいます。

（1）別居の家族・親族のなかで、お盆・年始年末・冠婚葬祭以外でも、あなたが日頃から親しくおつきあいしている方は、何人ぐらいいらっしゃいますか。

　　　　　□人　　00　いない

（2）現在や元の職場の同僚、上司、部下などで、あなたが日頃から仕事以外でも親しくおつきあいしている方は、何人ぐらいいらっしゃいますか。

　　　　　□人　　00　いない
　　　　　　　　　99　勤務経験なし

（3）あなたが日頃から親しくおつきあいしている近所の方は、何人ぐらいいらっしゃいますか。

　　　　　□人　　00　いない

（4）これまであげていただいた家族や親族、職場や近所の方以外で、あなたが日頃から親しくおつきあいしている友人の方は、何人ぐらいいらっしゃいますか。

　　　　　□人　　00　いない

問13. 〔回答票9〕あなたの周囲に、これからあげるようなことをしてくれそうな人や頼めそうな人がいますか。
たぶんできそうだとか、可能性があるという場合も含めて、あてはまる方をすべて選んでください。
(M. A.)

(1) 個人的な悩み事や心配事を聞いてくれそうな人は、この中にいらっしゃいますか。

1 (ア) 同居の家族（配偶者以外）　　　4 (エ) 近所の人
2 (イ) 別居の家族や親族（配偶者以外）　5 (オ) その他の友人　　　㉟
3 (ウ) 職場の知人・友人（元の職場も含む）6 (カ) 特にそのような人はいない

(2) 数日留守にする場合などに、ちょっとした用事などを頼めそうな人は、この中にいらっしゃいますか。

1 (ア) 同居の家族（配偶者以外）　　　4 (エ) 近所の人
2 (イ) 別居の家族や親族（配偶者以外）　5 (オ) その他の友人　　　㊱
3 (ウ) 職場の知人・友人（元の職場も含む）6 (カ) 特にそのような人はいない

(3) 病気で数日寝込んだ時に看病や世話をしてくれそうな人は、この中にいらっしゃいますか。

1 (ア) 同居の家族（配偶者以外）　　　4 (エ) 近所の人
2 (イ) 別居の家族や親族（配偶者以外）　5 (オ) その他の友人　　　㊲
3 (ウ) 職場の知人・友人（元の職場も含む）6 (カ) 特にそのような人はいない

(4) あなたに気を配ったり思いやってくれる人は、この中にいらっしゃいますか。

1 (ア) 同居の家族（配偶者以外）　　　4 (エ) 近所の人
2 (イ) 別居の家族や親族（配偶者以外）　5 (オ) その他の友人　　　㊳
3 (ウ) 職場の知人・友人（元の職場も含む）6 (カ) 特にそのような人はいない

(5) 気楽におしゃべりをしたり一緒に気晴らしができそうな人は、この中にいらっしゃいますか。

1 (ア) 同居の家族（配偶者以外）　　　4 (エ) 近所の人
2 (イ) 別居の家族や親族（配偶者以外）　5 (オ) その他の友人　　　㊴
3 (ウ) 職場の知人・友人（元の職場も含む）6 (カ) 特にそのような人はいない

付録 調 査 票

問14．〔回答票10〕あなたやご家族が、年をとって病気になったり、介護が必要になった時のことについてうかがいます。病気のこととか、看病や介護のしかた、あるいは医療や福祉の制度の利用などについて、くわしい話を聞いたり情報を得たい場合、どの方に相談したり、お願いしたりできそうですか。できそうだと思われる方をすべて選んでください。（M. A.）

1　(ア) 家族や親族から
2　(イ) 地域の世話役的な人や民生委員の人などから
3　(ウ) 知人や親戚に医師がいるので、その人から
4　(エ) 信頼できる、かかりつけの医師から
5　(オ) 知人や親戚に看護婦や病院に勤務している人、福祉関係者がいるので、その人から
6　(カ) 知人・友人の中で、その本人や家族に病気・介護の経験がある人から　　　㊵
7　(キ) 知人・友人の中で、その問題にくわしいと思われる人から　　　㊶
8　(ク) 病院や保健所、区役所などの専門機関の窓口で
9　(ケ) 医療や福祉のサービスを提供する民間の業者から
10　(コ) 医療や福祉に関わるボランティア団体や住民の組織から
11　(サ) その他（　　　　　　　　　　　　　　　　　　　　　　）
12　(シ) 特にそういう人はいない

問15．老後問題や高齢者福祉について、知識や情報を得る機会があるかどうかについておたずねします。
（1）新聞に老後問題や高齢者福祉に関する記事が載っていれば、それをよく読みますか。

　　　　1　よく読む　　2　ときどき読む　　3　（ほとんど）読まない　　　　㊷

（2）老後問題や高齢者福祉を取り上げたテレビ番組があれば、それをよく見ますか。

　　　　1　よく見る　　2　ときどき見る　　3　（ほとんど）見ない　　　　㊸

（3）都や区の広報に老後問題や高齢者福祉に関する記事が載っていれば、それをよく読みますか。

　　　　1　よく読む　　2　ときどき読む　　3　（ほとんど）読まない　　　　㊹

（4）老後問題や高齢者福祉の講演会や学習会に参加したことがありますか。（参加したことがない人に）今後参加したいですか。

　　　　1　参加したことがある
　　　　2　参加したことはないが、今後参加したい　　　　　　　　　　　　㊺
　　　　3　参加したことはなく、今後も参加したいと思わない

（5）老後問題や高齢者福祉に関する本を読んだことがありますか。（読んだことがない人に）今後読んでみたいと思いますか。

　　　　1　読んだことがある
　　　　2　読んだことはないが、今後読んでみたい　　　　　　　　　　　　㊻
　　　　3　読んだことはなく、今後も読んでみたいと思わない

問16．〔回答票11〕あなたの暮らし向きは、次のうちどれにあてはまりますか。

　　　1　(ア) たいへん苦しい　　3　(ウ) 普通　　　　5　(オ) かなりゆとりがある　　㊼
　　　2　(イ) やや苦しい　　　　4　(エ) ややゆとりがある

【代理回答者にも聞く】
<次に、お仕事についておたずねいたします>
問17．〔回答票12〕あなた（○○さん）が50歳のころは、どのようなお仕事をされていましたか。
＜注意＞会社経営者・団体役員は従業員10人以上の場合。10人未満の場合は自営業者とする。

（以降の設問も同様）

1　(ｱ)　無職 ──────→（問24へ）
2　(ｲ)　専業主婦
3　(ｳ)　会社経営者、団体役員 ──────→（問18へ）
4　(ｴ)　常勤の勤め人（会社員、公務員など）
5　(ｵ)　臨時雇、パートタイム、嘱託
6　(ｶ)　農業
7　(ｷ)　自由業（開業医・弁護士・評論家・芸術家など）
8　(ｸ)　商店、工務店、飲食店などの自営業主（従業員1～9人）
9　(ｹ)　商店、工務店、飲食店などの家業手伝い ──────→（問18へ）
10　(ｺ)　個人営業、一人業主（従業員なし）
11　(ｻ)　その他（具体的に　　　　　　　　　　）
12　覚えていない・わからない ──────→（問24へ）

【問17で「4」または「5」を選んだ人に】
付問1．〔回答票13〕職種（仕事の種類）は何でしたか（50歳当時）。

1　(ｱ)　課長以上の管理職
2　(ｲ)　専門職・技術職（研究職、勤務医、弁護士、教員など）
3　(ｳ)　一般事務、販売、営業
4　(ｴ)　運輸・通信職（運転手、電話交換手など）
5　(ｵ)　現業・技能工（機械操作、組立てなど）
6　(ｶ)　土木・建設作業工
7　(ｷ)　保安的職業（軍人、警官、警備員など）
8　(ｸ)　サービス職（理・美容師、仲居、添乗員など）
9　(ｹ)　その他（具体的に　　　　　　　　　　）
10　覚えていない・わからない

付問2．当時、その勤め先には従業員（正社員）が何人くらいいましたか。支社なども含めて、会社全体の規模でお答えください。

1　5人未満　　　　6　300～499人
2　5～9人　　　　7　500～999人
3　10～29人　　　8　1,000人以上
4　30～99人　　　9　官公庁
5　100～299人　　10　覚えていない・わからない

付録 調査票　　217

> 代理回答の場合は問24へ

【問17で「3」～「11」を選んだ人に】
問18. 〔回答票14〕あなたは50歳の頃、その職場ではどのような環境のもとで働いていましたか。あてはまるものをすべて選んでください。（M．A．）

　　1　(ｱ) 騒音・震動がひどかった
　　2　(ｲ) 暑さ・寒さあるいは湿気がひどかった
　　3　(ｳ) ほこりがひどかった、あるいは換気が悪かった
　　4　(ｴ) 相当な精神的ストレスを感じていた
　　5　(ｵ) 大部分の時間、立ったままの仕事であった
　　6　(ｶ) 薬品の処理や機械の操作などで危険を伴うことがあった
　　7　(ｷ) 深夜業務がたびたび（常時を含む）あった
　　8　(ｸ) それ以外で、健康によくないと思われる点があった
　　　　　（具体的に　　　　　　　　　　　　　　　　　　）
　　9　(ｹ) 以上のようなことはなかった

問19. 〔回答票15〕あなたは、その50歳当時の仕事をいつまで続けましたか。この中からあてはまるものを選んでください。

　　勤め先に定年制がなかった場合……… 1　(ｱ) その勤め先に今でも勤めている ─────→（問24へ）
　　　　　　　　　　　　　　　　　　　　　　　　（その事業を今も続けている）
　　　　　　　　　　　　　　　　　　 2　(ｲ) その後、退職した
　　　　　　　　　　　　　　　　　　　　　　　　（その事業をやめた）
　　勤め先に定年制があった場合　……… 3　(ｳ) まだ定年になっていない ─────→（問24へ）
　　　　　　　　　　　　　　　　　　 4　(ｴ) 定年前に退職した
　　　　　　　　　　　　　　　　　　 5　(ｵ) 定年までつとめた

【問19で「2」「4」「5」を選んだ人に】
問20. その勤め先から退職したのは（その事業をやめたのは）何歳の時ですか。
　　　＜注意＞　定年後に、再雇用・勤務延長制度の適用を受けた場合でも、定年の年齢を記入する。

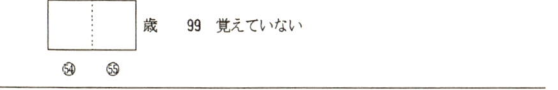

　　　　　　　　　　　　　　[　　]歳　　99　覚えていない

問21. その勤め先から退職した際に、いわゆる退職金（退職一時金）は受け取りましたか。

　　1　退職金の制度はなかった（勤め人ではなかった）
　　2　受け取った ──────────────→付問．およそいくらぐらいでしたか。
　　3　受け取らず、年金などに振り替えた
　　4　その他（具体的に　　　　　　　　　　）　　　　約[　　　]万円

問22.〔回答票16〕退職した後（あるいは、事業をやめた後）に、あなたは収入を伴う仕事に就きましたか。この中であてはまるものを選んでください。定年の時に再雇用制度や勤務延長制度が適用になった場合には、その時の仕事についてお答えください。

```
 1 (ｱ) 収入を伴う仕事には就いていない ────→（問24へ）
 2 (ｲ) 会社経営者、団体役員 ────→（問23へ）
 3 (ｳ) 常勤の勤め人（会社員、公務員など）
 4 (ｴ) 臨時雇、パートタイム、嘱託
 5 (ｵ) 農業
 6 (ｶ) 自由業（開業医・弁護士・評論家・芸術家など）
 7 (ｷ) 商店、工務店、飲食店などの自営業主（従業員1～9人）
 8 (ｸ) 商店、工務店、飲食店などの家業手伝い ────→（問23へ）
 9 (ｹ) 個人営業、一人業主（従業員なし）
10 (ｺ) その他（具体的に　　　　　　　　　　）
11    覚えていない ────→（問24へ）
```

【問22で「3」または「4」を選んだ人に】
付問1．〔回答票17〕職種（仕事の種類）は何でしたか。

```
 1 (ｱ) 課長以上の管理職
 2 (ｲ) 専門職・技術職（研究職、勤務医、弁護士、教員など）
 3 (ｳ) 一般事務、販売、営業
 4 (ｴ) 運輸・通信職（運転手、電話交換手など）
 5 (ｵ) 現業・技能工（機械操作、組立てなど）
 6 (ｶ) 土木・建設作業工
 7 (ｷ) 保安的職業（軍人、警官、警備員など）
 8 (ｸ) サービス職（理・美容師、仲居、添乗員など）
 9 (ｹ) その他（具体的に　　　　　　　　　　）
10    覚えていない
```

付問2．当時、その勤め先には従業員（正社員）が何人くらいいましたか。支社なども含めて、会社全体の規模でお答えください。

```
 1  5人未満        6  300～499人
 2  5～9人         7  500～999人
 3  10～29人       8  1,000人以上
 4  30～99人       9  官公庁
 5  100～299人    10  覚えていない・わからない
```

付録　調査票

【問22で「2」～「10」を選んだ人に】
問23．〔回答票18〕その勤め先（仕事）は、どのようにして決めましたか。あてはまるものを1つだけ選んでください。

1　(ｱ) 勤めていた会社から紹介された
2　(ｲ) 定年まで勤めた会社に再雇用された
3　(ｳ) 勤務していた勤め先の勤務延長制度の適用を受けた
4　(ｴ) 職業安定所を通じて紹介された
5　(ｵ) 新聞や雑誌の求人広告をみて応募した
6　(ｶ) 友人・知人に紹介された
7　(ｷ) 家族や親族の仕事を手伝うことにした
8　(ｸ) 独立して仕事をはじめた
9　(ｹ) その他（具体的に　　　　　　　　　　）
10　　 覚えていない

付問．あなたはその仕事を何歳の時まで続けましたか。

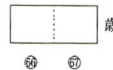

　　　□□歳　　98　現在まで続けている
　　　　　　　　99　覚えていない

【全員に】（代理回答者にも聞く）
問24．〔回答票19〕あなた（〇〇さん）は、いま何か収入を伴う仕事をしていますか。
　　＜注意＞「前と同じ」という場合でも、念のため対象者に確認しながら記入すること。

1　(ｱ) 仕事には就いていない　　―――→（問27へ）
2　(ｲ) 会社経営者、団体役員　　―――→（問25へ）
3　(ｳ) 常勤の勤め人（会社員、公務員など）　　　　　　　　　（付問2へ）
4　(ｴ) 臨時雇、パートタイム、嘱託

　　付問1．週に何時間くらい働いていますか。　□□時間

5　(ｵ) 農業
6　(ｶ) 自由業（開業医・弁護士・評論家・芸術家など）
7　(ｷ) 商店、工務店、飲食店などの自営業主（従業員1～9人）
8　(ｸ) 商店、工務店、飲食店などの家業手伝い　　→（問25へ）
9　(ｹ) 個人営業、一人業主（従業員なし）
10　(ｺ) その他（具体的に　　　　　　　　　　）
11　　 わからない　―――→（問27へ）

【問24で「3」または「4」を選んだ人に】
付問2．〔回答票20〕職種（仕事の種類）は何ですか。

1　(ｱ) 課長以上の管理職
2　(ｲ) 専門職・技術職（研究職、勤務医、弁護士、教員など）
3　(ｳ) 一般事務、販売、営業
4　(ｴ) 運輸・通信職（運転手、電話交換手など）
5　(ｵ) 現業・技能工（機械操作、組立てなど）
6　(ｶ) 土木・建設作業工
7　(ｷ) 保安的職業（軍人、警官、警備員など）
8　(ｸ) サービス職（理・美容師、仲居、添乗員など）
9　(ｹ) その他（具体的に　　　　　　　　　　）
10　　 わからない

付問3．その勤め先には従業員（正社員）が何人くらいいますか。支社なども含めて、会社全体の規模でお答えください。

1　5人未満
2　5～9人
3　10～29人
4　30～99人
5　100～299人
6　300～499人
7　500～999人
8　1,000人以上
9　官公庁
10　わからない

　代理回答の場合は問30へ

【問24で「2」～「10」を選んだ人に】

問25．〔回答票21〕あなたは、現在の職場で、どのような環境のもとで働いていますか。あてはまるものをすべてあげてください。（M.A.）

1　(ｱ) 騒音・震動がひどい
2　(ｲ) 暑さ・寒さあるいは湿気がひどい
3　(ｳ) ほこりがひどい、あるいは換気が悪い
4　(ｴ) 相当な精神的ストレスを感じる
5　(ｵ) 大部分の時間、立ったままの仕事である
6　(ｶ) 薬品の処理や機械の操作などで危険を伴うことがある
7　(ｷ) 深夜業務がたびたび（常時を含む）ある
8　(ｸ) それ以外で、健康によくないと思われる点がある
　　（具体的に　　　　　　　　　　　　　　　）
9　(ｹ) 以上のようなことはない

問26．〔回答票22〕いまのあなたの仕事は、家計の主な支えになっていますか。

1　(ｱ) 家計の主な支えである
2　(ｲ) 主ではないが、家計の助けになっている
3　(ｳ) こづかい程度である
4　(ｴ) 家計にはほとんど関係がない

【全員に】（代理回答者は問30へ）

問27．〔回答票23〕さて、あなたは50代のころまでに、老後の生活の安定のために何か準備をしていましたか。次の中からあてはまるものをいくつでもあげてください。（M.A.）

1　(ｱ) とりたてて準備はしなかった
2　(ｲ) 貯蓄につとめた
3　(ｳ) 個人年金保険に加入した
4　(ｴ) その他の保険に加入した
5　(ｵ) 財産収入（配当、家賃収入など）が得られるようにした
6　(ｶ) 自宅を購入したり建て替えたりした
7　(ｷ) 資格をとった（資格の種類を具体的に　　　　　　　）
8　(ｸ) その他（具体的に　　　　　　　　　　　）
9　　　覚えていない

付録 調査票　　　　　　　　　　　221

問28. ところであなたは、はじめて仕事についてから現在までに、何回勤め先を変えましたか。　⑧⑨=03
　　　＜注意＞　・「勤め先」とは、自営業や家業手伝い、あるいはパートタイム・嘱託などを含むが、学生時代
　　　　　　　　　のアルバイト、ごく短期間の臨時雇いなどは除く。
　　　　　　　　・退職してすぐ次の仕事に就いた場合も、病気・失業・専業主婦などで一定の期間をおいてから
　　　　　　　　　次の仕事に就いた場合も1回として計算する。

　　　　　　　　□　回　　00　勤め先を変えたことはない（仕事についたのは1回だけ）
　　　　　　　　⑩　⑪　　99　仕事についたことはない

問29. 〔回答票24〕あなたが最初についた仕事は、次のどれにあてはまりますか。

　　　　　1　(ｱ) 仕事に就いたことはない ――――――→ （問30へ）
　　　　　2　(ｲ) 会社経営者、団体役員
　　　　　3　(ｳ) 常勤の勤め人（会社員、公務員など）
　　　　　4　(ｴ) 臨時雇、パートタイム、嘱託
　　　　　5　(ｵ) 農業　　　　　　　　　　　　　　　　　　　　　　　　　　　⑫
　　　　　6　(ｶ) 自由業（開業医・弁護士・評論家・芸術家など）　　　　　　　　⑬
　　　　　7　(ｷ) 商店、工務店、飲食店などの自営業主（従業員1～9人）
　　　　　8　(ｸ) 商店、工務店、飲食店などの家業手伝い ――――→ （問30へ）
　　　　　9　(ｹ) 個人営業、一人業主（従業員なし）
　　　　　10　(ｺ) その他（具体的に　　　　　　　　　　　　　）
　　　　　11　　覚えていない

【問29で「3」または「4」を選んだ人に】
付問．〔回答票25〕職種（仕事の種類）は何でしたか。

　　　　　1　(ｱ) 課長以上の管理職
　　　　　2　(ｲ) 専門職・技術職（研究職、勤務医、弁護士、教員など）
　　　　　3　(ｳ) 一般事務、販売、営業
　　　　　4　(ｴ) 運輸・通信職（運転手、電話交換手など）
　　　　　5　(ｵ) 現業・技能工（機械操作、組立てなど）　　　　　　　　　　　⑭
　　　　　6　(ｶ) 土木・建設作業工
　　　　　7　(ｷ) 保安的職業（軍人、警官、警備員など）
　　　　　8　(ｸ) サービス職（理・美容師、仲居、添乗員など）
　　　　　9　(ｹ) その他（具体的に　　　　　　　　　　）
　　　　　10　　覚えていない

【全員に】（代理回答者を含む）
問30. 〔回答票26〕あなた（〇〇さん）が最後に行かれた学校は、この中のどれにあてはまりますか。
　　　＜注意＞中退でも最終学歴とみなす。看護・理容・調理等の専門学校の場合は「12　その他」に記入してお
　　　　　き、その前の学歴をたずねて〇をつけること。

　　　　1　(ｱ) 旧制尋常小学校　　　　　　　　7　(ｷ) 新制中学校
　　　　2　(ｲ) 旧制高等小学校　　　　　　　　8　(ｸ) 新制高校
　　　　3　(ｳ) 旧制中学校・高等女学校　　　　9　(ｹ) 新制短大・高専
　　　　4　(ｴ) 実業学校・師範学校　　　　　　10　(ｺ) 新制大学　　　　　　　　　⑮
　　　　5　(ｵ) 旧制高校・専門学校・高等師範学校　11　(ｻ) 新制大学院　　　　　　　⑯
　　　　6　(ｶ) 旧制大学　　　　　　　　　　　12　(ｼ) その他（　　　　　　　）
　　　　　　　　　　　　　　　　　　　　　　　13　(ｽ) 学校にいったことはない
　　　　　　　　　　　　　　　　　　　　　　　14　　わからない

13

【調査員確認】問3の回答から・・・　1　配偶者がいる場合は設問を続ける
　　　　　　　　　　　　　　　　2　配偶者と死別した場合は問32へとぶ
　　　　　　　　　　　　　　　　3　そのほか（未婚、離別）の場合は問33へとぶ

＜さて、次に配偶者の方のお仕事についてうかがいます＞
問31．〔回答票27〕あなた（○○さん）の配偶者の方は、いま何か収入を伴う仕事をしていますか。この中ではどれにあてはまりますか。

　　1　（ア）仕事には就いていない　──→（問32へ）
　　2　（イ）会社経営者、団体役員
　　3　（ウ）常勤の勤め人（会社員、公務員など）　　　　　　　　　　　　　　　⑰
　　4　（エ）臨時雇、パートタイム、嘱託　　　　　　　　　　　　　　　　　　　⑱
　　　　付問1．週に何時間くらい働いていますか。　□□時間　──→（付問2へ）
　　　　　　　　　　　　　　　　　　　　　　　　　⑲ ⑳
　　5　（オ）農業
　　6　（カ）自由業（開業医・弁護士・評論家・芸術家など）
　　7　（キ）商店、工務店、飲食店などの自営業主（従業員1〜9人）
　　8　（ク）商店、工務店、飲食店などの家業手伝い
　　9　（ケ）個人営業、一人業主（従業員なし）
　　10　（コ）その他（具体的に　　　　　　　　　　　　　　　　　）
　　11　　　わからない　──→（問32へ）

【問31で「2」〜「10」を選んだ人に】
付問2．〔回答票28〕配偶者の方のいまの仕事は、家計の主な支えになっていますか。

　　1　（ア）家計の主な支えである
　　2　（イ）主ではないが、家計の助けになっている
　　3　（ウ）こづかい程度である　　　　　　　　　　　　　　　　　　　　　　㉑
　　4　（エ）家計にはほとんど関係がない
　　5　　　わからない

【調査員確認】対象者本人が女性の場合のみ質問する。男性の場合は非該当となり、問33へとぶ。
問32. 〔回答票29〕あなた（○○さん）の配偶者の方は、50歳の頃どのような仕事をされていましたか。この中ではどれにあてはまりますか。

```
 1 (ア) 無職 ─────────────┐
 2 (イ) 会社経営者、団体役員 ──┼── (問33へ)
 3 (ウ) 常勤の勤め人（会社員、公務員など）
 4 (エ) 臨時雇、パートタイム、嘱託
 5 (オ) 農業                                              ㉒
 6 (カ) 自由業（開業医・弁護士・評論家・芸術家など）──     ㉓
 7 (キ) 商店、工務店、飲食店などの自営業主（従業員1～9人）
 8 (ク) 商店、工務店、飲食店などの家業手伝い ─────── (問33へ)
 9 (ケ) 個人営業、一人業主（従業員なし）
10 (コ) その他（具体的に　　　　　　　　　）
11     すでに死別していた ──────────
12     覚えていない・わからない ─────
```

【問32で「3」または「4」を選んだ人に】
付問1. 〔回答票30〕職種（仕事の種類）は何でしたか（50歳当時）。

1 (ア) 課長以上の管理職
2 (イ) 専門職・技術職（研究職、勤務医、弁護士、教員など）
3 (ウ) 一般事務、販売、営業
4 (エ) 運輸・通信職（運転手、電話交換手など）
5 (オ) 現業・技能工（機械操作、組立てなど）　　　　　　　　　　㉔
6 (カ) 土木・建設作業工
7 (キ) 保安的職業（軍人、警官、警備員など）
8 (ク) サービス職（理・美容師、仲居、添乗員など）
9 (ケ) その他（具体的に　　　　　　　　　）
10   覚えていない・わからない

付問2. 当時、その勤め先には従業員（正社員）が何人くらいいましたか。支社なども含めて、会社全体の規模でお答えください。

1　5人未満　　　　6　300～499人
2　5～9人　　　　7　500～999人
3　10～29人　　　8　1,000人以上　　　　　　　　　　　　　　㉕
4　30～99人　　　9　官公庁
5　100～299人　　10　覚えていない・わからない

【全員に】（代理回答者にも聞く）
＜次に、お住まいのことについてお尋ねします＞
問33．（家屋の種類）（調査員確認）

1　一戸建て
2　長屋建て（テラスハウスなど）
3　六階建て以上のマンション・集合住宅
4　三～五階建てのマンション・集合住宅
5　平屋または二階建ての木造のアパート・マンション
6　平屋または二階建ての木造以外のアパート・マンション

問34．〔回答票31〕あなた（〇〇さん）のお住まいは、このうちのどれにあてはまりますか。

1　(ｱ)　（本人または家族の）持家・マンション（土地付き）―――→（問36へ）
2　(ｲ)　（本人または家族の）持家・マンション（借地）
3　(ｳ)　都営住宅、区営住宅
4　(ｴ)　公団・公社などの賃貸住宅
5　(ｵ)　民間の賃貸住宅（借家・マンション・アパートなど）―→（問35へ）
6　(ｶ)　給与住宅（社宅・公務員住宅など）
7　(ｷ)　間借り
8　(ｸ)　その他（具体的に　　　　　　　　　）
9　わからない ―――――――――――――→（問36へ）

【問34で「3」～「7」を選んだ人に】
問35．あなた（〇〇さん）は月々いくらぐらいの家賃を支払っていますか。管理費も含みます。
（千円未満は四捨五入）

　　□□万□千円

　　000　自分では払っていない
　　999　わからない

【全員に】
問36．あなた（〇〇さん）のお宅には、3畳以上の部屋がいくつありますか。台所や風呂場は除いてお考えください。

　　□□室　　　　99　わからない

問37．あなた（〇〇さん）のお宅の延べ床面積はどれくらいですか。（1坪＝3.3㎡）

　　□□□㎡　　　999　わからない

問38.〔回答票32〕お宅ではふだん食事をしている部屋と寝る部屋は同じですか。このうちのどれにあてはまりますか。

1　(ア)　食事をする部屋では誰も寝ない
2　(イ)　食事をする部屋で家族全員が寝る
3　(ウ)　家族の一部が、食事をする部屋で寝る

問39.　あなた（○○さん）は現在、12歳以上のお孫さん、または結婚していないお子さんと同居していますか。

1　同居している　　　　2　同居していない
　　　↓　　　　　　　　　└→（問40へ）

付問.〔回答票33〕そのお子さんたち（12歳以上）は別々の部屋に寝ていますか。それとも同じ部屋に寝ていますか。この中から選んでください。

1　(ア)　全員が別々の部屋に寝ている
2　(イ)　子供どうし同じ部屋に寝ている場合もあるが、男女は同じ部屋にしていない
3　(ウ)　男女が同じ部屋で寝ている場合がある

問40.〔回答票34〕お宅の設備についてうかがいます。この中から、あるものをすべて選んでください。
(M.A.)

1　(ア)　和式トイレ（共用のものは除きます）
2　(イ)　洋式トイレ（共用のものは除きます）
3　(ウ)　炊事場（共用のものは除きます）
4　(エ)　風呂場（共用のものは除きます）
5　(オ)　炊事場の給湯設備（瞬間湯沸かし器を含みます）
6　(カ)　洗面所の給湯設備
7　(キ)　セントラル・ヒーティング
8　(ク)　冷暖房用のエアコン
9　(ケ)　冷房用のエアコン
10　(コ)　2台目のエアコン
11　　　どれもない

問41.〔回答票35〕次の中から、お宅でお持ちのものをすべて選んでください。(M.A.)

1　(ア)　電話
2　(イ)　冷蔵庫
3　(ウ)　カラーテレビ
4　(エ)　電気洗濯機
5　(オ)　衣類乾燥機
6　(カ)　ビデオデッキ
7　(キ)　ステレオ・ラジカセ・CDプレーヤー
8　(ク)　電気カーペット
9　(ケ)　オーブン
10　(コ)　電子レンジ
11　(サ)　応接セット
12　(シ)　自動車
13　(ス)　別荘・セカンドハウス
14　　　どれもない

代理回答の場合は問46へ

問42. 〔回答票36〕お宅の日当たりや風通しについてうかがいます。それぞれについて、あてはまるものを選んでください。

（1）日当たりはいかがですか。

　　1　　　　　　2　　　　　　　　　3　　　　　　　　4
　(ｱ) 良い　　(ｲ) どちらかというと良い　(ｳ) どちらかというと悪い　(ｴ) 悪い

（2）風通しはいかがですか。

　　1　　　　　　2　　　　　　　　　3　　　　　　　　4
　(ｱ) 良い　　(ｲ) どちらかというと良い　(ｳ) どちらかというと悪い　(ｴ) 悪い

問43. 〔回答票37〕あなたは、次にあげるようなことが心配ですか。それぞれについて、あてはまるものを1つ選んでください。

	(ｱ)非常に心配である	(ｲ)やや心配である	(ｳ)あまり心配ではない	(ｴ)心配ではない	
（1）今住んでいる住宅の地震に対する安全性 ………	1	2	3	4	㊺
（2）今住んでいる住宅の火事に対する安全性 ………	1	2	3	4	㊻
（3）近所の治安 ………	1	2	3	4	㊼
（4）近所で交通事故にあう心配 ………	1	2	3	4	㊽

＜さて、最後に年金収入などのお宅の経済生活に関しておたずねします。いずれも、調査の集計のために必要な質問ですので、さしつかえのない範囲でお答えいただくようお願いいたします＞

問44. 〔回答票38〕ご夫婦（配偶者がいない場合は、あなた）の収入源としては、どのようなものがありますか。あてはまるものをすべてあげてください。（M.A.）

　1　(ｱ) 勤労して得た収入　　　　　　6　(ｶ) 家賃または地代
　2　(ｲ) 事業で得た収入　　　　　　　7　(ｷ) 利子または配当
　3　(ｳ) 公的年金・恩給　　　　　　　8　(ｸ) 子どもからの仕送り、援助　　㊾
　4　(ｴ) 企業独自の退職年金　　　　　9　(ｹ) 預貯金のとりくずし　　　　　㊿
　　　（厚生年金基金、適格退職年金等）10　(ｺ) 生活保護
　5　(ｵ) 保険会社・郵便局などの個人年金　11　(ｻ) その他（具体的に　　　　　）

問45. ご夫婦（配偶者がいない場合は、あなた）が受けておられる公的年金や恩給の額は、合計すると、1年間でおよそいくらぐらいになりますか。

　　　　　　　　□□□ 万円　　000　全く受けていない
　　　　　　　　㊿ ㉒ ㉓　　　999　わからない、答えたくない

【代理回答者にも聞く】

問46. 〔回答票39〕それでは、年金収入とそれ以外の収入をすべて合計すると、ご夫婦（配偶者がいない場合は、あなた）の昨年の収入は、税込みでおよそいくらぐらいでしょうか。あてはまるものを選んでください。

1　(ｱ) なし	15　(ﾂ) 500 万円位（475 ～550 万円未満）	
2　(ｲ) 50万円未満	16　(ﾈ) 600 万円位（550 ～650 万円未満）	
3　(ｳ) 50～75万円未満	17　(ﾅ) 700 万円位（650 ～750 万円未満）	
4　(ｴ) 75～100 万円未満	18　(ﾆ) 800 万円位（750 ～850 万円未満）	
5　(ｵ) 100 ～125 万円未満	19　(ﾃ) 900 万円位（850 ～950 万円未満）	
6　(ｶ) 125 ～150 万円未満	20　(ﾄ) 1,000 万円位（950 ～1,050 万円未満）	㊴
7　(ｷ) 150 ～175 万円未満	21　(ﾁ) 1,100 万円位（1,050 ～1,150 万円未満）	㊵
8　(ｸ) 175 ～200 万円未満	22　(ﾆ) 1,200 万円位（1,150 ～1,250 万円未満）	㊶
9　(ｹ) 200 ～225 万円未満	23　(ﾇ) 1,300 万円位（1,250 ～1,350 万円未満）	
10　(ｺ) 250 万円位（225 ～275 万円未満）	24　(ﾈ) 1,400 万円位（1,350 ～1,450 万円未満）	
11　(ｻ) 300 万円位（275 ～325 万円未満）	25　(ﾉ) 1,500 万円位（1,450 ～1,550 万円未満）	
12　(ｼ) 350 万円位（325 ～375 万円未満）	26　(ﾊ) 1,550 万円以上	
13　(ｽ) 400 万円位（375 ～425 万円未満）	（具体的に　　　　　　万円）	
14　(ｾ) 450 万円位（425 ～475 万円未満）	27　わからない、答えたくない	

問47. 〔回答票39〕それでは、他のご家族の収入も含めると、昨年のお宅の全体の収入は、税込みでおよそいくらぐらいになりますか。あてはまるものを選んでください。

　　＜注意＞収入のある同居家族がいない場合は、問46と同じ水準になる。

1　(ｱ) なし	15　(ﾂ) 500 万円位（475 ～550 万円未満）	
2　(ｲ) 50万円未満	16　(ﾈ) 600 万円位（550 ～650 万円未満）	
3　(ｳ) 50～75万円未満	17　(ﾅ) 700 万円位（650 ～750 万円未満）	
4　(ｴ) 75～100 万円未満	18　(ﾆ) 800 万円位（750 ～850 万円未満）	
5　(ｵ) 100 ～125 万円未満	19　(ﾃ) 900 万円位（850 ～950 万円未満）	
6　(ｶ) 125 ～150 万円未満	20　(ﾄ) 1,000 万円位（950 ～1,050 万円未満）	
7　(ｷ) 150 ～175 万円未満	21　(ﾁ) 1,100 万円位（1,050 ～1,150 万円未満）	㊷
8　(ｸ) 175 ～200 万円未満	22　(ﾆ) 1,200 万円位（1,150 ～1,250 万円未満）	㊸
9　(ｹ) 200 ～225 万円未満	23　(ﾇ) 1,300 万円位（1,250 ～1,350 万円未満）	
10　(ｺ) 250 万円位（225 ～275 万円未満）	24　(ﾈ) 1,400 万円位（1,350 ～1,450 万円未満）	
11　(ｻ) 300 万円位（275 ～325 万円未満）	25　(ﾉ) 1,500 万円位（1,450 ～1,550 万円未満）	
12　(ｼ) 350 万円位（325 ～375 万円未満）	26　(ﾊ) 1,550 万円以上	
13　(ｽ) 400 万円位（375 ～425 万円未満）	（具体的に　　　　　　万円）	
14　(ｾ) 450 万円位（425 ～475 万円未満）	27　わからない、答えたくない	

問48. 〔回答票40〕それでは、お宅(ご家族全体)の金融資産は合計でおよそいくらぐらいになりますか。預貯金、株式・債券等の時価、払い込んだ保険料の総額などを合計したおよその額でお考えください。

1　(ｱ) なし
2　(ｲ) 50万円未満
3　(ｳ) 50～100 万円未満
4　(ｴ) 100 ～200 万円未満
5　(ｵ) 200 ～300 万円未満
6　(ｶ) 300 ～500 万円未満
7　(ｷ) 500 ～700 万円未満
8　(ｸ) 700 ～1,000 万円未満
9　(ｹ) 1,000 ～1,500 万円未満
10　(ｺ) 1,500 ～3,000 万円未満
11　(ｻ) 3,000 ～5,000 万円未満
12　(ｼ) 5,000 万円～1億円未満
13　(ｽ) 1億円以上
14　わからない、答えたくない

長時間にわたって、ご協力まことにありがとうございました。

索　引

ア

アドミニストレーション　148
阿部（鎌田）とし子　7
アメニティ　100
アンダークラス　6
遺産相続　187
維持可能な発展　148
医療保障　203
岩田正美　142
インテンシブな事例調査　196
エイベル‐スミス，B.　89-90
江口英一　79,86,137
エスピン‐アンデルセン，G.　202
ADL（日常生活動作能力）　52
エンゲル係数　137,139
エンゲル方式　137
横断調査　53
親と子の相互サポート　72,74

カ

介護保険制度　203
介護保障　203
階層的分化
　　高齢期の──　125
格差拡大機能　202
格差縮小方式　137
家族生活周期・ライフコースの階層差　7
活動能力指標　104
　　老研式──　51-52,105
過密居住　99
ガルブレイス，J.K.　177
基準生活費　89
客観的健康　52,54,55,57
客観的指標　56
キャリア
　　標準的な──　125-127
　　まっとうな──　125-127
居住性　100,109
居住の安全性　101-102
クロスセクショナルなデータ　195
クロンバッハの信頼性係数　160
計量上の工夫　176
経路依存的　184
健康
　　──と社会的不平等　53
　　──の客観的指標と主観的指標　52
　　──の不平等　6,54,203
健康維持習慣　54,55
健康度自己評価　51,105
合意基準　89
公正　180-181
　　──観　180
厚生年金　126
　　──の基礎年金部分　126
　　──の報酬比例年金部分　126
公的年金システム　126,127
公的扶助基準　80,84,85
衡平　180
高齢期における不平等と貧困・低所得
　　1-2
高齢者＝社会的弱者論　183,187
高齢者世代　185
高齢層　184
　　前期──　32-33,184
　　後期──　32-33,184
個人的再生産費目　134
子との同居　72-74

サ

採光　100-101,109
再商品化　147

社会サービスの―― 147
最低基準生活費 135-139
最低生活費研究 176
サポート
　――・ネットワーク 39-43
　手段的な―― 39,42
　情緒的な―― 39,42
ジェンダー 111,121
ジニ係数 179
社会移動 94
社会階層研究 94
社会階層論 5,81
　――的視点 199
社会経済的地位 104
　――の軌跡 8,12,193
社会参加 107,157-159
　――スコア 107
社会調査 148
社会的慣習的水準 137,139,142
社会的強要費目 134
社会的固定費目 134
社会的支援網 157-159
社会的標準 89
社会的不平等 191-192
社会的不利 175,179-180,193
　――の再生産 5,203
　――の再生産のメカニズム 202
　――の累積 29,203
社会的有利 193
社会保障 127
　――政策 61
社会老年学 6,53
若年世代 185-186
住環境 157-159
就業行動 69-72
住生活の質 93-94
　――の階層性 96-103
住宅
　――の安全性 109
　――の所有関係 109
　――の設備 100

住宅階級 94,102,105
住宅政策 203
住宅内の設備 157-159
住宅費 96-97
縦断的なデザイン 171
主観的健康 52,54,56-58
主観的指標 56
準備行動
　老後に向けての―― 196
消費
　今日的過少―― 86
　低―― 86
消費社会 88,133,142-149
情報アクセス 157-159
職業階層 112
職業経歴 12
職業的移動 111
職業的階層 111
食寝分離 99,109
所得比例型の年金制度 202
所得分配の公正 3
所得保障 201
所有関係 95
人口高齢化 1
ジンメル，G. 177,180
水準均衡方式 137
数量的・絶対的平等 178
生活
　――の質 88,105
　――の社会化 133-135
生活課題の内部化 145
生活機能 105-106
生活必需品 88
生活不安定 88-89
生活保護 62-69
正義 180
政策的インプリケーション 76,201
生存水準と社会的慣習的水準の乖離
　137,142
性別就寝 99,108
世代間扶養 185

索　引　231

セン，A.　176
専業主婦　124,127
潜在的不安定性　90,143-148
潜在的不安定層　90
全物量積み上げ方式　135
相対的剥奪　89,153-173,176
　　——指標　143,153-173
　　——の概念　154
　　——の測定　154
　　——の理論　4
　　——論　143

　タ

耐久消費財　88,143
第3号被保険者　127
対処　196
退職金　118,121
タウンゼント，P.　4,89-90,143,153-157,161,171,176,194,197
高野史郎　137
多問題家族　6
単身高齢者　63,65,69,71,74,75
男性稼ぎ手モデル　184
地位維持機能　202
地位の非一貫性　178
知人・友人数　108
超高齢化社会　1
通風　100-101,109
低所得　79
低所得・不安定層　133
データ・アーカイブ　196
等価スケール　81,82
同居率　3

　ナ

中川　清　145
二重労働市場論　123
ニュー・レジャークラス　30,187
年金
　　——制度　202
　　——の最低生活保障機能　62-63

能力　176
延べ床面積　97-98,109

　ハ

パーソナル・ネットワーク　35-39,88,107
パネル調査　195
パラサイト・シングル　186
必要　142
比例的平等　178
　　貢献に基づく——　178
　　必要に基づく——　178
貧困　175-177,182
　　——と病気の悪循環　5
　　——の悪循環　5
　　——の概念　79-80
　　——の再発見　90
　　——の測定　80,85
　　島の——　177
　　絶対的な——　176-177
　　相対的な——　176
　　第1次——　176
　　第2次——　176
貧困研究　198
　　——の伝統　86
貧困線　62-65,67,69,89-90,137,139
貧困率　63
貧乏
　　——線　80
　　第1次的——　137
不安定階層論　5
不安定層　144
福祉国家　126,127
　　——の危機　146
　　——レジーム　202
福祉国家中流階層化論　6
不公正　179,182
ブース，C.　86,89
不定住的貧困　80
不平等　177-179,182
ブラッドショウ，J.　89
プロビット・モデル　69,73

文化的再生産の理論　5
分散分析　38,42
保健社会学　53
ボードリヤール，J.　142

マ

マーケット・バスケット方式　137
松崎久米太郎　90,137,144
慢性疾患　51
無限後退的な性質　179-180
木賃アパート　96,108

ヤ

家賃　96-97,108
山崎　清　5
豊かな社会　177
欲望　142
横山源之助　86

ラ

ライフコース　127
　──上の累積的差異　184
　──要因　164-168
　標準的な──からの逸脱　170
ライフスタイル　53-54,56-58
ラウントリー，B.S.　80,89,137,176
リスク　179-182
リバース・モーゲージ（逆抵当融資）制度　187
累積的不利　6
累積的有利　6,8
老人医療　203
ロジスティック回帰分析　57,168
ロジット・モデル　69-70,72
ローレンツ曲線　179

あとがき

　本書は，編者が研究代表者となって科学研究費補助金による助成を受けて1996年に東京都区部において実施した高齢者調査のデータを用いて，高齢期の生活諸領域における社会的不平等の実態を明らかにするとともに，加齢過程におけるその形成のメカニズムを，累積的有利と累積的不利という視角から分析し，さらに，その分析結果に基づいて，高齢期における貧困・低所得と社会的不平等の問題への政策的対応のあり方，およびその問題に関する研究の今後の課題を検討したものである．

　高齢期の貧困と低所得については，我が国でも社会政策学・社会福祉学の分野で一定の研究の蓄積があるが，社会学の社会階層研究や社会老年学の研究成果と結びつけ，諸外国および関連領域における研究動向を踏まえて，学際的な視点と方法からこの問題に接近しようとした点に，この研究の第一の特色があるといえるであろう．編者としては，終章に記したように，本研究により，この主題に関する多くの新しい知見が得られ，本研究が採用した分析視角や分析手法の有効性が証明されたと考えているが，他方で，本研究には，多くの点で限界があることも自覚している．階層別のきめ細かな分析のためにはサンプル数が少なすぎたこと，縦断的なデータを収集・利用していないこと，構築した相対的剥奪指標が暫定的な性格のものにとどまったことなど，今後の研究の積み重ねによって解決すべき問題点も少なくない．本研究における調査対象が，大都市に居住する高齢者に限定されている以上，中小都市，あるいは農山漁村の居住者を対象にした調査を行うこと，あるいは全国調査を行うことが，次に取り組むべき課題であることも間違いない．編者としては，終章に記した今度の研究課題に即して，さらにこの課題に関する研究を続けていきたいと考えている．読者の方々の忌憚のないご批評，ご教示をお願いしたい．

　さて，いうまでもなく本研究の円滑な実施は，多くの方々と関係機関のご支援，ご協力により可能になった．

あとがき

　科学研究費補助金による高齢者調査は，編者が明治学院大学（社会学部社会福祉学科）に在職中に実施したものである．また，本研究の企画・準備のための予備研究は，同大学社会学部付属研究所の研究プロジェクトとして同研究所の経費により実施した．研究の実施のための良好な研究環境を提供していただいた明治学院大学，および科学研究費補助金の申請，受領，および予備研究の実施にあたってお世話になった同大学事務局，ならびに社会学部付属研究所の職員の方々に厚くお礼を申し上げたい．

　そして何よりも，高齢者調査は，調査対象となった高齢者の方々のご協力があって初めて可能になったものである．個人的な事柄に関わる多くの質問に対して，貴重なお時間を割いて回答してくださった高齢者の方々に深甚の謝意を表したい．

　本書の刊行にあたっては，平成13年度科学研究費補助金（研究成果公開促進費）の交付を受けた．この補助金制度による支援がなければ，現在の出版事情の中で，このような地味な学術書を刊行することは，困難であったと思われる．

　補助金の申請と，本書の刊行にあたって，東京大学出版会の佐藤修氏に格段のご支援ときめ細かなご配慮をいただいた．心よりお礼を申し上げたい．

　2001年10月

編　者

執筆者一覧（執筆順．＊印編者）

＊平岡　公一　　お茶の水女子大学文教育学部教授
　藤村　正之　　上智大学総合人間科学部教授
　深谷　太郎　　東京都老人総合研究所社会参加とヘルスプロ
　　　　　　　　モーション研究チーム研究助手
　塚原　康博　　明治大学情報コミュニケーション学部教授
　柴田　謙治　　金城学院大学現代文化学部
　武川　正吾　　東京大学大学院人文社会系研究科教授
　野呂　芳明　　立教大学社会学部教授

高齢期と社会的不平等

2001年11月20日　初　版
2008年 9 月10日　 2 　刷

［検印廃止］

編　者　　平岡公一

発行所　　財団法人　東京大学出版会

代表者　　岡本和夫

113-8654 東京都文京区本郷 7-3-1 東大構内
電話 03-3811-8814　Fax 03-3812-6958
振替 00160-6-59964

印刷所　　三美印刷株式会社
製本所　　誠製本株式会社

Ⓒ2001 Koichi Hiraoka, et al.
ISBN 978-4-13-056056-6　Printed in Japan

Ⓡ〈日本複写権センター委託出版物〉
本書の全部または一部を無断で複写複製（コピー）することは，
著作権法上での例外を除き，禁じられています．本書からの複
写を希望される場合は，日本複写権センター（03-3401-2382）
にご連絡ください．